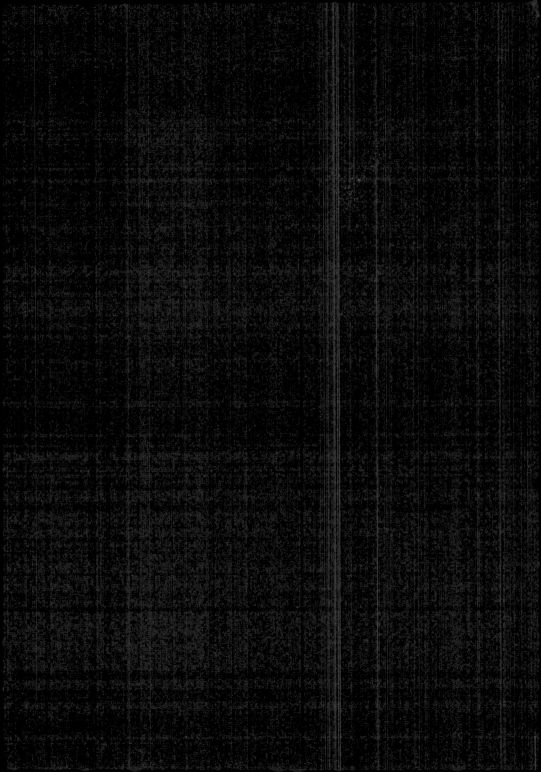

古代－近世「地名」来歴集

日本地名研究所 監修

アーツアンドクラフツ

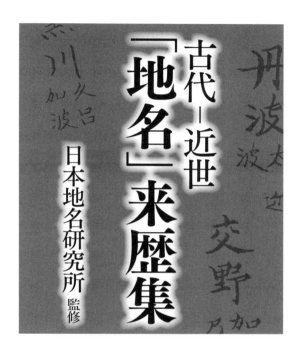

地名の生活性を実感する

一九九四（平成六）年、新人物往来社から歴史読本特別増刊・事典シリーズ『日本「歴史地名」総覧』が出版された。巻頭総論は当時、日本地名研究所の所長であった谷川健一氏の執筆である。「風土とデザイン」の副題を添えた「地名と歴史」という論題であった。

今、読み返すと古代出雲、『出雲国風土記』の冒頭を飾る国引神話から論が起こされ、古代出雲びとの神話にみせた島根半島形成のデザイン感覚の深さを描き出している。そこでは地名の歴史重層性をさらに重ね合わせ、地名に底通する日本人の地名への思いを語りつくしている。

それから二十年余の時を経て、新たにその『日本「歴史地名」総覧』で取り上げた地名を「歴史民俗」に照準を合わせ、選別・整理し、地名の日常性を前面に出し、改めて『古代－近世「地名」来歴集』として世に問うのが本書である。

書名の「来歴」という用語、いささか古い雰囲気をもつが、歴史に人間臭さを付加しており、地名の豊かさを物語っているようである。人々は生まれた場所の地名を負い、それを自負しながら、その時々の生活を送り、今、われわれは、その歴史の上に、日々の生活を送っているのであろう。

谷川健一氏は論の末尾で古人の「地名への執着」の背景、根源を明らかにしつつ、「地名がたやすく入れ替え」られる状況に警鐘を鳴らす。

それから二十年余の時の経過、先の『日本「歴史地名」総覧』は地名文化に如何なる影響を与えたのであろうか。当然、直接・具体的な影響があるわけではない。普段、耳にする地名、それを事典という文字で論じる中で、徐々に文化としての地名に衣更えしたのではなかろうか。

谷川氏が切り込んだ古代出雲の「風土とデザイン」、その世界は今、どうなったのであろうか。

国引神話の世界、初国の出雲（松江・出雲・安来・雲南市、奥出雲・飯南町）、国引の出雲（松江・出雲市の島根半島部）は、市町村の地域認識、活性化、地域の方々の熱意・活動があいまって地道ながら確実に歩を進めている。

二〇一六年四月、安来市・雲南市・奥出雲町のたたら文化が日本遺産「出雲國たたら風土記」に認定され、翌年四月、出雲市の島根半島域が同じく日本遺産「日が沈む聖地出雲」となり、同年十二月、松江市・出雲市の島根半島を包み込む地域が「島根半島・宍道湖中海ジオパーク」が日本ジオパークに認定され、ほぼ旧出雲国は文化的にも、ジオ的にもその重要性、貴重性が認知されることとなった。

その背景には谷川氏が重要性を指摘した『出雲国風土記』の存在があり、「たたら」「ジオ」「神話・神社」にもそこに見られる地名が力を付与したことがあったであろう。

しかし、「地名」文化認識が深化している「日が沈む聖地出雲」「島根半島・宍道湖中海ジオパーク」「出雲國たたら風土記」の地にて過疎化が進んでいる。『出雲国風土記』時代以来、千三百年余、島根半島には神社を中心に生業・生活を営んできた四十二浦の集落があるが、近い将来、神社の遷宮ができない地域が出てくる可能性も否定できない。

それは出雲に限定された現実ではなく、全国の地方において過疎化現象が進み、限界集落の増加が問題化しているのが周知の事実である。集落の消滅はやがて地域の歴史の終焉を意味し、地名の消失へと進むであろう。地名文化は人びとの生活を基本にしている。地名は人びとが生きるために創出された社会の知恵といえよう。

本事典は、出版以来二十年余の今、新たな再誕である。人々の生活に密着した「歴史民俗」に集約された地名に新たな地方社会の再生の芽を見いだせるかもしれない。

地方なくして中央なし、地域なくして地名なし。地名は「地命」であること本『事典』を通して実感したい。

日本地名研究所 所長
関　和彦

目次

地形・生物・鉱物ゆかりの地名——181

都市の地名

大和の地名来歴
京都の地名来歴
江戸の地名来歴
沖縄の地名来歴

大和の地名来歴

【明日香《あすか》・飛鳥《あすか》】

古くは現在の高市郡明日香村西北部（大字飛鳥付近）の地名。ア（接頭語）＋スカ（洲処）説、アス（崩地）＋カ（処）説、イスカ（鳥の名）説などがある。飛鳥は「明日香」「安宿」の嘉名・好字化で、飛鳥山、飛鳥川、飛鳥宮、飛鳥寺などはこの地にある。本居宣長が朱鳥元年（六八六）にちなみ浄御原宮《きよみはらのみや》を「飛ぶ鳥の明日香宮」といったのは有名。〈この項、編集部〉

【斑鳩《いかるが》――上宮《かんみや》】

生駒郡法隆寺付近の古代地名。「推古紀」九年条に「初めて宮室を斑鳩に興てたまふ」とみえ、『日本霊異記』には岡本宮に「鵤《いかるが》」の文字を冠しているのは区別用字であろうか。『和名抄』平《へ》群《ぐり》郡内には那珂（中）・飽波《あわ》・平群・夜《や》麻《ま》・坂門《さかと》・額田《ぬかだ》の郷名があり、斑鳩町は夜麻・坂戸郷の地域に属していたが、イカルガの郷・里名はみえない。

斑鳩――イカルガは鳥名。雀科、体は灰色、頭と翼・尾は藍黒色、くちばしは太くて黄色、翼に白い斑点があるので「斑鳩」の用字をみた。例えば百舌鳥野をモズノ、桃花鳥坂をツキサカと訓む例もある。斑鳩は怒るように啼くことからイカル、またはマメマワシ、マメコロガシともいった。イカルガの「ガ」は栖処《すみか》の「カ」か。しかし、「雄略紀」に「斑鳩、これを伊柯屢餓と云ふ」、『万葉集』には「中つ枝に伊加流我かけ」とあり、イカルガが鳥名であったとも思われる。『和州旧跡幽考』には「斑鳩の群居に因む」とあるように斑鳩の棲息地であったか。

法隆寺東南、旧大和川辺の「上宮」（旧村名）には聖徳太子の葦墻宮《あしがきのみや》があった。太子の母、用明天皇皇后の宮殿、旧中宮寺南方に立地し、現在の「幸前《こうぜん》」にあたる。『和州旧跡幽考』には「法隆寺より五六町ばかり巽の方に神屋村といふあり、大安寺縁起に、飽波宮にて崩じ給ふと見えたり。この辺に飽波（現在の阿波）あり、思ふに上宮王院も葦垣宮も共に御住所なるべし。葦垣宮は聖徳太子の宮にして葦をかこはせ給ひしよりとの名あり」とある。「推古紀」に「父の天皇、愛《めぐ》みたまひて、宮の南の上殿《かみつとの》に居《はべ》らしめ給ふ、その名を称へて上宮厩戸豊聴耳太子《うまやどのとよとみみのみこ》（聖徳太子）と謂《まう》す」とある上殿《こうでん》――幸前の南側は、現成福《じょうふく》（上宮）寺所在地である。同寺には国宝・聖徳太子像を安置する。同地には飛鳥に至る「太子道」が貫通し、奈良時代の建築遺構を検出、葦垣宮（あるいは上宮）跡ではないかといわれる。

【石上《いそのかみ》・布留《ふる》】

大和平野東部。『和名抄』山辺郡石上郷で、『記・紀』『万葉』『延喜式』などには「石上広高宮」「石上神宮」「石上坐布留御魂《いそのかみにますふるのみたま》神社」「石上穴穂宮」「石上池」「石上溝《うなて》」などの記事がみえ、古代史実の豊かな地域である。

石上神宮の祭神については、『延喜式』には布都御魂《ふつのみたま》神（一本には布留《ふる》御魂）とあり、「神武紀」には韴霊《ふつのみたま》（霊剣）とみえ、のち石上神庫に納めたことから石上神宮と称した。なお、神器を振るい揺り動かして魂を鎮めたことから布留の神名が起こったとも伝える。

「武烈紀」に「石《いそ》の上《かみ》　布留を過ぎて薦《こも》枕　高橋過ぎ……」とみえ、本居宣長は「イソノカミ・フルのイは接頭語、ソノカミは古るにかゝる枕詞である」と説いている。また、「磯之上《いそのほとり》」の義で、布留川流域を示す地名でもある。伊勢国磯《いそ》之宮も五十鈴《いすず》川のほとりにあった。桃《もも》尾滝（滝福寺）に発源する布留川は「川海苔《のり》」「夏蛍」の名所（『大和志』）として知られた。同川は神宮北東の「一の井」で分水、布留南・北郷と称し、『万葉集』には「いそのかみ袖ふる川の……」「袖布留山の瑞垣《みずがき》」などとみえ、いわゆる「布留の瑞垣」の地域であった。三輪に水垣・式島の地名があるように、布留郷にも「三島《みしま》」の地名がある。また、『夫木集《ふぼくしゅう》』の「布留のかけはし」は熊橋《かけはし》（懸橋の誤字）として残っている。『三代実録』貞観九年（八六七）三月条には、布留郷の百姓に石上神山の樹を焼き、禾豆《まめ》をまくことを禁じたとある。神宮の神体山にも磐座《いわくら》があり「石の神」といったことからイソノカミの名が起こったという説もある。

『源平盛衰記』に「布留河の川上より、一の剣流れ下る、此剣に触るゝものは、石・木共に伐砕き流れたり。下女布を洗ひて此河にあり、剣下女が布に留まりて流遣《や》らず、故に布流と云ふ」とみえる。いわゆる用字から起こった説話である。

「布留」は「布都」の宮名の転化語か。「讃岐」が「サルキ」に、「角鹿《つのが》」が「ツルガ」に転じた例もある。

【妹峠《いもとうげ》】

高市郡明日香村から吉野郡に至る峠。芋峠とも書き、イモトウゲという。妹峠の東方に細峠、西方に葦原峠がある。妹峠のイモは疱瘡《ほうそう》のことで、疱瘡祓いをした峠であろうか。イモ峠の入口（稲渕）では今もなお勧請縄を張り、悪疫の侵入を防止している。細峠も疱瘡峠のことであろう。葦原峠でも疱瘡神を祀っている。

峠は村の入口でもある。入口の「一口」をイモアライと訓む例は各地にある。「山城国の淀の一口《いもあらい》」が有名。イモアライは「忌祓《いみはら》い」のことで、やはり疱瘡祓いの場であった。橿原市久米寺東方の「芋洗い地蔵」は、久米仙人が芋を洗う女性の白肌を見て神通力を失ったところと伝え、柳生の「疱瘡地蔵」は「徳政の碑」として知られる。これらの地蔵信仰は幼児の疱瘡祓いから起こったもの。古来、大和の人びとは妹峠を越え、吉野川の瀬でミソギをして身を浄めた。川岸に妹山（原生林—大名持神社）がある。

【磐余《いわれ》】

桜井市西南部一帯の古代地名。履中天皇の「磐余若桜《わかさくら》宮」、継体天皇の「磐余玉穂宮」、用明天皇の「磐余池辺双槻《なみつき》宮」をはじめ、磐余池、石寸《いわれ》山口《やまぐち》神社などがあり、「磐余」は表意、「伊波礼」は表音用字である。

「神武紀」に「磯城八十梟師《しきやそたける》の屯聚《いわ》み居たり、果して天皇と大に戦ひ、遂に皇師の為に滅されぬ。故《か》れ、名けて磐余邑《いはれのむら》といふ」とみえるのは地名に付会した風土記的説話である。磐余の「余」はアレーフレ（村）で、岩村の義、石寸はさらに略画用字とみられる。この地域で岩石が多いところといえば、同市谷（旧大字）の磐余山東光寺付近と考えられ、同寺は巨巌をきり拓いて創建したと伝え、「石根」「岩根南」「岩脇」「岩根東」などの小字が残っている。また、同地には岩根山薬師寺（庵）がある。

応永六年（一三九九）の「興福寺殿《いん》米並田数注進状」に「一乗院領・岩根庄」とあり、イワレ・イワネは同義の地名であった。

岩根の「根」は、大和島根・底津磐根の「根」で「地に生えているもの」の意で、『万葉集』の枕詞に「角障《つのさわ》ふ磐余」、「角障ふ石見国……」とあり、岩の所在を意味している。

また、橿原市の西南、中《なか》曾司町にも磐余野の地名があった。天文二十二年（一五五三）二月、三条西公条《さんじょうにしきんえだ》の『吉野詣記』にも「いわれ野」の記事がある。同地の「イワリの宮」（磐余神社—神宮寺は磐余山神護院）には神日本磐余彦《かむやまといわれひこ》尊を祀ることから、祭神「磐余彦」の名に因む地名であろう。

【宇陀《うだ》】

大和平野東南方に位置する「宇陀」には縄文遺跡が分布し、『記・紀』『万葉』地名が多く、特に「神武紀」には「宇陀の穿邑《うがちむら》」「伊那嵯《いなさ》山」「菟田《うだ》の下県《しもつあがた》」「菟田の血原」「菟田の高城」「菟田の高倉山」「男坂」「女坂」「墨《すみ》坂」「国見山」「菟田川の朝原」「小野の漆《しい》原」などの地名をみる。また「女坂に女軍を置き、男坂に男軍を置く、墨坂に焃炭《おこし》を置けり。其の女坂・男坂・墨坂の号は此に由りて起れり」とあり、地名に因む説話がみえる。

『万葉集』には「宇陀の阿騎野《あきの》」「宇陀の大野」、「推古紀」には「菟田野に薬猟す」とあり、「〜坂」「〜野」の地名が多く残っている。

宇陀は宇陁・宇太・干太・宇多・干陁・菟田・宇田などの表記があり、ウダと発音する。ウダは五条市の阿陀《あだ》と同義の語か。アダも『記・紀』地名で、『万葉』には「阿太の大野」と歌われた・京都市洛西にも「宇多野」「化野《あだしの》」の地名がある。宇陀・阿陀に「大野」の名があり、ウ（大）

ダ（田）の義か。郡内には「御田《みた》」「和田」「小和田」などの村名もある。「御田」は古代屯倉《みやけ》の田部を意味する語であるが、「小和田」は、「吉田」「小吉田」があるように、「和田」との区別称呼として用いたもの。河合町大字大輪田、吉野郡西吉野村（現五條市）大字和田などのワダは河川の曲流地にある「曲《わだ》」である。「小和田」「和田」付近に「駒帰《こまかへり》」（駒帰廃寺跡）の大字があるのは、中世、「小和田」を「小曲《おわだ》」とも表記、これをコマカリと訓み、コマカジ→コマカヘリに転じた。地名用字は意外な改変をくりかえす好例である。

【乙木《おとぎ》】

天理市旧大字。小峠《おとうげ》のことであろう。竹内峠の扇状地に立地する。延喜式内社・夜都伎《やつぎ》神社の鎮座地である。中世の乙木荘で、夜都伎も実は於都伎《おとぎ》で、乙木神社のことである。徳川中期まで乙木明神と称した。

　貞享五年（一六八八）、松尾芭蕉が奈良から在原寺をへて石上神宮に参詣、「丹波市やぎといふところ耳成山に東に泊まる。くたびれて宿かる頃や藤の花、といひて、なほおぼつかなきたそがれに、哀れなるむまやに至る」と書いている（『笈《おい》の小文《こぶみ》』）。この丹波市やぎというのは夜都伎（八木）のことであろう。哀れなるむまや（駅家）とあるのは、現在の佐保庄のことで、「権現藤の棚、朝日寺かゞやく名物どじょう汁」の里唄が残っている。文化年間（一八〇四～一八）、同地に藤の花の句碑を建てた。三重県にも御斉《おとぎ》峠があり、小峠がコトウゲから「小仏峠」（吉野郡）、または「琴引峠」（宇陀郡）に転化、好字化する例もある。

【春日《かすが》――平城《なら》飛鳥《あすか》】

奈良市の春日山・春日野は『記・紀』『万葉』地名として有名。「継体紀」に「哥須我」、「開化紀」には「箇酒鵜」などの用字があり、『和名抄』には「賀須賀」の訓注をみる。「賀」の万葉仮名はカ・ガとも訓まれた。春日はカ（接頭語）スガ（洲処）説が有力で、スガは志賀・佐賀・曾我、あるいはアスカ・マスガ（真菅）と同意の語と考えられる。

　春日野付近は「平城の飛鳥」ともいわれた。『万葉集』には「故里の飛鳥はあれど、青丹よし平城の飛鳥は見らくしよしも」（大伴坂上郎女）の歌がみえ、平城にも飛鳥山・飛鳥川・飛鳥井・飛鳥神社の名を伝えている（『奈良十六景』）。

　春日山に発源する率《いさ》川・吉城川は平城宮跡に向かって西流、途中、雪消沢《ゆきげのさわ》・鷺池・荒池・猿沢池などが連なり、毎年、浚渫工事を行うという洲処《すがち》地で、下流の平城宮跡内に「飛鳥田」の小字がある。春日は飛鳥でもある。

　スガは出雲国の「須賀の宮」の地名説話にもみられるように、春日野も清地《すが》で、正倉院文書には「神地」とあり、遣唐使が渡海の無事を祈念したところである（『続日本紀』）。また、「春日野に斎《いつ》く三諸の……」（『万葉集』）とみえ、御蓋山《みかさやま》は御森の義、いわゆる神奈備《かんなび》の地で、春日大社はこの聖域に鎮座された。さらに、春日山絶頂の香山《こうせん》（神山）には鳴雷《なるいかつち》神（闇龗《くらおかみ》―谷間の竜神）を祀り、平城の都の水源地となり、『万葉集』の「黒髪《くろかみ》山」であったと推定される。

河内国安宿《あすかべ》郡の「近つ飛鳥」にも「春日」の地名がある。中世の「春日太子」（聖徳太子御廟所）で、いずれも飛鳥川流域の洲処地に立地している。春日は春日部に由来すると言い、近くに「壹須賀《いすか》」の神社名もある。

なお、春日の「春」はスで、「春原《すはら》」「陽春《やす》」の用字がみえ、「日」は五日《いつか》・十日《とおか》のカで、『和名抄』筑前国怡土《いと》郡雲須《くもす》の郷名には「久母春《くもす》」「久毛波留《くもはる》」の訓注がある。「小狭間《こはさま》」が「笠間」に二字化したように、語頭のコはカ行音に転音した。「小」は小春日和のコで一種のほめ言葉である。カスガは小《こ》（美称）春日《すか》↓春日《かすが》であっても不自然ではない。春は霞むことから「春の日の春日《かすか》」「飛ぶ鳥の飛鳥《あすか》」というように、典型的な嘉名・好名・二字化したものであろう。

【葛城《かづらき》】

葛城は大和平野西南、金剛・葛城・二上山東麓一帯の地域で、古代の葛城国（県）、または「賀茂」とも称し、蘇我氏の本居《うぶすな》の地であった。『記・仁徳』には「加豆良紀」、「仁徳紀」には「箇豆羅紀」とあり、用字も「葛」ではなく「葛」で、「カヅラキ」が正式称呼。「神武紀」には旧名を高尾張邑とし、天皇が葛網を用いて土蜘蛛を掩殺したことから「葛城」と号けたという。また、「茨城」は黒坂《くろさか》命が茨棘《うばら》をもって城を作り都知久母《つちくも》を平定したことに因むという（『常陸国風土記』）。さらに景行天皇が筑紫巡狩の際、椿の樹を用いて石室の土蜘蛛を誅したので海石《つば》榴市《いち》の地名が起こったと伝える（『豊後国風土記』）。いずれも、既存の地名に付会した説話であるが、葛《つる》草・茨棘・椿樹の多く生えていたところであろう。「葛藤」という語があるように、カツ―クヅ、フジは蔓性の植物で、『万葉集』にも「延《は》ふ葛のいや遠永く、よろづの世に絶えじと……」とみえ、古代呪術的信仰の対象となった。葛城の「城」は「平城」「山城」「磯城」の「城」で、早くから中国風に、嘉名・好字・二字化した地名である。すでに、五九六年の「道後温湯碑文」に「葛城」の人名があり、「神功紀」には葛城襲津彦《そつひこ》が新羅国から多くの渡来人を葛城に移し、『新撰姓氏録』には弓月《ゆづき》君らが百廿七県の民を住まわせたとある。渡来文化の先進地域であった。

『和名抄』には葛城を「葛上」「葛下」「忍海《おしみ》」「広瀬」の諸郡に分かち、中でも忍海部は葛城の中枢部に位置し、飯豊《いいとよ》天皇の忍海角刺《つのさし》宮の所在地であった。「角《かど》」は「葛《かど》」（ツヌ―ツル）、「刺」はサシで「城」の義、「歌枕」をカツラキ、「新漢」をイマキ（新来《いまき》）というような当て字で、「角刺」は「葛城」を意味する用字と考えられる。忍海は凡海《おふしあま》とも書き、「旧葛上国府」

―「葛城郡家」の所在地であったか。今も葛城御県《みあがた》神社が鎮座し、石光山《せっこうざん》古墳群東南には「大領《たいりょう》」「コクゾウ前」などの小字が残る。「大領」はコホリノミヤツコと訓み、「コクゾウ前」は「国造《くにのみやつこ》前」の音読したもの。「神武紀」には剣（葛《つる》城《ぎ》）根命を葛城国造としたとある。

【キトラ（亀虎）】

キトラ古墳は明日香村大字阿部山小字「上山」にある。キトラの小字は「木寅」「甲寅」「木虎」「北浦」「北トラ」などと書き、県内には約百十例もある。明日香村内だけでも大字野口、植山城跡北方、大字上八釣集落の北側に残っている。史跡・宮山古墳（御所市）、耳成山北麓にも同小字がある。キトラは、北浦―キタウラ―キトウラ（母音交替―脱落）からキトラになったもの。したがって、「北浦」と書きキトラと発音する小字は二十余例もある。東浦をヒガシラ（約三十例）、西浦をニシラ（約二十例）と呼称する小字も多い。潟浦をカツラ、畑浦をハトラというような例も少なくない。昭和五十八年十一月十一日、阿部山小字「上山《うへやま》」に壁画古墳のあることが判明、即日、「亀虎古墳」と命名した。「キトラ」は「上山」に隣接する小字「藪《やぶ》ノ下」に続く小字「北浦」（集落の北側の谷）付近の地名であった。「上山」は広域小字である。「上山」は「阿部山」のことか。広陵町大字安部西部の小字阿部谷には式内於《うへ》神社がある。桜井市の「メスリ」古墳も「メグリ」古墳の誤写（字形類似）か。付近の小字「メグリ」の古墳から家型埴輪が出土している。

【巨勢《こせ》】

現御所《ごせ》市東部、JR「吉野口」駅、近鉄「葛《くず》」駅付近。曾我川流域の渓谷が古代の巨勢郷であった。『和名抄』の巨勢郷は高市郡に属していた。徳川期に巨勢郷を高市郡に求めたが、すでに葛上郡に編入していたことを知らず、明日香村大字越《こし》を巨勢に比定したこともある。巨勢は許勢・許世・古瀬（大字）とも書く。その山・川・野は椿の名所として『万葉集』に歌われた。コセは川瀬《こせ》か。御所市の御所《ごせ》と同意で、巨勢・御所は共に好字地名であった。御所《ごせ》は葛城川堤の東西に立地し、同地には持統天皇が幸《みゆき》した掖上《わきかみ》陂《つつみ》で、今も十三《つつみ》（現地呼称はジュウソ）の大字が残っている。巨勢は古代豪族・巨勢氏の本拠地で、巨勢山口神社、巨勢寺、今来の双墓《ふたつ》などが所在する。明治市町村制の際、「巨勢村」説もあったが、葛城の「城」を省き「葛《くず》」とした。「吉野葛」とは無関係である。

巨勢郷内にある大字植野はイブリと呼称し、五万分の一地図にも「樋野《いぶり》」の訓注を付していた。この樋野には巨勢荒人が居住、その事績については『新撰姓氏録』右京皇別条によると、「皇極天皇の御世、葛城の長田を佃《つく》らしむ、その地、野高くして水を溉《そそ》ぐに難《かた》かりき。荒人、能く解機術《ものつくるさとり》ありければ、始めて長樋を造りて、川水を田に灌《そそ》ぎぬ。天皇大く悦びたまひ樋田《ひだ》臣といふ姓を賜ひき」とある。すなわち、巨勢川の水を葛城長田に分水したのである。現在もこの水路が残っていて大いに恩恵をうけている。イブリは樋入のことで、和歌山県伊都郡飯降《いぶり》は『紀伊続風土記』に「伊夫里は樋入《いひいり》の義なり、樋は堤の水を通ずる具にして、いわゆる樋なり。イヒイリを約《つづ》めてイヒリと唱ふべきを音便にてイフリに唱へしなり……この地紀ノ川を堰《せ》きて田薗に灌くに処々に樋を入れて水を蓄ふ。郷名是に因りて起れるなるべし」とある。また、曾我川の下流、高市郡雲梯《うなて》郷でも水路を開き、灌漑水利の便を図った。この雲梯は溝《うたて》（水路）のことである。

【讃岐《さぬき》】

北葛城郡広陵町。『和名抄』讃岐郷で、式内讃岐神社鎮座地。大和には備前・薩摩・飛驒など、旧国号地名が多く、讃岐もその一郷名として残っている。

『竹取物語』の竹取翁の本名が讃岐造麻呂であるから翁の出身地と考えられ、同町は「かぐや姫の町」として「竹取公園」をつくった。

『竹取物語』の内容は、竹取翁―かぐや姫の出生について説明、やがて四人の貴人から求婚されることとなる。貴人とは「石作の皇子」「くらもち皇子」「阿部右大臣」「大伴大納言」「石上の中納言」で、物語中の地名には「大和国十市郡」「小倉の山」、あるいは阿部御大人《みうし》・大伴御行・石上麿足ら壬申の乱の実在者の名がみえる。この物語は、おそらく大和の広瀬・十市郡の讃岐、竹田（竹田の庄域）付近を舞台としたもので、奈良朝以来、南大和を古国として仙人・貴人・老翁が住むという思想があり、「斉明紀」『水鏡』『無明秘抄』（鴨長明）などにも老翁・唐人の奇瑞的記事がみられる。『万葉集』にも由縁ある雑歌（三七九〇）として耳成池の鬘児《かづらこ》の歌がある。鬘児が三人の男性からの求婚を拒否、池中に投身するという殉情的な歌である。この歌の次に「昔、老翁ありき。号《な》を竹取の翁と曰ひき……」とみえ、老翁は九人の娘子に歌をもって応《こた》えたとある。つまり、『竹取物語』の原点は『万葉集』にあった。

讃岐郷は明治中期、斎音寺・大垣内・赤部の三ヶ大字を合併、三吉（サヌキ→ミツヨシ）村としたことがある。斎音寺の「紀三上神社」の「紀三上」は「紀之《きの》上」の誤字説があり、万葉地名の「城之《きの》上《へ》」で、隣町の「城古」の中字も「城《きの》戸《へ》」と考えられる。讃岐は小野城《さのき》と同義の語か。

【蛇穴《さらぎ》】

御所市内に「蛇穴」と訓む村（大字）がある。高市郡内には「蛇穴」「サラキ」「佐良ヶ田」「蛇ヶ市」「ジャケツ」「ジャアナ」の小字が残っている。サラキは「新来」「今来《いまき》」のことで、古代、同郡西部に「今来」（新漢《いまき》）の郡名があった。千葉県では「浅甕」と書き、サラギと発音する地名もある。

御所市蛇穴は今城《いまんじょう》（旧大字）に接続し、今城は、最近、出屋敷村と合併、「今出」の合成地名が誕生した。

　蛇穴の野口神社には茨田《まんだ》連の祖神神八《かむや》井耳《いみみ》命を祀り、河内茨田堤をつくった茨田連を移住地と伝え、「マンダ」の小字が残る。蛇穴には持統天皇が幸した「掖《わき》上陂《かみつつみ》」があり、同地鴨都波《かもつば》神社は小字「掖上」に鎮座、同社神官は蛇穴村に住し、中世は春日神社の社領となっていた。奈良春日大社内には大和各地の有力神を祀っているが、「蛇穴神社」の末社があるのは、鴨都波神社のことではなかろうか。祭神も同じく事代主《ことしろぬし》命（蛭児《ひるこ》神）である。「蛇穴」と「蛭児」（字形類似）との誤写説もあった。

　葛城は渡来文化の早くから開けた地域で、今来の郡名もこの地域に比定されてきた。蛇穴の「蛇」はジャ→サ、「穴」はケで、サラキとも訓むことができる。また蛇がトグロを巻き穴をつくる状態をサラキともいった。『延喜式』には祭器に「甅《さらけ》」「瓫《ほとき》」の用字がある。土器はトグロを巻くような過程をへてつくった。「仏」をサラキと訓む理由も理解される。「蛇」は「竜」でもある。ワラでつくった「蛇引き行事」（毎年五月五日）の蛇は「竜」を象ったもので、野口神社は「竜」を神体とし、葛城の「水の神」を祀る社であった。宇陀郡室生《むろう》寺の竜穴神社の「竜穴」と「蛇穴」は共に古代の「水の神」の信仰から起こった地名である。「蛇穴」の小字「ワキス」はこの地域の水源地になっている。

【染野《しめ》】

　北葛城郡當麻《たいま》町（現葛城市）の大字。名所石光寺所在地。ソメノではなくシメという。禁野《しめの》の下略語であろう。禁野は古代貴族の占有地で、薬猟や狩猟地として諸人のみだりに入ることを禁じた野。一に標野とも書く。禁野《しめ》は「上《かみ》つ毛野《けの》」を「コウヅケ」、中世の「火打野」（五条市）が「火打」となるように、語尾の母音Oの場合、発音上、下略する例が少なくない。

　染野は二上山南側、河内に通ずる岩屋坂峠入口に立地し、古来、石材（凝灰岩）や金剛砂の産出地として知られる。『続日本紀』天平十五年（七四三）条には、「大坂（二上山麓）の沙を用い、玉石を治めた」とみえ、応永六年（一三九八）の「興福寺造営段米田数帳」には「葛下郡、金剛砂御園二十二町」とある。つまり、御園（禁野）であったとする説が有力である。

【当麻《たいま》】

　大和平野西部、大阪府との境界、二上山東麓に立地する。『和名抄』の当麻郷（多以末《たいま》）である。『古事記』（履中）には当麻径《みち》を「多岐麻知」（多[illegible]摩知）とみえ、タギマ路といった。当麻の「当《たう》」のウ（ŋ）は、香《かう》山を、カグ山というように、カ行音のギに開音節化したもの。したがって、送り仮名のようにグやギを加えて香久山、当芸麻と表記した。

　タギマは『常陸国風土記』行方《なめかた》郡の当

麻郷について「道狭くして、地深浅《たぎたぎ》しかりせば、悪しき路の義を取りて当麻《たぎま》と謂《い》ふ」とあるように、大和当麻も、古来、当麻岩屋路が大和・河内間の交通路として古くから開けていた。「天武紀」には「当麻衢《ちまた》」の名がみえ、交通の要所であった。

当麻路は当麻・石光寺から岩屋坂石窟寺鹿谷寺《ろくたんじ》をへて河内野中寺方面に至るもので、各寺院は奈良・平安時代の弥勒菩薩を本尊とし、「弥勒信仰の道」でもあった。鹿谷寺は弥勒谷（ミロクタニ）寺の上略したものであろう。

「履中紀」によると、河内飛鳥の大坂から大和（穴虫峠）へ上るときの歌に、「大坂に、遇ふや、嬢子《おとめ》を、道問へば、直には告《の》らず、当芸麻《たぎま》道を告る」とある。この当麻路は、「岩屋越」のことであろう。当麻に通ずる路は竹内峠では余りにも南方に迂回し、当麻とは無関係となる。竹内峠は明治十五年に五ヵ年の歳月を要して開削工事を行い、昭和五十八年にも切り下げの難工事を続行、近鉄「磐城」駅以西の大道も昭和末期につくられ、峠一帯の全容は一変した。

大和横大路から「当麻衢《たいまのちまた》」に至り、難波に向かうには二上山北方の通過がもっとも直線的で、平坦な近路となる。岩屋路はやや急峻ではあるがよく利用された。いわゆる、たぎたぎしい坂道であった。

『西国名所図会』には、「当麻寺にいたるには、此道ならではその便よからず、故に険路しのぎておのおのここを行くなり、……傘堂といふ、岩屋越の旅人ここに下るなり」と記している。近世の当麻はタヘマ・タエマ（道標銘文）とも称したが、現在はタイマ（近鉄線駅名）で、町名の用字も「当麻」でなく「當麻」である（現在は葛城市）。

【月《つき》ヶ《が》瀬《せ》】

県内、唯一の一郡一村名（現在奈良市）。大字は月瀬と書く。昭和四十三年、「月ヶ瀬」の村名を制定。梅渓の名所であるが、江戸時代は観梅よりも烏梅《うばい》を作るのが目的であった。かつて頼山陽や斎藤拙堂らの文人が来訪し、ツキセ（月瀬）を「月ヶ瀬」として詩歌を残した。ツキはタキ（滝）の転化語で、県内には「滝ノ瀬」「滝ヶ谷」「月ヶ谷」など、タキ関係の小字は県内に約五百例もある。

ツキ瀬は、いわゆる「たぎつ瀬」のことで、川水の激しく流れるところである。上流の遅瀬《おそせ》（獺瀬《うそせ》）は曲流地で、さらに広瀬（縄文遺跡）、長瀬の村名はよく地形を示している。

吉野川流域にも『万葉集』に「滝の河内」とある宮滝をはじめ、「滝」（西吉野村・五條市）、「大滝」（川上村）の大字がある。『日本霊異記』には、吉野川支流、秋川流域に「桃花鳥《つき》の里」の地名を記しているが、このツキもタキ（滝）の意、今の滝上寺付近の地名であった。

【椿市《つばいち》】

桜井市三輪、大神《おおみわ》神社前、小字「大鳥居」、同「椿井」付近の地名。奈良市・

平群町の椿井は町名、大字であるが、小字「椿井」は約二十例もある。「武烈紀」に「海石榴市《つばいち》巷《ちまた》」、「敏達紀」には「海石榴市の宮」とある。古来、歌垣《かがい》の地として知られる。椿市の「市」は「地」の意か。同地の「百市《ももいち》」「太田市」も「𡸴地《ままち》」「麻生田地《おふだ》」と解釈される。

椿井西部に「坪井」の弥生遺跡がある。ツボキは壺井の意、大和方言の「ツボ」「ドツボ」は低湿地（凹地）のこと。「坪井」は木製遺物の出土地であり、「椿井」は旧初瀬川辺の湿地であった。椿井はツボ井と同意の形状地名かもしれない。都祁《つげ》村（現奈良市）大字「藺生田《ゆう》」が「友田」に改字、鞆田《ともだ》に転音したように、地名の用字には注意が必要であろう。『万葉集』に「三諸山は人の守る山……末辺は椿花開く……」「海柘榴市の八十の衢《ちまた》に立ち平《なら》し、結びし紐を解かまく惜しも」と歌われ、古代交通の要所で、難波から飛鳥に参内する唐客を海石榴市衢で迎えている（「推古紀」）。

大和平野、下ツ道と横大路の交叉地には「井戸の辻」がある。大神神社・大御《おおみ》輪《わ》寺・平等寺など、社寺門前町として椿井を中心に発達し、中世には椿富の庄名がみえ、近世には「三輪茶屋」が有名となった。

近松門左衛門の浄瑠璃の一節に「奈良のはたごや三輪の茶屋、五月三日夜をあかし……かねもかすむやはつせ山……」とある三輪の茶屋は、現大神神社前、大鳥居付近にあった。平安時代には長谷寺詣の宿場町として栄え、『枕草子』に「つば市。大和にあまたある中に、長谷寺に詣する人のかならずそこにとまるは観音の縁、あるにや」とみえる。長谷寺に参詣の途次、信仰者は必ず椿市観音（大御輪寺十一面観音菩薩）に礼拝した。上田秋成は『雨月物語』の中で「泊瀬《はつせ》の寺ちかき所なりき……詣ずる人は必らずこゝに宿れば、軒を並べて旅人をとゞめける」と書いているのは、大鳥居前の三輪茶屋のことで、海柘榴市はこの辺であったと推定される。のち、「椿井」の「市」の守護神として恵比須《えびす》神（現恵比須神社）を祀り、今なお信仰の対象となっている。

【多武峯《とうのみね》】

桜井市、談山《たんざん》神社鎮座地。「田身嶺」「太務峯」とも書く。タムは地形のタワんだところ、タワの峰の意であろう。宇陀郡内の佐倉峠の別名「多武井《たぶい》」のタブも同義の語である。事実、多武峯は桜井から飛鳥・吉野に至る鞍部に立地する。『万葉集』にも「ふさたおり多武の山」とみえる。多武峯から吉野に至る山道には冬野、高取などの地名がある。冬野《ふゆの》はトウノ（屼野）、高取はタカタオリ→タカトリの意で、雲取峠、熊取坂、鞍取坂のトリも鞍部のことである。

冬野から竜在《りゅうざい》峠・細峠をへて吉野・竜門に至る山道には、菅原道真の「高市山荘」跡や亀山天皇皇子・良助法親王隠住跡などがあり、かつて、本居宣長・貝原益軒・氷室長翁《ひむろちょうおう》・飛鳥井雅章らの紀行・

日記にもみえ、松尾芭蕉は「雲雀より空に休らふ峠かな」の名句を残した。

中臣鎌足が中大兄皇子と蘇我氏討伐のことを語り合ったことから「談山」の名が起こったという。同地の根槻（念誦窟）は双槻《なみつき》宮跡と伝える。ナミツキ→ナツキ→ネツキで、「斎明紀」の「天宮」ともいわれる。同地の上村をカムラ、南渕をナブチというように、ミ音脱落例が多い。また、多武峯と宇陀郡界にある音羽山も小乢山の転化したもので、県内には「田葉峯」「田和峯」「田和山」など、タワ関係の小字は百七十例分布し、タワに「辿」の文字を用いることもある。山脈の凹んだ処、平地でも窪（久保）地はトホチ（十市）で、高市は対語であろう。小字「高市」→「竹市」は高所を意味する局部の地名であったが、のち郡名に拡大することもあった（十市郡・高市郡）。

【十三塚《とみづか》】

奈良市春日野の飛火野《とぶひの》は『続日本紀』和銅五年（七一二）条に「河内国高安烽《とぶひ》を置廃し、始めて高見烽及び大和春日烽を置き平城に通ぜしむ」とある飛火―烽《のろし》に因むもので、近世まで烽火塚があった。徳川中期の古図には数基の古墳状に描かれている。春日烽は春日山奥の芳山（烽山）説と高円山《たかまどやま》南方の鉢伏峠にあったともいう（『大和志』）。天理市の十三塚はハミ塚とも書く。ハミはトミの誤写であろう。この十三塚東方の高峰山付近の「スモウトリ山」は「相場取り山」のことで、大坂堂島の米相場を手旗で信号した中継地と伝えている。

橿原市中曽司《なかぞし》の十三塚も現地発音はトミ塚で、「富塚」の用字もみられた。この十三塚は藤原京西北隅に立地し、高安山方向に対する飛火塚（烽所台）であったか。

生駒山の十三塚は十三峠の絶頂にあり、付近には「鉄砲塚」「下司田」「トボシガエ（飛火ヶ嶺）」「ホシヤダイ（火舎台）」などの小字がある。『万葉集』には「生駒山飛火が嵬《（岳）》に　萩の枝を……」の歌がある。この十三峠でも、近世、大坂堂島の米相場を手旗信号で、大和高田・三輪・奈良に送信の中継地で、高安山南方の南畑にも「相場振り山」の名を残している。

日本の烽燧《ほうすい》制度は唐の「兵式烽式」にならったもので「律令」置《ち》烽の条には「凡そ烽には長二人（交替）置け、三烽以下を検校せよ。凡そ烽には各烽子四人を配《あ》てよ」とあり、計十三人を以て構成したことから、この烽台（中国では豊台）の十三基に因み、十《と》三《み》塚飛《と》火《び》塚の名が起こったのであろうか。全国的にみると約三百例の十三塚があり、「十三菩提（烽台か）」「十三部」「十三坊（烽火）」「トンボ（飛《とび》火《ひ》）山」「遠見塚」などといわれた。富士信仰から富士塚を、庚申信仰から庚申塚をつくるように、烽をあげたことから「火振り」行事の雨請（竜神）信仰の対象となり、形式化して十三塚をつくるようになったか。飛鳥周囲の「火振塚」も古墳ではなく烽台跡と考えられている（『明日香村史』)。

【奈良《なら》】

「ナラ」は奈良のほか那羅、乃楽、寧楽、平城、名良、楢、平、寧などと表記される。「平」に象徴されるように平面化した処、ならされた処の意と思われる。那羅、寧楽などは好字化。奈良が最終的に県名になったのは明治二十年のことで、それまでは奈良県→奈良府→奈良県→堺県→大阪府と変遷した。大和県が適切との考えが根強かったが、封建権力を打破したい明治新政府の意向によったという。

〈この項、編集部〉

【長谷《はせ》――初瀬《はつせ》】

桜井市の泊瀬渓谷は大和平野東南部、伊賀・伊勢国に通ずる伊勢街道の「長谷」である。長谷山口神（『延喜式』）、長谷山寺（『続日本後紀』）が有名。初瀬・豊泊瀬・始瀬は嘉名・好字、長谷は表意用字か。すでに『和名抄』には「長谷」の郷名に「波都世《はつせ》」の訓注がある。『古事記』には「長谷朝倉宮」「大長谷若建《おおはつせのわかたける》命（雄略）」「小長谷若雀《おはつせのわかさざき》命（武烈）」などの用字に対し、『万葉集』には「隠口《こもりく》の長谷小国《をくに》」「泊瀬小野」「泊瀬風」「泊瀬女《はつせめ》」など、いかにも万葉的な優雅な用字となっている。事実、地形は東西に細長く、字義のように長い谷で、東端は隅坂—墨坂（「神武紀」）、隅ヶ《すみか》原《はら》→角柄《つのから》（大字）で、西部の黒崎は谷前《くらさき》か。

ハセ・ハサは狭間《はさま》の下略であろう。「皇極紀」には「谷宮門」の訓注に「谷は波佐麻」とある。この地域にはクラ（谷）系の地名が多い。「クラハシ（倉橋陵）」「サクライ（桜井）」「ワカサクラ（若桜神社）」をはじめ、「ロノ倉」「滝倉」「朝倉」「小倉」などの古代地名が残っている。クラ（谷）→サクラ（佐倉）→アサクラ（朝倉）、ツマ（端）→サツマ（薩摩）→アサツマ（朝妻）というようにクラ・ツマは語根で、サは小長谷の「小」（小百合《さゆり》のサ）、アは大長谷の「大」と同意の美称であろう。

履中天皇「磐余若桜宮」には桜花に因む宮名説話があるが、この「若」も「若狭井」のワカで、「大」と同意で、アサクラ—ワカサクラは対語か。

信濃国（長野県）の小長谷山（長谷寺山）はヲハツセ山→姥捨山に転じたように、小狭間がヲバサマ（叔母様）に転じた（三重県）。こうして地名の用字から説話が生まれた。

長谷《はせ》南側の狭谷は笠間谷（笠間陵所在地）である。笠間は小狭間（コハサマ→母・子音脱落）からカサマに転じた。また、笠間（大字）南方の狭谷が迫間《はさま》（旧大字）で、さらに、南方は大蔵寺から「桜峠」へと連なり、集落は谷間に立地する。「谷」と同義の「迫」はサコで、県内には「大《おお》迫《さこ》」「迫」地名は約三百例もある。因みに、奈良市旧大字長谷は「ナガタニ」と発音する。

【疋相《ひきそ》】

北葛城郡広陵町大字。『延喜式』の押《おし》

坂彦人《さかひこひと》大兄皇子の成相《なりあい》墓の所在地と伝える。『続日本紀』には「成合山陵」とみえ、和銅二年（七〇九）の「弘福寺文書」には「真野条七成相里」とある。真野は真木野の二字化条里名で、七条はこの疋相に該当する。成相は一に疋相とも書く。同地に所在する牧野《まきの》古墳をバクヤ古墳という。武庫《むこ》山―六甲山をロッコウサンと称したように、中世、地名の音読化する傾向が少なくない。成相《なりあい》は「双合《ならびあ》う」という地形語で、匹相の「匹」に「双《ならぶ》」の意があり、匹相《なりあい》の音読、ヒキソ（疋相）に再転したと考えられる。飛鳥、奈良でも『延喜式』地名の改変（例、御廟野→五条野など）した例は少なくない。

【檜隈《ひのくま》】

高市郡明日香村大字。檜隅・檜坰とも書く。『万葉集』の「佐日の隈」のサは接頭語。『和名抄』の檜前（比乃久万）郷で、同村の檜前・栗原・平田・野口・越など、旧坂合村地域の旧称。欽明天皇檜隈坂合陵、文武天皇檜隈安古《あこ》陵、天武・持統天皇檜隈大内陵などの陵墓名から推定すると、相当広域にわたっていた。東は高松塚、西は佐田・真弓の束明神塚、南はキトラ古墳、北は丸山古墳地域に至る盆地を形成している。

日隈の「日」は日向・日浦と同義の語で、陽光のよく射す地域で、旧飛鳥村からみると奥間である。クマは「坰」（『記』）の用字があるように、丘にかこまれた「内」であり、大和方言の「浦谷」である。地勢上、多武峯の朝日がもっとも早く、葛城山の夕陽がもっとも遅くまで直射《たださ》す地域で、『万葉集』にも「朝日照る佐田の丘」とある。

また、檜隈邑・檜隈川・檜隈五百野宮や檜隈舎人連・檜隈忌寸など、檜隈と冠した地名・人名が多い。中世、「隈本」が阜《ふ》（阝）を畏るるは不可とし「熊本」としたが、檜隈は早くから「檜前《ひのくま》」の用字もみられた。やはり、有名渡来人の居住する先進文化地域であった。

また、「大内丘」から、葛城に向かって「越《こし》」「越智《をち》」の地名（村・丘・野）が連なって立地する。内《うち》―近方《こち》―遠方《をち》は『延喜式』の「近陵」「遠陵」、「顕宗紀」の「遠つ飛鳥」「近つ飛鳥」、越国《こし》の越《えち》前・越《えち》後とあるように、中央の檜隈からみた地名で、全く偶然のこととは思えない。斉明天皇陵は「天智紀」によると「小市岡上《おちのおかのえ》の陵」と表記している。「小市」はコチ・ヲチで越（コシ）でもある。事実、越の史跡・牽牛子《けんごし》古墳を斉明天皇陵とする説もみられた。檜隈の於美阿志《おみあし》神社名は使《お》主阿智《みあち》であり、牟狭《むさ》が見瀬《みせ》となるように、音韻交替の実例は少なくない。

檜隈北方、史跡・丸山古墳にも、諸説（欽明天皇陵）があり、『大和志』は天武・持統陵と考定している。いずれにしても、所在地名の五条野（旧大字）は条里制からみると、高市郡三一条に相当し、五条ではない。「西大寺田園目録」には「高市郡卅一条二坪内御廟東辺二反字青木」とある。この「御廟」の名が「五条」に転じたか。『山陵志』に「天智陵は山科郷にあり、陵の四野を御廟野と号す、廟は陵と俗言互に通ず」とある。「五条」は好字である。

【笛吹《ふえふき》】

橿原市耳成山東麓に「笛吹」、中つ道を北上して磯城《しき》（城下）郡村屋神社前にも「笛吹」の小字があり、『延喜式』（雅楽《うた》寮）に「楽戸郷、城下郡杜屋村」とみえる。北葛城郡新庄町には「笛吹」の大字がある。同神社境内の「天波々迦《あめのははか》」は吉凶を卜《ぼく》する樹として知られ、天皇の大嘗会に献木したといわれる。古歌に「笛吹の社《やしろ》の神は音にきく遊びの岡や行きかよふらん」とあり、付近に「遊岡」の名を伝え、笛吹戸は笛を吹き、鎮魂《ちんこん》・卜筮《うらない》の儀にかかわった。また、同町の大字笛堂は三倉堂が「御蔵戸」であったように笛戸の意か。『大和名所和歌集』に「遊の岡、笛吹村東南の地なり、今は遊田《いうでん》といふ（小字遊田が残る）。笛吹のやしろ西にあたれり、笛吹の縁によりて笛吹といふなるべし」と記す。笛吹神社南方の小字「猿目」は猨女《さるめ》のことで、一説に神祇官に職を奉じた巫人《みこ》のことであるという。

【三輪《みわ》――磯城島《しきしま》】

地名「ミワ」は「美和」「大三輪（『紀』）」「三和」「弥和」「三輪」「三和（『万葉集』）」「大神（『続日本紀』）」「意富美和《おおみわ》（『記』）」などの表記があり、平城宮出土計帳軸木には「和銅八年・大倭国志癸《しき》上郡大神《みわ》里」とある。「ミワ」の地名起源については、「崇神紀」に「糸のまにまに尋ね行けば、美和山に至りて神の杜《もり》に留まりき。故、其の麻の三勾遺りしに因《よ》りて、其地を名づけて美和といふなり」とあり、意富多《おおた》多泥古《たねこ》命と活玉依毘売《いくたまよりひめ》に因む神婚伝承がみえる。三輪の語に付会した風土記的地名説話として知られる。

飛鳥川の曲水《まがみ》（真神原）、ミワの「水《み》曲《わ》」は共に地形名である。『万葉集』の「三諸の神の帯《お》ばせる泊瀬川」は巻向《まきむく》川と合流、いわゆる三輪山本は水垣―瑞籬として神聖視され、志貴御《いきのみ》県坐《あがたにます》神社は縄文遺跡に鎮座している。

神社南方、初瀬川と忍坂《おしさか》川合流地付近の「井関の里」（文治四年＝一一八八、金屋地蔵堂本尊台座銘）には、「浅茅原」「式島」「飛鳥井」の小字が連なり、初瀬川の洲《す》処《か》地であった。天理市の石上・布留郷の三島《みしま》も「水島《みしま》」と同義の語である。

磯城島は「神武紀」の「磯城邑」、崇神・欽明天皇の師木島大宮（『紀』）、磯城島金刺宮の所在地で、シキシマは大和の枕詞となり、日本国の別称となった。

飛鳥川の「曲水」で盟神探湯《くがたち》（一種の占い）をしたという「允恭紀」の記事がある。磯城川浜でも探湯をしたとみえる（「応神紀」）。また「敏達紀」には綾糟《あやかす》が初瀬川で口を漱《そそ》ぎ、三輪山を拝して朝廷に忠誠を誓ったという記事がある。磯城は初瀬川辺の三輪山を望む地域に位置し、『万葉集』には「初瀬川は浦無みか、磯無みか……」とある。磯城の「磯」は

「長谷《はせ》」と同理の表意用字で、初瀬の川辺に立地し、かつてシキはアスカのスカと同義の語とする説もあった（『地名の研究』金沢庄三郎著）。磯城の「城」は平城・葛城・山城の「城」で、中国的好字である。磯城金刺宮（『紀』）のサシも「城」で、堅固な聖域を意味した。

磯城川の水曲《みわ》は「志貴の美和—御和」と好字化した。古代大和域内の神奈備（神の杜の意）に斎《いつ》き祀る大美和の神を畏敬し、神をミワと同一視、ついに「大」の美称を冠し、「大神《おおみわ》」と訓み、「真穂御諸山」への信仰の対象となった。御諸は「御森」のことである。水垣《みずがき》の磯城は洲処《すか》—飛鳥でもある。

【薬王寺《やくおうじ》】

磯城郡田原本町、大和平野中央部、藤原・平城宮跡の中間部に立地する。ヤコウジ、ヤッコウジと発音する。薬師如来を本尊とする薬王寺の所在地。同地の小字「事薬」は「専薬《せんやく》」の誤写か。センヤクは施薬の意、施薬院の略である。同町大字千代の小字「ヤンヤリ」は「センヤク」のことで、延久二年（一〇七〇）の「興福寺雑役免坪付帳」には「式下郡十八条一里卅四坪施薬院内」に該当する。藤原宮に「典薬寮」のあったことから考えると、施薬田（薬園）に関係する地名ではなかろうか。因みに、平城京跡西南、大和郡山市内の旧薬園庄の「薬園」神社も「ヤコウ」と発音している。

【吉野《よしの》】

吉野の吉は美称で、『万葉集』に「よき人の良しと吉く見て、好しと言ひし、吉野吉く見よ、良き人四来《よく》見つ」（一—二七）とあるヨシで、「よい」「美しい」の意が含まれ、吉原・吉井・吉村・吉川・吉岡など、「吉」を用いた地名・人名は極めて多く分布する。「江戸の吉原」は「葦原」で、讃岐国多度郡の「吉原」も「葦原」であった。『和名抄』の武蔵国「横見」は「吉見」に、「推古紀」三十一年条の「脚身《あしつみ》」は「善積」に改字している。アシ（悪）を避けて嘉名・好字化した。

吉野の「野」を墾《ひら》くと「原」「牧」となる。吉野川流域には「野々口」「野々熊」「野原」「島野」の村名があるように「野」は川岸地域を意味した。したがって「吉野」といえば「吉野宮」の所在した宮滝（縄文遺跡）付近の地名であったか。『和名抄』には「与之乃《よしの》」の訓注があり、御吉野（黒滝村）は深吉野の意か。

〈池田末則〉

京都の地名来歴

【飛鳥井町《あすかいちょう》】

上京区今出川通堀川東入ルの町で、町名は、鎌倉時代より歌道、蹴鞠《けまり》道を家業とした公家飛鳥井家の別邸があったことに由来する。元亀二年（一五七一）の『御借米之記《おんしゃくまいのき》』に「飛鳥井殿町」とみえ、寛永十四年（一六三七）の「洛中絵図」には「飛鳥殿」が描かれている。以後町名に変化はなく、公家邸が町名となった代表的な例といえる。飛鳥井邸の地は明治時代になり、白峯《しらみね》神宮造営の際に社地として寄付されている。

【化野《あだしの》】

右京区嵯峨の二尊院より念仏寺に至る小倉山東北麓一帯の総称で、現在も右京区嵯峨鳥居本化野町という地名が存在する。

「阿大志野」とも記され、その由来は不明であるが、『八雲御抄《やくもみしょう》』には「抑《そもそも》、あだし野は清輔抄には名所げにいひたれども、たゞあだなる事によせていへる也」とみえ、はかない、空しいを意味する「徒《あだ》し」によるとの説もある。

『徒然草』に「あだし野の露消ゆることなく」とあるように平安時代以降は風葬の地、京の葬送地として知られた。また、歌枕として多くの和歌に詠まれている。

【粟田口《あわたぐち》】

現在の左京区・東山区にまたがる東山連峰の華頂山の西麓の一帯をいい、粟田口華頂町・同鍛治町・同大日山町など粟田口を冠する町名が多く残る。地名は古代の粟田郷に位置することによっており、また、『九暦』天徳元年（九五七）四月二十三日条に「於粟田山口乗御馬」とあるのが地名のみえる早い例と思われる。三条通に通じており、東海・東山道からの京への入口として交通の要衝であり、京の七口《ななくち》の一つに位置していた。『宇治拾遺物語』には、越後からの鮭商人で賑わった話を載せ、また、交通の要衝ゆえに戦乱の場となることも度々で、説話集や合戦記に題材を提供している。さらに、鎌倉時代以降には刀工の粟田口派の居住地として、また、江戸時代には、粟田焼の産地としても有名になった。

【池殿町《いけどのちょう》】

東山区柿町通大和大路東入の町で、町名は平清盛の弟で池大納言と通称された平頼盛の邸宅があったことによる。頼盛の邸宅が当時から「池殿」と呼ばれていたことは、『山塊記《さんかいき》』などの記録にみえる。

また、平家滅亡ののち、源頼朝は入洛に際して、池殿旧跡に新御所を建設し、さらに六波羅探題の地となるなど、平安時代末期から鎌倉時代にかけて大きな役割を果たした場所であった。宝暦十二年（一七六二）に刊行された『京町鑑』によれば、六波羅新地として記載されており、このころに開町されたと思われる。

【一条殿町《いちじょうでんちょう》】

上京区新町通一条下ルの町で、町名は鎌倉時代に五摂家の一つで、一条実経《さねつね》を祖とする一条家の邸宅があったことによる。一条殿は室町時代に入り、一時管領細川勝元の所有地となったが、大永年間（一五二一〜二八）に再び一条家の所有となった。その後、一条家が京都御所付近の公家町街に移転したのち、町化していったものと思われる。元亀二年（一五七二）の『御借米之記』にすでに当町名がみえる。町名の由来となった公家邸との関係が古くまで遡れる好例である。

【一之船入町《いちのふないりちょう》】

中京区河原町二条下ルの町。町名の由来は、慶長年間（一五九六〜一六一五）に角倉了以《すみのくらりょうい》が高瀬川の開削を行った際、最上流の船溜である一之船入りが設置されていたことによる。また、角倉家では、運航の監視のためもあり屋敷を構えていた。そのため、江戸時代の初期の絵図では「角倉町」と記載する絵図もあるが、その後、「船入り一丁目」「船入り二丁目」などとみえ、江戸時代中期以降は現町名に定着していく。江戸時代、京都の水運に大きな役割を果たした高瀬川にまつわる代表的な町名である。

【一色町《いっしきちょう》】

上京区五辻通浄福寺東入ルの町。町名は『京都府地誌』によれば、室町幕府の四職の家の一つとして権勢を誇った一色家の邸宅があったことによるという。江戸時代の始めから現在に至るまで町名の変更はないが、承応二年（一六五三）の「新改洛陽並洛外之図」や『京雀』などには「西五辻町」と記載されているから、両町名が併用されていたと考えられる。

【太秦《うずまさ》】

右京区の中央部やや東側に位置する広範囲な地域で、現在でも太秦蜂岡町、同青木ヶ原町など太秦を冠する町名が多数のこる。長岡京や平安京の造営に技術と経済力をもって大きな役割を果たした秦氏の根拠地として著名で、地名由来について『日本書紀』に、秦酒公《はたのさけのきみ》が雄略天皇に絹を山のように積んで献上したのを天皇が喜び、「兎豆麻佐《うずまさ》」の姓を与えたという話が伝えられている。平安時代にすでに広隆寺参詣のことを「太秦にまうづとみれば」（『枕草子』）などと表現しているのは地名として固定していたことをうかがわせる。以後、広隆寺を核として、近隣の嵯峨とともに信仰の地、観光の地として賑わいをみせている。

【占出山町《うらでやまちょう》】

中京区錦小路通烏丸西入ルの町で、町名は祇園会に際して占出山を出すことによる。占出山は神功皇后が朝鮮へ出陣の途次に肥前松浦川で鮎を釣り、戦勝のしるしとしたという伝説を意匠としている。また、神功皇后が懐胎中に朝鮮に渡り、帰国後安産したという伝承から、安産守護の信仰を集めている。応仁の乱以前の鉾の中には名前は見えず、明応九年（一五〇〇）の祇園会復興後、その名が見られる。町名は寛永十四年（一六三七）の「洛中絵図」では「浦出山町」とあり、以後「浦出山町」「占出山町」などと記載され、また、占出山の別称である「鮎祝山《あいわいやま》」に因み、「あいわい山の丁」と書かれた絵図もある。

【正親町《おおぎちょう》】

上京区新町通一条下ルの町。『拾芥抄《しゅうがいしょう》』によれば、当地は平安京官衙《かんが》の皇親の名籍のことをつかさどる正親町《おおぎ》があったことが知られ、町名もこれによっている。寛永十四年（一六三七）の『洛中絵図』では「正親町」とみえ、以後ほぼ変化はないが「わふき町」「扇丁」と記載するものもある。平安京の官衙町と現町名が古くから結びついてる好例といえる。

【御室《おむろ》】

右京区の双《ならび》ヶ岡の北麓、仁和《にんな》寺付近の地名で、現在も御室小松野町、同双岡町など御室を冠する町名がある。御室の名は宇多上皇が自身が建立した仁和寺境内に、延喜四年（九〇四）に室（御座所）を営んだことによる。『京都府地誌』によれば、古くは小松郷立屋里と称しており、宇多上皇が仁和寺で落飾した昌泰二年（八九九）より「御室」の称を用いたとするが、地名となるには、もう少し時間を要したと思われる。

野々村仁清《にんせい》が仁和寺門前に開いた窯が御室焼、また仁和寺境内の有名な桜が御室の桜と呼ばれるようになるのは御室の名が地名として流布した証拠といえる。江戸時代には御室村の村名もみえ、完全に地名化する。

【桂《かつら》】

西京区の桂川西部一帯の広範な地域をさす地名。地名の由来は『日本書紀』以来の古地名である葛野《かつらの》によるとも、湯津桂の樹があったことによる（『山城風土記』）ともいわれている。「楓」と書くこともある。古代より、京都と西国を結ぶ交通の要衝として有名で、延暦十八年（七九九）には渡子《とのこ》（渡舟夫）が置かれ、また浮橋がかかっていた記事も散見する。交通の便ということもあり、平安時代には藤原道長をはじめとする貴族たちの別業《べつぎょう》が営まれていた。そして、桂川では鵜飼による漁撈が行われており、供御《くご》として鮎を朝廷に貢進する贄人《にえびと》の存在も確認できる。鮎や飴を頭にかつぎ京都へ売りに来る桂《かつら》女《め》はこの供御人の系譜をひいているものと考えられる。

また、平安時代の後期より「上桂」「下桂」という表現も見られるようになり、中世を通じて上桂は東寺領荘園として、下桂は皇室御料と、藤原道長以来の桂殿を核とする摂関家領として、荘園の役割を果たすこととなる。近代の町立される際には、上桂は上桂今井町のように上桂が冠せられ、下桂は単に桂が冠せられた。

近世に入ると、古代よりの桂の別業の集大成とでもいうべき桂宮家の別業が下桂の地に構えられている。桂宮家の初代にあたる智仁《ともひと》親王は後陽成天皇の弟にあたり、一流の文化人としても知られた人物であるが、元和六年（一六二〇）ころより別業の造営にかかり、死後、その子智忠《ともただ》親王も別業を引継ぎ、建物を整備し、建物、庭園、座敷の室札《しつらい》に至るまで雅びと数寄が調和した別業が完成した。今も桂離宮として雄姿を留めている。

【門《かど》脇町《わきちょう》】

六波羅裏門通柿町下ルの町。町名は平氏一門で、門脇中納言と呼ばれていた平教盛《のりもり》の邸宅があったことに因んでいる。『平家物語』には「此宰相（教盛）と申は、入道相国の弟也、宿所は六波羅の惣門の内なれば、門脇の宰相とぞ申ける」とその由来を記す。宝暦年間（一七五一～六四）に町地として開発されたと考えられる。天保年間（一八三〇～四四）には六波羅野と称し遊女屋を営むものもあったという（『坊目誌《ぼうもくし》』）。

【上《かみ》賀《が》茂《も》】

北区の北東部のほとんどを含む地名で、地名の由来はもちろん上賀茂神社（賀茂《かも》別雷《わけいかずち》神社）が鎮座することによる。上賀茂神社・下鴨神社も平安京遷都以前より存在しているが、賀茂上社、下社と呼ばれており、地名として上賀茂の名がみえるのは、『太平記』に「北野ノ後ヨリ上賀茂ヲ経テ、潜ニ北白河ヘゾ廻リケル」とあるのが、早い例で、以後上賀茂の表記も散見するようになる。上賀茂一体には社家といわれる世襲の神職・社司の家が集住し社家町を形成していた。現在も社家町のよすがが残されている。京郊ではその地に合った京野菜が作られるが、上賀茂の「すぐき」の漬物はよく知られている。

【河《か》原《わら》町通《まちどおり》】

天正十九年（一五九一）に豊臣秀吉がお土居《どい》を築造してのちに開通した南北の通りで、寺町通と鴨川の間を走っている。それ以前は鴨川の河原であったことからこの名がついた。また、江戸時代では今出川通以北を出町、清和院通以北を御車道と呼ぶ別称もあった。京都の東の出入り口として重要な意味を持つ通りでもあった。江戸時代には土佐・毛利藩の藩邸などがあり、豪商角倉家の屋敷や、人家も建ちはじめたというが、近代に入ると、河原町通の三条と四条の間は京都一の繁華街として発展した。

【函谷鉾町《かんこぼこちょう》】

下京区四条通烏丸西入ルの町で、町名は元亀二年（一五七一）の『御借米之記』にすでに「かんこほこ町」とみえ、以後変化はない。町名の由来は応仁の乱以前より、祇園会に際して函谷鉾を出すことによる。函谷鉾は、中国の戦国時代に、孟嘗君《もうしょうくん》が家来に鶏の鳴きまねをさせて函谷関《かんこくかん》を逃れたという故事を題材にした鉾である。

【勧修寺《かんしゅうじ》】

山科盆地の南に位置し、西部は山地、東部は平地となっており、平地部に地名の由来となった勧修寺がある。地名は「かんしゅうじ」、寺名は「かじゅうじ」と呼んでいる。勧修寺は、醍醐天皇の生母藤原胤子の祖父宮道弥益《みやじのいやます》の邸宅を寺としたものとも、昌泰三年（九〇〇）に醍醐天皇が母の御願を継承して建立させたともいわれている。『平家物語』巻二に「淀・はづかし・宇治・岡の屋・日野・勧修寺」とあるのが、地名としてみえる早い例で、寺名がその周辺を含めて地名となっていったものであろう。現在、勧修寺を冠する町名は二八を数える。

【祇園《ぎおん》】

京都の代表的な広域地名で、現在では祇園社の門前の四条通を中心とした鴨川東の花街町を意味することが多いが、古くは大谷廟《おおたにびょう》付近や、祇園社の南部をも含めた呼称であった。地名は平安時代以来、貴紳・庶民の信仰を集めた祇園感神院《かんじんいん》が所在したことによるが、「祇園」自体の語源は祇園精舎、祇陀林《ぎだりん》などといわれる仏教用語によっていると思われる。延喜二十年（九二〇）閏六月二十三日に、藤原忠平が咳病をのぞくために、祇園へ幣と走馬を奉納したという記事が、祇園の語が文献にみえる早い例である。以後の祇園社の興隆により、祇園社や清水寺への参詣道として今いう祇園界隈も賑わいをみせ、中世にすでに茶屋があったことも知れる（『言継卿記《ときつぐきょうき》』）。

江戸時代に入ると、従来門前として繁華であった場所に加えて、宮川町筋など新たな開発も進み、祇園新地として活況をみせ、その様子は寛文二年（一六六二）の『京雀』に「四条河原いろいろ見物の芝居あり、その東は祇園町北南行ながら、茶やはたごやにて座しきには、客の絶ゆる時なし」と記載されている。水茶屋の商売と結びついて公認の遊廓であった島原を圧倒するほどの花街として発展した。明治時代以降、これらの花街は甲部、乙部に分けて、組合の組織のもとで運営されている。現在も京都最大の花街である。

【北白川《きたしらかわ》】

ほぼ北は北大路通、南は今出川通、西は東大路、東は白川の流れに添い山間部も含む地域。白川については、流域一帯に花崗岩が多く、その細砂が白く美しいところから名付けられたといわれている。

古代では現在の岡崎付近と当地をも合わせて白川といっており、北白川の名称は白川と呼ばれた地域の北部に位置するところからきている。白川一帯は平安時代、花の名所として有名で、貴族たちの別業も営まれていた。その地名のみえるのも早く、貞観十四年（八七二）に藤原良房を愛宕《おたぎ》郡白川辺に葬ったとみえる（『日本三代実録』）。当地には良房以後、藤原氏の別業があったが、院政期、藤原師実《もろざね》の時代に白河上皇に献じられた。そして、上皇はその一部を利用し、法勝寺を建立し、以後白川一帯には勝の字を寺名とする、六つの寺院（六勝寺）が建立され、洛南鳥羽とともに、院政期の拠点となった。そして、院政期には京・白川という表現もあらわれ、平安京の都市としての変貌の一翼を担ったということができる。

　そして、北白川の地名が見える早い例は、室町時代初期に成立した『義経記《ぎけいき》』の中で湛海坊《たんかいぼう》なる人物のことを「北白川に世に越えたる者」といっている記事であろう。その後、北白川口、北白川惣町などという、交通路としての重大さや、地域としてのまとまりを感じさせる記事がでる。近年になって、付近に京都大学の学部や諸施設の一部が建設され、学術的雰囲気をもつ住宅地として変貌した。

【北野《きたの》】

現在は上京区の北野天満宮付近をさすが、天満宮の創始以前は、平安京大内裏の北の野という意味で、北嵯峨付近までを含む広い範囲をさしたと思われる。京の七野の一つに数えられ、延暦十五年（七九六）十月に桓武天皇が北野に遊猟に訪れた記事を早い例として、北野への遊猟記事は頻出し、また遊猟のための放牧地ともなっていた。一〇世紀の後半には禁野であるのに田畑を耕作するものが集住しているといわれているから（『池亭記《ちていき》』）、居住地として発展しだしたことがわかる。以後天満宮門前を中心に町化してゆき、江戸時代の後期には上七軒《かみしちけん》を中心に、西陣の機業家を主な客とした花街も形成されている。平安時代の京郊の野から発展した地名の代表的なもの。

【衣笠《きぬがさ》】

明治二十二年の市町村制の施行から昭和三十年の北区の新設までは衣笠村の村名もあり、現在も衣笠赤阪町、同荒見町、同鏡石町など、衣笠を冠する町名がのこる。衣笠山山麓一帯を総称する地名で、律令制下では上林郷の区域に入っていた。その由緒は九世紀後半の宇多天皇の時、夏の炎天下に白絹をかけて、深雪の風情を楽しんだことによるとも伝えられている。一三世紀には、この付近に別荘を営み、「衣笠内大臣」と号した藤原家良《いえよし》のような人物もみえ、近隣の北山などとともに洛北の景勝地として貴族の別業地として注目されていたことや、「衣笠」という名称が地名としても固定していたことがわかる。

【木屋町通《きやまちどおり》】

鴨川の西、高瀬川の東を南北に貫通する通りで、北は二条通、南は五条通に至っている。慶長十六年（一六一一）から十八年にかけての角倉了以による高瀬川開削にあたり開かれ、開通の当初は「樵《こび》木町《きまち》通」と称されている。木屋町通の名が定着するのは、江戸時代の中期以降のことと思われる。通り名は、この町筋に大坂・伏見からの材木・樵木・炭などを搬入・販売する店舗が多くあったことによっており、現在でも木屋町筋には上樵木町、材木町、大坂町、難波町などの町名が残っている。また江戸時代の後期からは酒亭が立ち並び、遊宴娯楽の場と姿をかえていった。

【教業学区《きょうぎょうがっく》】

昭和四年（一九二九）から昭和十七年まであった学区名の一つで、明治二年に開校した教業小学校を核とした、北は二条通、南は三条通、東は堀川、西は神泉《しんせん》苑《えん》通の地域をいう。学区名は平安京条坊制の区画では教業坊の西部にあたることによる。古代では、神泉苑や天皇家の後院であった冷泉院《れいぜいいん》があり、また江戸時代には徳川家康により二条城が造営されるなど、官庁街の色彩の強い地域であったといえる。

【京都《きょうと》】

ミヤコ（宮処）は天皇の居所をいう。延暦十三年（七九四）に平安京に遷都したが、現在知られている「京都」の文字の初見は永祚二年（九九〇）のことで、鎌倉時代初頭には、京都という地名が一般化されたようで、鎌倉幕府には、京都大番役という御家人の役務もあった。しかし、京都を示す地名は、京、京洛、洛中、京師、花洛などさまざまな呼称が用いられてきた。

〈この項、編集部〉

【御幸町通《ごこまちどおり》】

天正十九年（一五九一）の豊臣秀吉の都市改造の際に開通した通りで、北は丸太通、南は五条通まで通る南北の通りで、寺町の西に位置する。通り名の由来は、秀吉が内裏参内のときにこの通りを利用したことによると伝えられている。

【近衛町《このえちょう》】

上京区室町通下長者町下ルの町で、町名は五摂家の一つの近衛家の邸宅があったことによる。近衛邸は藤原忠通の邸宅であったが、一時、近衛天皇の里内裏ともなり、また、近衛家の本邸であった。豊臣秀吉による公家町の形成の際にその一角に移った。町名は『元亀米晦帳』にすでにみえる。

【嵯峨《さが》】

右京区の西北部のほとんどを含む、京都の中でも最も広い地域を示す地名。地名となった「さが」については、愛宕山《あたごやま》など背面の山々が険《さが》しいからとも、また、中国唐の都長安郊外の景勝の地、サツガッ山（嵯峨山）の名を移したものともいわれている。嵯峨の名が文献上にみえる最初は、延暦二十一年（八〇二）の桓武天皇が神野《かみの》親王（のち嵯峨天皇）の嵯峨荘を訪れた記事（『類聚国史』）である。さらに、元慶六年（八八二）には「嵯峨野」も史料にみえる（『日本三代実録』）。平安時代の初期には嵯峨天皇の嵯峨院、その子源融《みなもとのとおる》の棲霞観《せいかかん》など、多くの別業が営まれた。それらの別業は、嵯峨院が大覚寺に、棲霞観が清涼寺になったように主人の没後、多くは寺院となり、さらに南北朝時代には、足利尊氏により天竜寺が建立されるなど、嵯峨全体は宗教的な雰囲気の中に包まれ、名所と聖地というこの地域のイメージは固定していった。また、江戸時代の初めには、角倉了以により大堰《おおい》川の開削が行われ、丹波からの材木輸送など、水運の面でも重要な役割を担うようになった。現在でも京都の中で最も吸引力のある観光地である。

【三条通《さんじょうどおり》】

平安京造営の時に開設された三条大路に該当する東西の大路。すでに九世紀後半には史料にもみえはじめる。平安時代初期より高級貴族の邸宅が立ちならび、また平安時代後期には三条通と新町通の交差点は京中でも最も繁華な商業街となっていた。さらに室町時代に入ると、現在の中京区の範囲を「中京」とする概念が生まれ、その中京の核となる道路であった。さらに、明治時代に入ると、三条通を境として北を上京、南を下京とされ、各時代にわたり、重要な役割を果たしてきた道路である。現在も中京郵便局や、前日本銀行の建物である京都文化博物館が明治時代以降の三条通の歴史を語っている。

【島原《しまばら》】

下京区一貫町通丹波口下ル付近をいい、江戸時代には公許の遊廓があった場所で、現在でも通称地名として知られている。六条三筋町が移転開発されたもので、正式には西新屋敷傾城町というが、「島原」の通称のほうがよく知られた。通称の由来は、寛永十一年に起こった島原の乱によっており、肥前島原の城塞と廓の構えが似ていたからとも、移転の騒動が島原の乱のようであったからともいわれている。最盛期には家数一九八軒を数えるが、徐々に祇園などの繁栄におされていった。現在も正門にあたる大門や、揚屋の角屋や、置屋の輪違屋などが往時の姿をしのばせている。

【下鴨《しもがも》】

賀茂川と高野川との合流点の三角地帯で、下鴨神社（賀茂御祖《かもみおや》神社）を中心とする一帯。地名は下鴨神社が位置することによるが、中世までは、賀茂上社・下社と呼称されており、下鴨の名がみえるのは、康永二年（一三四三）に「しもがもの四たんがもんそ（文書）」（『大徳寺文書』）

とみえるのが早い例である。古代に当地が属した蓼倉《たてくら》郷に因む下鴨蓼倉町や、一五世紀の史料にみえる岸本につながる下鴨岸本町など由来の古い町名も残る。

平安京遷都以前から、上賀茂神社・下鴨神社の神を奉祀する賀茂県主と呼ばれる一族が一帯に居住していたことが知られており、その系統をひく社司、氏人たちの多くは現在でも当地に住んでいる。

当地の南部をしめる賀茂川と高野川の合流点の糺河原《ただすがわら》は芸能興行の場所、夏の納涼の場としても有名であった。また、賀茂川はこの合流点下流から鴨川と記載される。

【主《しゅ》計町《けいちょう》】

上京区東堀川通一条下ルの町。町名の由来は豊臣秀吉の聚楽第《じゅらくだい》が存したころ、その重臣加藤清正の邸宅があり、彼の役職「主計頭」に因んでいるという（『京都府地誌』）。江戸時代中期までは「主計片原町」とみえる場合が多い。また「かずへ」と訓じられているものもある。

【主《しゅ》税町《ぜいちょう》】

上京区千本通丸太町下ルの町で、「ちからちょう」とも呼ばれる。平安京大内裏の主税町の跡地にあたり、また江戸時代には京都所司代の下屋敷や二条城米蔵などが位置し、古代から近世に至るまで官庁街であった。明治時代に入って民有地となり、明治八年に主税寮の跡地に因み名づけられたという（『京都府地誌』）。

【正面通《しょうめんどおり》】

六条通と七条通の間の東西の通で、ほぼ東は大和大路、西は千本通まで、また、東西本願寺の前を貫通し、平安京の七条坊門通に該当する。通の名は豊臣秀吉により天正十六年（一五八八）ころより計画され、文禄四年（一五九五）に、現在の正面通本町に完成した方広寺大仏殿の正面の通りにあたることによっている。江戸時代には方広寺の周辺は「大仏廻り」と称されて一つのまとまりをみせていた。また、現在でも付近には上・下棟梁町、新瓦町、東瓦町、鐘鋳《かねい》町など大仏殿建設との関わりを思わせる町名が残る。

【角《すみ》倉町《くらちょう》】

中京区新椹木《むめき》町通二条上ルの町。宝永五年（一七〇八）の大火により、日蓮宗要法寺が川東に移転するまでは同寺の境内であった。その後、高瀬川の開削に従事した角倉家の屋敷が設けられ、町名となったという（『坊目誌』）。町名は正徳五年（一七一五）刊行の『都すゝめ案内者』の絵図に「角のくら丁」とあるが、宝暦十二年刊行の『京町鑑』では、夷《えびす》川下ルのところを「下革堂《こうどう》町」、二条上ルのところを「角倉町」と記載している。一之船入町とともに高瀬川に関わる地名である。

【千《せん》本通《ぼんどおり》】

京都の市街地の西部を北は北山通から

南は九条通まで貫通しており、さらに旧鳥羽街道につながっている。平安京の中央・メインストリートであった朱雀大路に該当する。平安京は右京が早く廃れてしまったため、都の中央通という役目は終わったが、新たに、近在する京の葬送地蓮台野《れんだいの》への往還路としての役割を担うようになった。千本の名も、蓮台野への道に供養のために千本の卒塔婆が立てられたことによるとされる。今出川より上には「千本釈迦堂」、「千本閻魔堂」などの寺が現存している。現在では京都市西部の商業の中心路となっている。

【醍《だい》醐《ご》】

伏見区東部の醍醐寺を中心とした広範な地域で、東は大津市・宇治市と、西は山科川、北は小栗栖、南は日野を境としている。醍醐というのは、甘美な美味しいものを意味し、さらに仏教の崇高な教えのことをいう仏教用語でもある。九世紀後半に醍醐寺を開創した聖宝《しょうぼう》が、今の醍醐山に登った時に美味な水を得たことによって名付けたという。近代では京都近郊の住宅地として多くの団地が建てられている。

【大将軍《だいしょうぐん》】

現在、北区の西南部に大将軍一条町、川端町など大将軍を冠する地名がのこる。地名は東北に位置する大将軍八《だいしょうぐんはち》神社に由来する。大将軍とは西方の星で、吉凶をつかさどる神として、また武神としても信仰を集めた。付近は平安京の西北角にあたり、王城鎮護のための方除神として祀られたと伝えられている。

【鷹《たか》ヶ峰《みね》】

北区の広域の地名で、大文字山の北より紙屋川に添うように西北山間に広がる地域。その名の由来は、近在に天峯、鷲峯、鷹峯の三峯があり、鷹網を張って猟をしたからとする（『山州名跡志』）。しかし、『日本三代実録』貞観十六年（八七四）八月十四日条によれば、当地が古代に属していた栗栖野郷に高峯寺があったことが知られ、地名との関連がうかがえる。当地から杉坂に至る道は、山国道とも長坂越えとも呼ばれ、京都と丹波を結ぶ重要な街道であり、「用心悪しき、辻切追はぎもするところ」であったという。

そして、この地の開発の意味もあって、元和元年（一六一五）には、徳川家康より本阿《ほんあ》弥《み》光悦《こうえつ》に与えられた。光悦は書、漆工、陶芸にと芸術すべてに才能を発揮した時代を代表する芸術家であった。光悦は一族・工匠を引きつれ居住し光悦村を建設し、住人の中には茶屋四郎次郎のような豪商もみられた。鷹ヶ峰は江戸時代初期の文化を牽引する一大芸術村となった。この光悦村は彼の死後、幕府に収公されるが、光悦が建立した一門の位牌所が寺に改められた光悦寺には、芸術村鷹ヶ峰の姿がうかがえる。

【蛸《たこ》薬《やく》師《し》通《どおり》】

六角通と錦小路通の間に位置する道路で、平安京の四条坊門小路に該当する。通り名の由来は天正十九年（一五九一）に室町通二条より新京極通蛸薬師に移転してきた蛸薬師堂による。この本尊の薬師如来には、親の病気平癒のために蛸を買った僧侶が、僧侶の身で生魚を持つのを人に問われて困惑し、この薬師如来に祈念したところ薬師経に変身していたという逸話がのこされている。町堂として庶民の信仰を集めていた。蛸薬師通の名は天正年間に移転してのち定着したことになる。

【寺《てら》町《まち》通《どおり》】

平安京の最東の東京極大路にほぼ該当する南北の通りで、平安時代には藤原道長の土御門殿や源融の河原院などが建っていた。この通りが一新するのは豊臣秀吉の時で、すなわち、秀吉の都市改造政策の一環として浄土宗・日蓮宗・時宗の寺院を京極大路の北は鞍馬口、南は塩小路までの間に強制移転させて大寺院区が形成された。「寺町」の名はこのことにより、盛時は一一七ヶ寺が並んでいたといわれる。各寺の東側にはお土居が廻らされており、京都防御の役目も担っていたと考えられる。

明治五年には東京遷都後の京都の振興をはかるために、寺町通に平行する形で三条から四条にかけての寺院の敷地を開発し、寺町通の古名に因んで新京極と名付けて京都の新たな歓楽街とされた。新京極は現在でも京都の代表的な繁華街であり、修学旅行や観光の人々で賑わっている。

【銅《どう》駝《だ》学《がっ》区《く》】

昭和四年から同十七年まであった学区の一つで、北は御霊図子《ごりょうずし》、南は三条通、東は鴨川、西は寺町の銅駝小学校を核にした地域。平安京の条坊では、銅駝坊の東部に位置することにより命名された。鴨川に隣接する地域であったため、中世には度々合戦の場や刑場となったが、豊臣秀吉が京都の都市改造に着手して以後、大きく様子はかわる。当地区の西を走る旧京極大路（のち寺町通）には寺院が集住し、文字どおりの寺町を形成することになったし、また、慶長十九年（一六一四）の角倉了以による高瀬川の開削は、その舟入り場の設置、諸物資の運搬・集荷・販売にたずさわる人々を中心に急速な町化を遂げることとなった。さらに、高瀬川東岸の木屋町通には繁華街も成立していく。一之船入町、上樵木町、東生洲町などの町名はそのことを如実に語っている。鴨川・高瀬川とともに変遷してきた地域といえる。

【蟷《とう》螂《ろう》山《やま》町《ちょう》】

中京区西洞院通四条上ルの町で、町名は寛永十四年（一六三七）の「洛中絵図」に「かまきり山丁」とみえ、以後ほぼ変化はないが、「外郎《ういろう》町」と記載されているものもある。この外郎町の由来は当町に中国元の礼部員陳外郎の子孫の邸宅があったことによるといわれている。また、現町名の由来は、祇園会に際して、当町より蟷螂山を出すことに因んでいる。蟷螂山は応仁の乱以前より巡行に参加しており、明応九年（一五〇〇）の祇園会復興の時には「いほしり山」とみえる。「蟷螂が斧を以て降車に向ふがごとしの古事」を題材にしており、御所車の上に蟷螂がかぶさり羽を動かすというカラクリの趣向がなされている。蟷螂山は元治元年（一八六四）の大火で焼亡ののち、廃絶していたが、昭和五十五年には復興された。

【鳥羽《とば》】

現在の南区・伏見区にまたがる地名で、南は桂川と鴨川の合流地点付近、東は堀川、北は久世橋通付近の一帯をさす。地名は『和名抄』に見える鳥羽郷によっている。和歌では「とば」を「永久（とは）」にかけて詠まれることが多い。貞観十四年（八七二）の貞観《じょうがん》寺の田地目録の中に「鳥羽地」とみえるのが地名として見える早い例である。鳥羽の地が一躍時代の中心になるのが院政期である。白河上皇は応徳三年（一〇八六）より鳥羽殿の造営を開始するが、御所のみではなく近臣公卿たちの邸宅も構えられ、その様子は「都遷りの如く」であったといい、さらに、続く鳥羽上皇も造営を引き継ぎ、鳥羽は院政期の拠点となった。

そして、この鳥羽殿の造営を機に、従来、「鳥羽・鳥羽地」などと称されていたのが、鳥羽殿との位置関係から「上鳥羽」「下鳥羽」と二分して考えられるようになる。因みに上鳥羽の名が初めてみえるのは応保三年（一一六三）のことである。以後両地域は中世を通じて、京郊の荘園としての道を歩む。左京区岡崎とともに、院政時代を支えた地域である。

【中務町《なかつかさちょう》】

上京区下立売《しもたちうり》通千本東入下ルの町。平安京の大内裏内の陰陽寮、中務省などの旧地にあたり、また江戸時代に入ると京都所司代屋敷地、所司代用地となり江戸時代までは官有地であったために町名はみえない。明治時代に入り民有地となり、明治八年、中務省の跡地に因んで現町名が命名されたといわれる（『坊目誌』）。

【長刀鉾町《なぎなたほこちょう》】

下京区四条通烏丸東入ルの町で、町名は祇園会に際して、当町から長刀鉾を出すことに因む。長刀鉾は応仁の乱以前においても、明応九年（一五〇〇）に祇園会が再興されてのちも、常に巡行の先頭を務め、他の鉾の順番が籤《くじ》で決められるのに対して、「くじ取らず」といわれている。また、稚児が乗りこむのも長刀鉾だけである。町名は寛永十四年（一六三七）の「洛中絵図」にみえて以後変化はなく、江戸時代には与謝蕪村や松村景文《けいぶん》なども居住していた（『平安人物誌』）。

【双ヶ岡《ならびおか》】

右京区の仁和寺の南にある丘陵で、北より一ノ丘、二ノ丘、三ノ丘からなり、地名も丘が連なっているところに由来している。天長七年（八三〇）閏十二月に、淳和天皇が清原夏野の双岡宅を訪れたという記事が地名のみえる早い例と思われる。以後、天皇の遊猟地、貴族の別荘地としてその名は頻出し、多くの和歌にも詠まれている。『徒然草』で有名な兼好法師も二ノ丘に住んでいた。

【錦《にしき》小《こう》路《じ》通《どおり》】

平安時代からみえる東西の通で、もとは糞小路《くそのこうじ》とも具足《ぐそく》小路とも呼ばれていたのを、天喜二年（一〇五四）に「錦小路」と改められたという。改名についての逸話は『宇治拾遺物語』に載せられている。室町時代の中期には錦小路東洞院には魚市ができ、さらに江戸時代には特権的な地位を確立し、錦市場として活況を呈した。現在も生鮮食料品の店が立ち並ぶ京都の台所である。

【西京極《にしきょうごく》】

現在西京極の名を冠する町名の所在でいえば、北は五条通、南は八条通、東は馬代通、西は桂川に囲まれた、右京区の東南部をいう。この地域は平安京右京の西京極大路が通り、昭和六年の右京区の誕生による京都市への編入に際して、西京極と称するようになった。江戸時代には郡村、川勝寺村と称していたが、近代の町化にあたって、西京極という平安京に由来する地名がよみがえったといえる。右京区では、近代になって平安京の地名が呼び戻される例が多い。

【西《にし》陣《じん》】

広くは上京区の堀川通の西、一条通の北、千本通の東の上京区の北西部を総称する。江戸時代の『京都御役所向大概覚書』では、「東は堀川を限り、西は北野七本松を限り、北は大徳寺今宮旅所を限り、南は一条を限る」とその範囲が記載されている。昭和十七年に学区制が廃止される以前は「西陣学区」の名もあった。地名の由来は応仁元年（一四六七）に勃発した応仁の乱の際、山名宗全が率いる西軍の陣が置かれたことによっている。文明十九年（一四八七）にはある僧侶の住居をさして「西陣辺」と記録にみえるから、応仁の乱の終結から十年を経たころ、すでに西軍の陣から「西陣」という地名として定着しつつあったことがわかる。

平安京の創設以後、当地域には織物に関わる織部町、その流れをくむ大舎人町があり、織手たちが貴族等に高級織物を供給していた。応仁の乱の際には他国へ離散するということもあったが、乱後帰住し織物の生産を再開し、これが現在の西陣織の源流となった。江戸時代後期には織屋二一二〇軒、機数約二五八〇機を数えたという。京都の歴史と産業を支え続けた地域といえよう。

【如水町《にょすいちょう》】

上京区一条通黒門東入ルの町。町名の由来は、豊臣秀吉による聚楽第の建設の時、当地から北隣の小寺町へかけて、秀吉のブレーンであった黒田如水《じょすい》（孝高《よしたか》）の邸宅があったことによる。なお小寺町というのも黒田氏の初姓の小寺によっているものと思われる。寛永十四年（一六三七）の「洛中絵図」では「堀水町」とみえ、以後も現町名以外の呼称もみえるが、宝暦十二年（一七六二）の『京町鑑』には「如水町」と記載されている。平安時代には付近に里内裏の一条院や同別納《べちのう》があった。

【百万遍《ひゃくまんべん》】

正確には「百万遍」と通称された知恩寺をさすが、知恩寺が建つ東大路通と今出川通との交差点の呼び名となっている。近代では市電やバスの停留所の名前としても定着している。知恩寺は賀茂の神宮寺として烏丸・今出川付近に建立され、鎌倉時代には法然上人が一時住して、浄土専修念仏の道場となったという。その後、八世善阿空円が、後醍醐天皇の命により疫病鎮めのために、七日間の百万遍の念仏を修して効果があり、「百万遍」の寺号を与えられたという。以後、太秦といえば広隆寺をさすように、百万遍といえば知恩寺をさすようになり、一般的には、知恩寺というより百万遍と呼ばれるほうが多かった。相国寺の建立や、応仁の乱などにより寺地は数度移転し、現在の地に移ったのは寛文二年（一六六二）のことである。近代に入り、今出川通や東大路通の交通路としての重要性が増す中で地名としても定着していったと考えられる。

【武衛陣町《ぶえいじんちょう》】

上京区室町通下立売上ルの町。平安京では、修理職町があり官衙町の地となっていたが、室町時代初期に入ると、幕府の管領家斯波《しば》義将の邸宅地となった。そして義将が兵衛府の唐名である「武衛」と称したことにより町名となった。斯波氏の邸宅は応仁の乱で焼失したが、のち織田信長はこの地に一五代将軍足利義昭のために二条御所を建てるなど、室町時代を通しての中枢の地であった。町名は寛永十四年（一六三七）の「洛中絵図」では「武衛陣町」とみえて以後ほぼ変化はない。

【福島町《ふくしまちょう》】

上京区千本通下長者町下ルの町で、町名の由来は豊臣秀吉の重臣福島正則の邸宅があったことによるという（『京都府地誌』）。寛氷十四年（一六三七）の「洛中絵図」では畑地が描かれており、町名はみえないが、以後の絵図では当町名がみえる。ただし、『京雀跡追』は「福良子町」とするが、これは福島の転訛したものとも考えられる。

【伏《ふし》見《み》】

京都市の東南部をしめる地域で、南は宇治川、東には桃山丘陵をいただく広範な地域。「伏水」「俯見」「臥見」とも書かれるが、明治十二年に「伏見」に統一された。地名の由来も、巨椋《おぐら》を枕に伏し見るような地形だから、また、伏流水の豊富なところであったから、昔、大和国菅原伏見に居住した土師《はじ》氏が当地にも住むようになり当地も伏見と名付けられたというものなど、諸説あるが、決定的なものはない。五世紀の雄略天皇十七年に臥見村に住む土師部に清器を作るよう命じたというのが、地名のみえる最初であるが、この臥見が現在の伏見をさすものか否かは論議のあるところである。

平安時代の後期には藤原頼通の三男橘俊綱の豪奢な別業・臥見亭が構えられたが、俊綱の死後、白河院に寄進され、以後伏見殿、それを核とする伏見荘は皇室御料に組み込まれていく。鎌倉時代の中期以降、後深草天皇、伏見天皇、後伏見天皇と伏見に関わる地名を冠する天皇が続くのも皇室と伏見の地の深い関係をうかがわせている。そして、南北朝時代以降は伏見殿は栄仁《よしひと》親王の系統が代々受け継ぎ、伏見宮家と称されるようになる。

そして伏見が大きく変化するのが豊臣秀吉の時である。秀吉は文禄三年（一五九四）、伏見山西方に伏見城をほぼ完成、この城は慶長元年（一五九六）の地震で倒壊するが、即座に第一次の城より東よりに再建した。秀吉は伏見城で死去するが、単に城のみではなく、広大な城下町の建設や、また、伏見を中心とした水陸の交通網の整備にも着手し、景観的にも大きく変貌させ、伏見を京都と並ぶ政治の中心地とした。ここに秀吉の時代が後世、桃山時代といわれる所以がある。のち伏見城はその役を終えて、一七世紀の初めには廃されるが、昭和六年に伏見区が新設され、京都市に編入された時には、伏見城にまつわる町名が多く復活している。

そして、江戸時代には、政治都市としての生命を終えた伏見は商業都市として再生する。その中心的な商業となったのが酒造業である。名前の由来にもあるように、伏見は良水に恵まれていたのであろう、一八世紀のなかごろには八三軒の造酒屋が並んでいたという。現在の伏見でも銘酒が作られている。

【牡《ぼ》丹《たん》鉾《ぼこ》町《ちょう》】

千本通五辻上ルの町で、町名は今宮神社の祭礼に牡丹鉾を出すことにちなんでいる。江戸時代では「五辻大下丁」、「大下之町」とみえ、現町名に定着するのは明治二年という。しかし、嘉永元年（一八四八）の町々の申し合わせには現町名がみえ、通称としては使用されていたようである。また、その申し合わせによれば、千本通沿いの町から柏鉾、沢瀉《おもだか》鉾、枇杷鉾、松鉾がだされ、鉾名が町の通称となっていたことがわかる（『花車町文書』）。

【先《ぽん》斗《と》町《ちょう》】

鴨川と木屋町通の間の三条通の一筋南から三条通までの細い道（先斗町通）の両側の区画をいい、江戸時代以来、京都有数の茶屋街。その名の由来は、人家が鴨川の先端に位置するところから、ポルトガル語の先端を意味する「ポント」から生まれた呼称ともいわれている。文化十年には遊廓として公許されて、河原に床を設け茶屋などが増えていった。

【三《みつ》盛《もり》町《ちょう》】

柿町通六波羅裏門通西入ルの町で、もとは泉殿町とも呼ばれていた。泉殿町も三盛町もその由来は、平安時代末期、この一帯に平家関係の邸宅が集中していたことによる。泉殿は平清盛の邸宅の呼び名であり、また、三盛町の名は、付近に清盛の邸宅とともに平家一門の頼盛、教盛の邸宅も営まれていたことによるものとされている。宝暦年間（一七五一～六四）に町化された六波羅新地の一角をなしている。平家時代の由緒を残す町名の代表的なものである。

【紫野《むらさきの》】

北区の舟岡山、大徳寺、今宮神社付近を総称するが、現在も紫野雲林院町、同大徳寺町など紫野を冠する町名が多数のこる。延暦十四年（七九五）に桓武天皇が「紫野」に遊猟に訪れた記事が史料上にみえる早い例である。以後、平安京北方の禁野として知られ、また歌枕としても知られた。当地には賀茂社の斎王の御所である斎院が置かれたり、疫病流行の際には疫病を鎮めるための御霊会が行われるなど、京都北方の胴地的な色彩もあった。洛北七野の中核をなす地域であり、江戸時代には大宮村に属している。

【室《むろ》町《まち》通《どおり》】

平安京の室町小路に該当する通り。長保二年（一〇〇〇）十一月三十日の焼亡記事（『小右記』）が、名前のみえる早い例であろう。名前の由来については宝暦十二年（一七六二）の『京町鑑』は、室があったことによるとしている。平安時代の後期以降は、三条と四条の間は京都最大の商業街となった。さらに、足利義満が室町通の烏丸を中心として花の御所を造営して、幕府の所在地としたことにより、付近には多くの武家屋敷も営まれ、政治の中枢地となり時代の名に冠せられるまでになった。江戸時代に入っても商業の中心地という性格はいやましていき、祇園会では室町通で八基の山鉾が出され、その経済力がうかがわれる。また、『京羽二重』によれば、当通りには呉服問屋、上下帷子《かみしもかたびら》屋、木綿たびなど繊維関係の商家が多かったことが知られ、その伝統が現在も受け継がれている。

【桃《もも》山《やま》羽《は》柴《しば》長《ちょう》吉《きち》東《ひがし》町《まち》】

伏見区の町名。豊臣秀吉の養子ともな

った羽柴（池田）長吉の屋敷が構えられていたことによる。昭和六年（一九三一）の伏見区新設により、堀内村の字名から伏見区桃山町羽柴長吉となり、昭和十八年にはさらに桃山羽柴長吉東町、同中町、同西町となり、現在にいたっている。

伏見城下には多くの大名屋敷が構えられており、それらは、江戸時代には主に堀内村の字名として、昭和六年の伏見区の新設に際しては桃山町の地名として、さらに、昭和十八年には再編成され、現町名にも名をのこしている。現町名でかつて大名屋敷に因むと思われるもののいくつかを挙げると次のようである。桃山毛利長門西町、桃山福島太夫西町、桃山筒井伊賀西町、桃山井伊掃部《かもん》東町、桃山町板倉周防、桃山町金森出雲。

【柳馬場通《やなぎのばんばどおり》】

平安京の万里小路《までの》に該当し、寺町から四筋西にあたる南北の通り。柳馬場は応仁の乱で原野となっていた二条通ぞいに、織田信長が整備し馬場として柳の樹を植えたのが始まりとされ、天正九年（一五八一）、信長は威信を誇示する馬揃えを行っている。のち、豊臣秀吉の道路整備政策のなかで、新たに柳馬場の通り名が定着していったものと考えられる。

【山里町《やまさとちょう》】

上京区智恵光院通中立売下ルの町。聚楽第の範囲に入り、町名の由来も『山州名跡志』は当町付近に、丘・谷といった山里の景観の風情に似せた庭園が造られていたことによるといわれている。また、「山里の井」という名井があったからとの説もある。寛永十四年（一六三七）の「洛中絵図」では「山里丁」とみえ、その後、町名の変化はほぼ見られないので、聚楽第の破却ののち町化していくなかで、町名として定着していったと思われる。

【山科《やましな》】

山科盆地のほぼ全域をさす広域地名で、『和名抄』では山城国宇治郡の郷として記載され、「也末之奈」と訓じられている。また「山階」と表記される場合も多い。山科の地名のみえる早い例は、天智天皇八年（六六九）の山科野への狩猟の記事で、同じく天智天皇十年には山階郷への行幸の記事もみえ、天智天皇時代より文献に散見しだす。天智天皇の重臣藤原鎌足も陶原《すえはら》館を山科に構えており、現在、山科区の地名である御陵は天智天皇陵であり、天智天皇との深い関わりをしのばせる。

平安時代に入ると、東海・東山・北陸三道の通過点として交通の要衝という性格は前代にもいやまして、さらに、平安京の京郊として、天皇の遊猟場所として、また皇族貴族たちの別業地として注目された。また、現在も山科に残る勧修寺、安祥寺、元慶寺、随身院などの寺院も平安時代にすでに建立されている。そして、平安時代の末期には後白河法皇が山科御所を営んで後は山科全域ではないが、大部分が皇室御料として受け継がれていき、皇室との関わりは、山科郷士として御所の警衛にあたった幕末まで続く。

また、中世以来、皇室御料の性格が強かったが、村の経営については、「山科七郷」といわれる各郷村の寄り合いのもと運営されており、中世の郷村の自治組織として、歴史的に注目され研究の題材となっている。山科でもう一点注目しなければいけないのは、公家山科家との関わりである。後白河法皇の死後、山科家はその御料の管理にあたり、また山科家も実際に居宅を構えるなど、山科家にとってこの地は単なる領地ではなく、家の根本をなす領地となっていった。山科家の家名も地名からきており、山科家は当地のことを「名字の地」と呼んでいる。中世の公家には、荘園の在所や京郊の関わり深い地を「名字の地」とする場合が多いが、山科もその一つである。

【大和《やまと》大路《おおじ》通《どおり》】

鴨川の一筋東を通る南北の通りで、三条通から東福寺付近まで通り、以後は伏見街道と繋がる。古くは京都と奈良を結ぶ大和街道にあたるのでこの名があるという。開通の時期は不明であるが、平安時代に宇治・奈良への道としてみえる、法性寺大路に該当するものと思われる。江戸時代に入ると三条通から四条通の間は、鴨川の堤防に沿っていたため縄手《なわて》通、四条通から五条通の間を建仁寺通、五条通以南を大仏仁王門通と分けて呼んでいたという。現在では四条通以北を縄手通、以南を大和大路通という。江戸時代の鴨《おう》東《とう》の開発の中心をなした通りである。

【山名《やまな》町《ちょう》】

上京区堀川通上立売下ル西入ルの町。町名の由来は、応仁の乱の西軍の大将、山名宗全の邸宅があったことによる。この宗全の邸宅が西軍の拠点になったことにより「西陣」の地名も生まれている。元亀二年（一五七一）の『御借米之記』にすでに「山名殿町」とみえ、江戸時代の絵図・記録などでも「やまなのずし」、「やまな町」と記載されている。西陣地区に散在する室町時代の武将に因む町名の代表的な、かつ町名としての定着が早かった町である。

【柳《りゅう》池《ち》学区《がっく》】

昭和四年から同十七年まであった学区の一つで、北は二条通、南は三条通、東は寺町通、西は柳馬場通の、柳池小学校を核とした地域。学区名は小学校が柳馬場通御池上ルにあるところから、その通り名に因んで付けられた。平安時代では藤原永頼の山井殿などの貴族の邸宅が散在し、また、室町時代には二代将軍足利義詮《よしあきら》により三条坊門邸が営まれ、三代義満による花の御所造営までは幕府の中心地となっていた。さらに豊臣秀吉により、寺町の整備・形成が行われると、当地域の寺町沿いにも多くの寺院が移転してきており、現在も下本能寺町、天性寺前町、妙満寺前町など寺院に由来する町名が多くみられる。

【六《ろく》波《は》羅《ら》】

平安時代の後期よりは地名としてもみえ、また現在でも小学校や学区にその名が残されている。現在の東山区の鴨川の東、松原から七条辺を総称する。その名の由来は、東山の麓原（山麓）の転訛したものとも、髑髏《どくろ》原に因むものともいわれるが確証はない。平安時代には、空也の建立になる六波羅蜜寺や、冥界への通路といわれる六道の辻に建つ珍皇《ちんこう》寺などがあった。寺名ではあるが、六波羅蜜寺は六波羅という名が見られる早い例であろう。

平安時代の後期から鎌倉時代に入ると、一帯の様相は一変する。すなわち、平清盛の祖父にあたる正盛のころより平氏の根拠地的な存在となり、清盛のころには、一族郎党の屋敷を合わせると三二〇〇余の屋敷が一帯に建てられていたといわれる。現在も、三盛町、頼盛町などはその歴史をふまえた地名である。平氏滅亡ののちは、鎌倉幕府の京都の拠点である六波羅探題が設置され武家政権の中心地となった。鎌倉幕府滅亡に際しては当地も戦場となり焦土と化し、以後寺院を残して耕地化したと思われる。そして、江戸時代の宝暦年間（一七五一〜六四）に再度、六波羅新地として町化された。江戸時代の初期業との関わりをいえば、京都の産から当地を中心に音羽《おとわ》焼が開窯されていたことが知られ、清水《きよみず》などとともに京焼の一角を担っており、現在でも年一度ほど陶器市が開かれている。

〈西山恵子〉

江戸の地名来歴

【青山《あおやま》】

赤坂の西に続く地帯の広域地名。この西方が御府内のはずれとなる。天正十八年（一五九〇）家康江戸入部直後に青山忠茂がここに邸地を賜り、これが青山の地名の起こりとなっている。青山忠茂は家康入国に先立って江戸へ入り諸事を奉行したという。後に関東総奉行の職についている。伝承によると、忠茂は家康から「老馬を以って一円乗りまわしたる」範囲を賜ったという。東は赤坂・南麻布、西は渋谷・原宿、北は千駄ヶ谷に及ぶ広大な地であった。江戸の西南を固めさせる意図であったろう。この周辺は鉄砲百人同心の組屋敷（青山百人町）をはじめとする下級武士の屋敷も多く、その周辺に町屋がたち、相州往還の江戸出はずれの場末的な様子のところであった。古く青山長者の伝説が残り、それにもとづく長者丸の通称地名もあった。幕末の蘭学者高野長英は青山百人町（現在の南青山五丁目、表参道駅近く）に潜伏中、幕吏に追いつめられ、ここで自害して果てた。近くの善光寺墓地入口に碑が立つ。

【赤坂《あかさか》】

江戸城の西南の広域地名。赤坂見附の外側の西南の地域をいう。明治に西側の青山を含んで区名となった。

この赤坂の地域は古くは一木《ひとつぎ》という広域名で呼ばれていた。『鎌倉九代記』など大永年間（一五二一～二八）の記事に一木の文字は既にあらわれており、永禄（一五五八～七〇）の『小田原衆所領役帳』にも一木・貝塚と出てくる。江戸時代に入っても正保（一六四四～四八）の「武蔵田園簿」に一木村は出てくるが赤坂の名は出てこない。赤坂は一木村の小名であったろうか。赤坂が広域地名化するのは寛永期（一六二四～四四）に赤坂見附がつくられて以降と思われる。門の名が人口に膾炙《かいしゃ》して次第に普及したものであろう。すると一木が小地域となって、地名の広狭は逆転してしまう。

地名の由来は説が多く確定できない。江戸期の説の多くは「茜《あかね》山へ上る坂」からの赤坂をとる。染料のアカネが多かったために四谷寄りの現在の迎賓館の地がかつて茜山とよばれていた。そこへのぼる坂（現在の紀伊国坂＝赤坂見附から堀端を四谷見附へのぼる坂）から発したとする。

一方赤土の色が目立つ坂とする説があるが、その場合もこの坂を現在の富士見坂（赤坂見附から永田町にのぼる坂）とする説と、現在ＴＢＳのある山へのぼる坂とする説があり判断できない。ただ寛永の「豊島郡江戸庄図」には富士見坂上に赤坂の書入れがあり、また寛永まで元赤坂がこちら側にあったということから、赤坂はこの富士見坂を指すという可能性が強いのではないだろうか。

　地勢は東北側の溜池《ためいけ》周辺が低地で、この近くに町屋が成立した。他はほとんど台地で武家地が多かった。この地域の北寄りを相州往還（矢倉沢往還）が南西に向けて通った。三宅坂から赤坂見附を経て青山・渋谷へと進む道である。赤坂見附外でこれと交差する道は外堀沿いの道であり、北は四谷見附へ向かい、南東は虎の門に向かった。寺社としては氷川《ひかわ》神社と豊川稲荷《とよかわいなり》が著名である。

【浅草《あさくさ》】

　江戸城の東北方に当たり、下谷の東、隅田川の西側の広域地名、明治以降区名となる。東は隅田川に臨み、南は神田川を限りとし、西は下谷に接し、北は橋場・南千住に続く地である。はじめは浅草寺一帯の呼び名であったものが次第に広域化したものといわれる。

　地名の由来は、草深い武蔵野に対して、川・海に近い低地で短い草が浅く生うる地であるからとする説が一般的であるが、他に麻草説・アカザ説など諸説がある。

　文献上では『吾妻鏡』治承五年（一一八一）の条に、鶴岡八幡宮造営の件で浅草の宮大工を召すよう沙汰したとあるのが初見で、以後何ヶ所か『吾妻鏡』にあらわれる。続いて『問はず語り』にも主人公が観音堂を訪れる場面があらわれる。これによると、馬上の男が見えぬほどの丈の高い草を押し分けて道をたどったことが記されている。

　伝承上の浅草は極めて古い歴史をもつ。浅草寺の縁起では、推古朝（五九二〜六二八）に檜前浜成《ひのくまのはまなり》・竹成《たけなり》兄弟が隅田川河口での漁において、網中に観世音菩薩の小像を得、土師直中知《はじのあたいなかとも》とともに小堂を建てて祀ったという。大化年間（六四五〜六五〇）勝海上人が仏宇を建立し、この仏を秘仏として奉仕し、のち次第に観音霊場として知られるに至ったという。東国では最も古い歴史を持つ寺院ということになる。そして奈良・平安期に既にこのあたりに集落が形成されていたことがわかる。江戸時代には五〇〇石の朱印地を賜り祈禱寺として隆盛するが、元禄期（一六八八〜一七〇四）以後、寛永寺の支配下に入る。江戸庶民の信仰つよく、浅草といえば観音様ということで、常時参詣人を集めた。観音発見の三人は三社権現（現在の浅草神社＝観音堂の東隣り）に祀られ浅草の総鎮守とされた。

　浅草見附を出た奥州街道が隅田川沿いを北上し、浅草寺東側から山谷《さんや》を経て小《こ》塚原《づかっぱら》へ向かう。この街道沿いと、浅草寺周辺に町屋が発達した。特に観音堂参道と境内は江戸屈指の盛り場として賑わった。残りは大部分が寺町で、本願寺・誓願寺をはじめとしてその数は非常に多かった。南部の隅田川沿いに幕府の浅草御蔵が並び、その周辺は俗に蔵前と呼ばれた。一方、北部の橋場は富裕商人の寮・別荘が多かった。浅草寺の北の新町には弾左衛門屋敷があり、その西方に新吉原の遊廓が設けられた。天保以後には浅草寺のすぐ北側に芝居小屋が集められて芝居町を形成し猿若町とよばれた。

【麻布《あざぶ》】

芝の西に隣りする広域地名。明治以降区名にもなる。北は溜池から南は古川流域まで、西は青山・渋谷に境する。南部の麻布本村が古くからの集落で、地名発祥の地と考えられるが、江戸市街拡大の中で市域に包含されるに至る。台地に複雑な谷が入り込む地形で、台地上は諸大名の下屋敷や旗本屋敷・寺院が多く、谷や古川の低地に町屋が並び、西南には代官支配の百姓地の田園もひろがっていた。

地名の由来は不明。戦国期の小田原衆所領役帳に「阿佐布」と見えるのが初見。「麻布」の表記があらわれるのは元禄期から。この頃から麻の栽培がひろがり布紙の製造が目立つようになって、こう書かれるようになったと伝えられる。

坂の多い江戸の中でも麻布は特に坂が多かった。永坂・鳥居坂・狸穴《まみあな》坂・芋洗《いもあらい》坂・一本松坂など著名であった。

竜土《りゅうど》町はもと愛宕下あたりにあった猟人村の漁夫たちが移住して竜土村と称したと伝えられる。明治に至ってここに歩兵三連隊がおかれ、麻布の三連隊として有名であった。二・二六事件の折は、赤坂の歩兵一連隊とここの青年将校と兵士が反乱部隊として行動した。近くにあったレストラン竜土軒は、文学者たちのサロンとして知られるが、反乱前、青年将校らの蹶起の打ち合せ会場にもなった。

【麻布十番《あざぶじゅうばん》】

古川にかかる一ノ橋近辺の通称地名。日ヶ窪から東へ古川までの谷あいに町屋が発達した。延宝（一六七三〜八一）の頃幕府によって古川が改修されたが、その折の十区に分けられた工区の十番目に当たるところからそう呼ばれたという。ここに馬場がつくられ仙台馬の馬市が立った。享保期（一七一六〜三六）十番馬場町が成立。現在は麻布十番一〜三丁目がある。明治以降も江戸期の繁昌を引きつぎ、永坂更科《さらしな》そばをはじめとして老舗が軒を並べる。戦前は夜店《よみせ》が特に賑わいをみせ、山の手の繁華街として東京でも有名な特殊な性格をつくり出していた。

【市《いち》ヶ谷《や》】

江戸城の西北に当たり、市ヶ谷見附の外堀の西側の台地。牛込の西南、四谷の北側の広域地名である。

地名の由来は不明。古くは市買と記されたこともあるので、これをひいて市の立ったところとする説があるが妥当とは思われない。四谷の第一の谷とする説もあるが、これもどうだろうか。ほとんどが武家地で、町屋は外堀沿いに若干みられる程度。寺社は袋寺町・左内坂周辺に集中する。市ヶ谷八幡が総鎮守。

　現在の市ヶ谷駅西方の市ヶ谷本村町自衛隊駐屯地は、江戸時代には尾張家中屋敷であった。明治以降、陸軍士官学校・陸軍省と変転し、太平洋戦争後は戦争犯罪を裁く極東国際軍事裁判の法廷ともなった。自衛隊になって以後、三島由紀夫の割腹自殺の場となって有名。

　江戸及び周辺にはこの市ヶ谷をはじめとして谷《や》地名が多い。下谷・谷中・日比谷・指ヶ谷・雑司《ぞうし》ヶ谷・千駄ヶ谷・幡《はた》ヶ谷・祖師ヶ谷・世田谷・碑文《ひもん》谷等々。ヤはヤツ・ヤトと同系列の地名で、湿地を意味するヤチ（谷地・萢）から出たものではないかとされる。ヤ・ヤツ・ヤトとも武蔵・相模を中心に南関東に多く、ヤは遠江あたりまで分布する。台地・丘陵を浸食した浅い湿った小谷が耕地化されたところをいう。呼び名のちがいは地域性と関連すると思われるが、江戸周辺でいえば多摩丘陵の小谷はやや深く刻まれていてヤトと呼ばれ、武蔵野台地上の小谷はやや浅く開析されていてヤと呼ばれているものの如きである。

【牛込《うしごめ》】

　江戸城の西北、外堀の西側、東は小石川に境し、西は大久保に続き、北は小日《こび》向《なた》・関口・高田に接する地域の広域地名。明治以降市ヶ谷を含めて区名となる。全体が台地上にあり、東の外堀側と北の神田川沿いが低地である。ほとんどが武家地で、大名の下屋敷のほか、大御番組・御先手組・根来百人組などの大縄《おおなわ》地が目立つ。町屋はわずかで、現在の大久保通り沿いに、箪笥《たんす》町・細工《さいく》町など。寺社地は通寺町・七軒寺町などに集中していた。

　地名の由来は古代末から中世にかけての牛馬牧に関連するものとされる。馬《ま》込《ごめ》・駒込などと同系列の地名と思われる。鎌倉時代にはこの地名は既に使われていたようである。戦国時代には上野《こうずけ》の大胡《おおご》氏の領地となり、大胡氏が牛込氏を名のる。筑土《つくど》明神や、大胡氏が勧請してきた赤城明神などの古社がある。牛込御門前の神楽坂は明治になって三業地として栄えた。

【神田《かんだ》】

　江戸城の東北の広域地名、後に区名となる。古くは鎌倉河岸から駿河台にかけての地名であったが、慶長（一五九六〜一六一五）の町割り以後その名称がひろがった。日本橋から北へ伸びる通《とお》り町《ちょう》筋（現中央通り）を中心に、その東側が東神田、西側が西神田。神田川が掘削されて以後その内側が内神田、外側が外神田と呼ばれた。通り町筋には鍛冶町《かじちょう》・鍋町《なべちょう》・白銀《しろがね》町《ちょう》・葺屋町《ふきやちょう》・乗物町《のりものちょう》・大工町《だいくちょう》・白壁町《しらかべちょう》・紺屋町《こんやちょう》・連雀町《れんじゃくちょう》など商工業者、特に職人の町が連なり、江戸下町の中心部分をなした。

　地名の由来は不明。伊勢神宮の神田があった故とする説が一般的であるがその証はない。一方この御田を神田明神のものとする説もあるが、これもわからない。史料に神田の文字があらわれるのは、戦国期の『小田原衆所領役帳』以後である。

この神田の総鎮守が神田明神である。平将門《まさかど》と大己貴《おおなむち》命を祭神とする。現在は湯島台にあるが、もとは芝崎（神田橋の近く）にあった。伝えでは天慶の乱の後、京に晒《さら》された将門の首が東国へ飛び帰り、落下したところが豊島郡芝崎の地であり、土地の人がその首を塚に祀ったという。これが将門の首塚で、現在も大手町近くに存在する。一四世紀半、遊行《ゆぎょう》上人がここに念仏道場をつくって将門の霊を慰め、これを祀る神社をも建てたという。それが神田明神の起こりであるとされる。江戸時代中期からは将門に加えて五穀神としての大己貴命が祭神に祀られ、摂社として牛頭《ごず》天王《てんのう》もまつられて疫病徐けの神としての人気が高まる。神田明神の祭りが神田祭で、山王《さんのう》祭と並んで天下祭と呼ばれ、江戸っ子の祭りを代表するものとなった。

【神田《かんだ》お玉《たま》が池《いけ》】

神田川にかかる和泉橋の南にあった池。早く消滅した。現在の岩本町二丁目あたり、秋葉原駅東南方の地である。

江戸後期、この辺りには学者文人の居住多く、大窪詩仏《しぶつ》・鍬形蕙斎《くわがたけいさい》・梁川星巌《やながわせいがん》などが著名。剣士の千葉周作の道場もあった。特に星巌の玉池吟社と千葉道場は、お玉が池の名を高からしめた。池名の由来については『江戸砂子』に「本名桜が池と云。……池の傍に茶店あり、お玉といへる女ありて旅人これをお玉が茶屋と云。それにしたがひてお玉が池といひしと也。又説おたまと云女此池に身を投死その霊たたりをなし……昔は大池なりしが漸々埋りてそのかたちのみのこれり」とある。

【神田《かんだ》川《がわ》】

井の頭池を水源として流れ出し、途中善福寺川・妙正寺川を合わせて江戸市街へ入る川で、家康入部直後から江戸の町の上水とする計画が進められ、完成後は神田上水と呼ばれた。上水は小石川関口の大洗堰から水道路に入り、江戸城中や神田・日本橋地域に給水した。

この水系は、古くは平川と呼ばれていたものであるが、江戸初期、江戸城の築造と江戸市街地造成の際、下流は大きくつけ換えられることになる。小石川御門（現在の三崎橋辺り）近くから流路を東に取り、本郷台地を切り通して神田・浅草低地へ流し、柳橋で隅田川に合流させる形をつくった。水道橋からお茶の水の急崖の間を流れる川はこうして造られたものである。元和年間（一六一五～二四）からこの掘割工事、万治年間（一六五八～六一）の拡幅工事とも仙台伊達藩が担当させられたので、俗に仙台堀ともよばれた。新しくつくられたこの川は神田上水の放水路でもあり、江戸城の外堀ともなり、さらには隅田川から牛込船河原橋までの舟運を開くなど、各種の重要な役割を果たしたのである。

一方、従来の下流流路は一部埋め立てられたが、雉子橋のところで内堀とつなげられ、日本橋川となって東流して永代橋ぎわで隅田川に入った。

【紀《き》尾《お》井《い》坂《ざか》】

四谷見附の南の外堀に面して喰違《くいちがい》見附がある。ここから東へ向かって清水谷へ下る坂が紀尾井坂と俗称された。坂の東側に紀州家、北側に尾張家、南側に井伊家のそれぞれの中屋敷があり、その頭文字をとって紀尾井坂としたもので、江戸者の洒落っ気がうかがえる命名である。現在はこの周辺が紀尾井町の町名になっている。紀州家跡は赤坂プリンスホテル（現東京ガーデンテラス紀尾井町）、尾張家跡は上智大学、井伊家跡はホテルニューオータニの敷地になっている。

坂下の谷は清水谷で、明治十一年、大久保利通がここで暗殺された。現在、清水谷公園に大久保公哀悼碑が立てられている。ここから南へ進めば、赤坂見附に出る。

【雉《き》子《じ》町《ちょう》】

外堀鎌倉河岸の北側に三河町があり、さらにその北隣りに雉子町があった。筋《すじ》違《かい》御門からは西南方に当たる。現在の神田司町《つかさちょう》あたり。もと雉子橋御門外にあった町屋が、元和年間（一六一五〜二四）この地に移されたという。雉子橋は竹橋の北西寄りにある橋で、内堀と外堀の接点になり、東方には一ッ橋がある。慶長の頃、朝鮮通信使接待のためにこの橋のたもとで大量の雉子を飼ったのでこの名が出たという。

この雉子町から隣の佐柄木《さえき》町にかけて、承応・明暦（一七世紀半ば過ぎ）の頃風呂屋が並んで多くの湯女《ゆな》をかかえて繁昌した。北側が越後村松藩の堀丹後守の屋敷であったため、ここは丹後殿前＝丹前《たんぜん》とよばれた。この丹前風呂は多くの男を集めて丹前立髪・丹前帯など、いわゆる丹前風という流行を生み出した。

『江戸名所図会』の著者斎藤幸雄はこの雉子町の名主で、その遺業は子幸孝・孫幸成にひきつがれて、天保七年（一八三六）全二〇冊の大著として完成、後世に残る大きな遺産となった。

【京橋《きょうばし》】

日本橋地区の南へ連なる広域地名。後に区名となる。名の由来は橋名から。日本橋川掘削の仕事と同時期に京橋川の切り開きも行われた。従って京橋の創架も慶長八年（一六〇三）頃か。橋名の由来は不明であるが、俗には日本橋から京をめざす道の最初の橋であるからと伝えられている。

橋から北へは日本橋までの間に南伝馬町・中橋広小路・通り町がつらなる。この東西は畳町・南大工町・桶町・具足町・南塗師町《ぬしちょう》・大鋸町《おがちょう》など職人町がきちんとした町割りの中におさまっていた。橋の南は新両替町で東海道筋が尾張町を経て芝口橋（新橋）へ続く。新両替町はいわゆる銀座町で役所は二丁目にあった。近代にはこの京橋が銀座八丁の始点になったわけである。この地域の東及び南側は江戸初期の埋立地で、寛永年間（一六二四〜四四）に霊巌島、万治年間（一六五八〜六一）に木挽《こびき》町から鉄砲洲の埋立て開拓が行われた。

【九段坂《くだんざか》】

江戸城の北、田安御門前から俎《まないた》橋へ向かって下る坂。はじめは飯田坂とよばれたらしい。

急な坂に土止めが九段しつらえられていたのでこう呼ばれたという。『江戸名所図会』にはその様子が描かれている。一説には坂際に御用屋敷の長屋が九段建てられていて九段長屋とよばれ、それが坂名となったともいう。とにかく急な坂であったようで、川柳に「九段から落してみたいから車」の句があるという。

明治二年、この坂上に招魂《しょうこん》社がつくられ、明治十二年靖国《やすくに》神社と改められた。以後九段坂の名は靖国神社の名とともに世にひろまる。明治四年、この招魂社入口に高灯籠（常夜灯の灯明台）が完成し、遠く東京湾の漁船からも目印になっていたという（現存）。

現在は坂の両側に九段北・南の町名が付されている。

【小石川《こいしがわ》】

江戸城の北方の広域地名。明治以降区名となる。南は神田川、東は本郷、西は牛込、北は巣鴨に接する地域である。『廻国雑記』など室町期の記録にその名はあらわれる古い地名である。

地名の由来は小石の多い川に発するとされる。この地域を西北から東南へ流れる谷端《やばた》川を小石川とするものである。一方『江戸志』では小石の多い細流が幾流もあったからとし、小石川を必ずしも谷端川に限っていない。

武家地が多く、その代表が水戸徳川家の上屋敷で、現在の後楽園の地がすべてそれであった。白山御殿は館林藩主時代の徳川綱吉の屋敷があった。後に幕府の小石川御薬園となり、享保期（一七一六〜三六）に養生所がここに設けられた。現在の東大付属植物園の地である。寺院も多く、その代表が伝通院《でんずういん》である。家康の生母お大の方や千姫などの墓があり、かつては広大な境域を誇った。町屋地は台地の間の低地に並んだ。

小石川見附は、水道橋と牛込見附の中間、水戸邸の南に外堀をはさんで設けられていた。

【麹町《こうじまち》】

江戸城西側の広域地名。明治以降区名となった。甲州街道沿いに半蔵門から四谷見附までの間に一〇ヶ町、四谷門外に三ヶ町があった。家康入部以前に既に町屋が開けていたところであるが、入府後最初に本格的な町割りが行われたのが、山の手ではこの麹町であった。以後山の手随一の町屋地として山の手武家屋敷の消費生活を支える場となる。

地名の由来は中世以来の国府方《こふかた》に発すると考えられる。即ち国府（府中）へ向かう道に沿うという国府路《こふじ》町が後に表記が変わって麹町となったものであろう。麹を製する家が多かったとする説は後世の付会であろう。

現在の平河町・永田町も麹町区域に属する。ここには平河天神と日枝《ひえ》山王社がある。両社とも太田道灌《どうかん》が川越から江戸城へ移したとされる古社で、江戸初期城内の拡張工事に伴い、城外へ移されたものである。平河天神は門前町屋とともに現在地へ移ったので、町名も江戸城の東から西へ移った。麹町の中でも特に繁華街となったところである。山王社は一度貝塚（現在の最高裁の場所）へ移り、さらに明暦大火（一六五七）後に赤坂溜池上の現在地へ遷座した。ここの山王祭は神田祭と隔年にその行列が江戸城内に参入することを許されたので、俗に天下祭とよばれた。

この地域は高台のため掘井戸は六、七丈の深さに掘らねばならなかったという。そこで深いことのたとえに「麹町の井戸」という言葉がよく使われた。たとえば「欲の深さは麹町の井戸よ」などと。

【小伝馬町《こでんまちょう》】

日本橋本町通りに面して大伝馬町があり、この北側に小伝馬町がある。大伝馬町と小伝馬町、それに東海道筋の京橋寄りにあった南伝馬町は、江戸初期、幕府の伝馬役の必要からおかれたもので、馬込勘解由ら数名の者が伝馬御用を命ぜられ、ここに町地を与えられるとともに名主役をも兼ねた。町名はここから出たもので、大伝馬町・南伝馬町は道中伝馬御用をつとめ、小伝馬町は江戸府内の伝馬御用をつとめた。大伝馬町一丁目は両側ともほとんど木綿問屋で占められ俗に木《も》綿店《めんだな》とよばれた。大伝馬町二丁目の北側が小伝馬町で、ここも各種の大きな問屋が密集した町並みであった。

小伝馬町一丁目の北側がすべて小伝馬町牢獄であった。代々石出帯刀《いしでたてわき》が典獄として管理してここに住んだ。面積二七〇〇坪弱、周囲に高さ八尺近い練塀がめぐらされ、外には幅六尺深さ七尺の堀があった。明治八年、市ヶ谷囚獄に移転するまで、江戸の牢獄として名高かった。高野長英は火事に乗じてここから脱獄し、安政の大獄の折吉田松陰がここで処刑されたことは有名である。

現在、日本橋小伝馬町として町名は残っている。小伝馬町交差点のすぐ北側にある十思《じっし》公園内に、小伝馬町牢跡の立札が立てられている。ここには石町《こくちょう》の「時の鐘」が移されて残っている。

【下谷《したや》】

上野台地とその東及び南の低地の広域地名、明治以降区名として使われた。東は浅草、南は外神田、西は湯島・本郷、北は日暮里・南千住に接する地域である。

地名の由来は、湯島・本郷台や上野台の下に連なる湿地状の低地という意と解される。一般には単に上野台の下の地という意味で受けとられているが、下谷の名称は湯島・本郷台の下にまでひろがっているので、先述の意味の方が妥当であろう。

上野台は徳川家菩提寺の寛永寺が占め、単に「お山」とよばれ、また忍《しのぶ》ヶ岡とよばれた。その西下に不忍池《しのばずのいけ》がひろがる。筋違《すじかい》見附から上野山下まで下谷御成街道が通り、それに続いて台地の東下を奥州街道裏道が南千住へのびる。この街道沿いに町屋が連なり、特に山下や下谷広小路《ひろこうじ》は盛り場として賑わった。山下から東へ新寺町通が浅草へ向かう（現在の浅草通）。この通りの北側に広徳寺をはじめとして寺町がひろがり、この南側には佐竹氏をはじめとする大名屋敷や下級幕臣の組屋敷がひろがる。御徒町《おかちまち》の名も御徒士《おかち》衆の組屋敷があったことから出ている。

不忍池の周辺は池《いけ》の端《はた》とよばれ行楽地として賑わい、東岸・南岸には料亭や出合茶屋も多かった。池から出る流れは忍《しのぶ》川とよばれ下流は鳥越を経て蔵前で隅田川に入った。池から北へ根津権現方面へ行く道の周辺にも町屋が発達した。

上野の地名は下谷に対比して名づけられたと一般にいわれるが、純然と自然地形に発した地名と見る方がよいのではないだろうか。小高い岡の上の地形で、未墾の森林や草地のある地という意味である。野には本来そうした意味があるのである。『小田原衆所領役帳』に江戸上野とあらわれるので、上野の地名は戦国時代には既にあった古い地名と知れる。

【品川《しながわ》】

高輪の南の地域名、昭和に入って区名にも使われた。南に大井村、西には居木《いるき》橋《ばし》、上・下大崎村などがあった。東側は海に臨み、西側は八ッ山（谷ッ山）・御殿山の台地である。

地名の由来には諸説あるが、目黒川の下流を古くは品川といい、それがこの一帯の地域名となったとするのが通説である。シナ川の語源は「階《しな》川」であろうとされる。海岸あるいは目黒川低地に臨んで段丘が立つが、その傾斜の立ち上りを「階《しな》」と呼んだものであろう。

目黒川河口に古くから品川湊が開け、江戸南部の湊町として武蔵国府ともつながりを持ち、重要な役割を果たしていた。

ここを東海道が通ることとなり、江戸からの第一の宿駅が設けられた。品川宿がそれであり、品川は地域名であると同時に宿駅名ともなった。日本橋から二里、川崎まで二里半。宿は三つの地区に分けられる。北から歩行《かち》新宿・北品川・南品川である。参勤交代の大名の通過は一四六藩に及び、百人・百匹の人馬が常備され、旅籠は江戸後期で約一〇〇軒あった。これらの旅籠は食売女《めしうり》（飯盛女《めしもり》）を置くことが認められ、その数は天保期で約一四〇〇人いたという。遊客は旅の者よりも江戸市中からの者が多く、特に増上寺をはじめとする芝の寺々の僧や、薩摩藩の武士が多かったとか。吉原の北里に対して「南廓」と呼ばれる賑わいをみせた。大見世としては土蔵相模や島崎楼などが著名。落語「品川心中」や「居残り佐平治」などの舞台にもなっている。

【芝《しば》】

江戸城の南の広域地名、明治以降区名となる。北と東が低平で南西側が台地である。北は新橋ぎわの芝口御門から、南は高輪大木戸まで、東は海にのぞみ西は桜田から三田《みた》・白金《しろがね》の線までを概ねその地域とする。

大名屋敷などの武家地と、増上寺を中心とする寺社地がほとんどを占め、町屋は東海道沿いのわずかな地に並んだ。

地名の由来は不明であるが、武蔵野台地の東下側の海退沖積地に短い芝草の生うる地という意味ではないかとされる。海苔採取のためのヒビとする柴を取る地とする説もあるがわからない。『将門記』にあらわれる武蔵武芝や、『更級《さらしな》日記』に記される竹芝の荘が、近世のこの芝と関連するのかどうかもわからない。中世古川の河口デルタの漁村が成長して柴村新宿と呼ばれ、近世に入り芝村と呼ばれたが、これが芝の地域名のもとであろう。

東海道筋と虎の門からの道の出合いに高札場が設けられ札《ふだ》の辻《つじ》とよばれたが、後に高輪車町《くるままち》に大木戸《おおきど》が設けられて江戸の出入口となった。現在の泉岳寺駅近くにその石垣が残っている。芝浜には雑魚場が設けられて、目前の芝・品川沖で獲れた小魚を夕市で商って繁昌した。

寺社では徳川家菩提寺の増上寺が広大な寺域を占め、その北方には愛宕《あたご》神社があり、東方には芝神明社《しんめいしゃ》があって共に著名であった。特に芝神明社の旧暦九月の祭礼は一〇日間も続けられ、だらだら祭として名が高かった。鳶《とび》と相撲取りの喧嘩を扱った「め組の喧嘩」の芝居・講談でも有名である。

【柴又《しばまた》】

現在の葛飾区柴又、北東を江戸川が流れる。正倉院文書の奈良時代の戸籍の中に「下総国葛飾郡大島郷」の名が見え、甲和の里、嶋俣の里などの里名があらわれる。甲和は現在の小岩、嶋俣は柴又であろうと推定される。古い渡良瀬川（太《ふと》日《ひ》河＝現在の江戸川）の河口近くの低湿地で、早くから開拓され村が営まれていたのであろう。柴又八幡社には五世紀末〜六世紀前半頃のものと思われる古墳が保存されている。戦国時代の文書にも柴俣として現われる。

柴又で有名なのは帝釈天である。日蓮宗の寺で経栄山題経寺《きょうえいざんだいきょうじ》という。下総中山の法華経寺の末で、江戸初期寛永年間（一六三四〜四四）の創建である。現在の建物は安永年間（一七七二〜八一）の再建。この再建の時、永い間行方不明になっていた日蓮上人自刻の帝釈天板本尊が見つかった。この日が庚申《こうしん》の日であったので庚申が縁日になる。当時流行した庚申信仰に乗って江戸へ出開帳して大いに名を売った。本堂内陣の内壁・外壁は見事な透し彫り彫刻で飾られている。内壁は江戸後期のもの、外壁は大正から昭和初期の名工の作で、法華経説話の各場面が彫り出されている。

東側の江戸川に矢切りの渡しがかかる。都内に残る唯一の渡船場で、古くは農民の作場渡しであったが、現在は観光渡し船。対岸の松戸市下矢切の、伊藤左千夫『野菊の墓』碑への道に続く。

【隅《すみ》田《だ》川《がわ》】

江戸下町を象徴する川であり、江戸の川を代表するものであるといえよう。その名の由来は定かではない。須田・住田・隅田といろいろに表記され、その経由地をとった名といわれるが不明である。現在の流路は江戸時代に入って定められたもので、その後は現在まで概ね変わっていない。

中世までの江戸周辺の水系のありようは、江戸期に入ってからのそれとは大きく異なるものであった。以下、貝塚爽平《そうへい》『東京の自然史』によると、かつては利根川が隅田川の上流であった。即ち古利根川筋を通り荒川（元荒川）を合わせて隅田川となり東京湾へそそいでいた。また渡良瀬川もその下流は太日河といって、今の江戸川筋を東京湾に入っていた。それが江戸時代に入ってその初期、江戸を水害から守るために極めて大規模に水系変更の工事が行われたのである。

元和七年（一六二一）利根川と渡良瀬川が結ばれて現在の江戸川となり、承応三年（一六五四）これらを鬼怒川に落ちるように流路を大きく変えた。こうして利根川の主流は東へ流れて銚子で太平洋にそそぐことになる。一方、寛永六年（一六二九）荒川は利根川と切り離され、入間川を合わせる形で隅田川となって東京湾にそそぐ。また享保十四年（一七二九）には中川が開削され江戸付近の水系はほぼ現在の姿に近づいたという。近代に入り東京防災のため、明治四十三年から荒川放水路の開削がはじめられ、岩淵で水路が二派に分けられた。一般に従来の流路を東京では隅田川と呼び、放水路を荒川と呼ぶ。

この隅田川で最も古い橋は千住大橋で文禄二年（一五九三）の創架。ついで万治元年（一六五八）両国橋が完成、元禄期になって新大橋・永代橋が続いて架けられ、最も新しく吾妻橋（大川橋）が架けられた。安永三年（一七七四）のことであった。橋はこの五橋だけであったので、その不便を補うために数多くの渡し船が両岸をつないだ。橋場の渡し、竹屋の渡し、厩河岸の渡し等十数ヶ所に及んだ。

川名はいろいろな通称が用いられ、その範囲も明確でない。鐘ヶ淵から大川橋の間、即ち東岸に向島の墨堤《ぼくてい》を持つ間を隅田川、大川橋から両国橋の間を浅草川または宮戸《みやと》川と呼んだりする。大川橋から川口までその形容から総称して大川ともよぶ。両岸には四季折々の景勝地や遊興地も多く、また川開きの花火など川そのものが遊興の対象になった。

【駿《する》河《が》台《だい》】

お茶の水の神田川が掘り割られたため、本郷台地から切り離された南側の神田台の呼び名。慶長年間（一五九六〜一六一五）下町の市街地造成でその用土をとるために切り崩された神田山の地である。

元和二年（一六一六）家康が駿府で死去すると、駿府詰めの武士は江戸へ帰され、ここに屋敷地を与えられた。そのためここが駿河台と呼ばれることになる。一説にここから一望に富士を眺め得たことから出た名ともいう。

天下の御意見番といわれた大久保彦左衛門がここに住み、室鳩巣《むろきゅうそう》はこの地で『駿台雑話』をあらわした。晩年の蜀山人太田南畝《なんぽ》もここに住んだ。

【駿《する》河《が》町《ちょう》】

日本橋から北へ通り町筋（現中央通り）を進み、室町二丁目と三丁目の境（現一・二丁目境）を西に入ると、その道の両側が駿河町である。この道の突き当りは外堀で、やや北寄りに常盤橋があった。この通りが西南に向かっていて富士山がよく望めたため駿河の名がついたとされる。この両側の大部分を占めたのが三井越後屋呉服店で、現銀掛値なしの商法で繁昌をきわめた。この道の先の両側は本両替町で、北側には金座が置かれていた。現在の日本銀行の地である。

【雑《ぞう》司《し》ヶ谷《や》】

音羽《おとわ》の護国寺の西南方、小石川飛地の村だったが、一八世紀半から町方支配に入り雑司ヶ谷町に。現在は豊島区雑司ヶ谷。

ここで有名なのは鬼子母神である。戦国後期、この付近の地中から出現したと伝えられるもので、日蓮宗法明寺の別院として祀られ江戸人の信仰を集めた。郊外の行楽地として杖をひく者も多く参道に茶店・料理屋が軒を並べた。現在この近くに雑司ヶ谷墓地がある。明治に入って東京市が設けたもので、墓域内にはジョン万次郎・夏目漱石・永井荷風ら有名人の墓が多い。

地名の由来について『御府内備考』は、南北朝期、南朝に仕えて禁中雑色《ぞうしき》を勤めた柳下若狭らが浪々してこの地に来り住みついたことから、雑司ヶ谷の名が生まれたと伝える。また一説に、法明寺の雑仕料の地であったからともいわれるが、いずれにしてもよくわからない。

【代《だい》地《ち》町《ちょう》】

江戸は度々の火災に、その都度大きな被害を受けてきた。そこで幕府は大火の後ごとに火《ひ》除明地《よけあきち》を増設した。このため町全体が替地をもらって強制移住させられることも多く、その場合はその町は元の町名を背負って移動した。そういうものを何々町代地と呼ぶ。これは江戸の町の一つの特徴といえよう。結構遠方へ移転させられることもあり、たとえば外神田に牛込肴町代地があったりする。

町なかの代地とはやや異なるが、なかには武蔵野の開拓に集団移住した町もある。本郷元町にあった吉祥寺は明暦の大火（一六五七）のあと駒込に移されたが、吉祥寺門前町の町民たちは武蔵野の開拓に移住して吉祥寺村を開いた。それが現在の武蔵野市吉祥寺のもとである。同じくこの大火のあと、神田連雀町の町民が開拓に移住したのが、現在の三鷹市下連雀である。

【高輪《たかなわ》】

芝と品川の間の地域名。北は芝田町・三田、西は白金、南は品川に接する。『江戸砂子《すなご》』に「品川まで片側町にて東は海也。房総の山々幽にして眺望よし」とある。西側は台地の縁辺の高台で裾に泉岳寺・東禅寺などの大寺が並んだ。

日本橋より一里三〇丁のこのところに大木戸が設けられ、東海道の出入口となった。品川宿まで約八丁。大木戸近くに車町があり、俗に牛町と呼ばれ、常時千頭の牛が飼われ牛車搬送に備えていたという。泉岳寺は赤穂浪士に関係して全国に名高く、東禅寺は幕末イギリス公使館が置かれたことで知られる。

地名の由来については『御府内備考』は、二本榎《にほんえのき》の高台を縄手道（直線状の道）が通っていたため高縄手とよばれたが、後に手が略されて高縄＝高輪となったとしている。

別説によれば、タカナワはタカナワテの略ではなくタカハナワの略ではないか、ともいわれる。塙《はなわ》とは段丘などの高台につく地名であるが、ここの高台が海ぎわからひときわ高く望めるので高塙《たかはなわ》とよばれ、後にハが略されてタカナワとなるという考え方で、高輪の表記はそれにしたがって後にあてられたものと見るわけである。

【佃島《つくだじま》】

隅田川の河口の海上、鉄砲洲《てっぽうず》からは東方一丁ほどのところにある小島で、北隣りに石川島が並ぶ。『江戸名所図会』によれば、寛永年間（一六三四〜四四）摂州佃村から召された漁師たちにこの干潟が与えられ、方百間の島が造成され正保元年（一六四五）ここに漁家が立ち並び、生国の名をとって佃島と名づけたという。毎年十一月から三月まで白魚を献上することを命ぜられ、冬の間は毎夜かがり火をたいて四ッ手網で白魚漁を行ったという。この辺りでとれた小魚を材料とする「佃煮」も江戸名産となった。漁師たちが故郷の住吉大社から分祠した住吉明神の祭すなわち佃祭も江戸名物の一つであり、また古い形を残す佃盆踊りも有名。

現在、北方の石川島地区は「大川端リバーシティ21」と称して大開発がすすみ、超高層アパートが立ち並び様相は一変しているが、住吉社周辺のみ今もわずかに昔の漁師町のおもかげを残している。

【内藤新宿《ないとうしんじゅく》】

甲州街道の第一宿で江戸四宿の一つ。四谷大木戸の西にあり日本橋から二里、高井戸へ二里。江戸初期ここに宿駅はなく西の高井戸が第一宿であった。その不便さから町人らより伝馬宿設置の請願が出され、元禄十一年（一六九八）に至りはじめて設置が認可された。

信州高遠藩内藤家の屋敷地が上地となって町屋が設けられたので「内藤」、また五街道設置の当初にはなかった宿駅が、元禄期に至って新規の設置をみたので「新宿」ということである。公称の場合、単に「内藤宿」も用いられた。

参勤交代の大名通過は三家のみ、本陣も一つであった。天保期で旅籠数二四軒、食売女《めしうり》も認可されており、その数公称一五〇人。実数は五〇〇人に及んだ。享保年間（一七一六～三六）から約半世紀間、廃駅とされていたが、これはこの地が風紀を乱すもとと目されてのみせしめであった。明和（一七六四～七二）以後復活して「立返り駅」と呼ばれ繁栄をとり戻す。岡場所として吉原・品川に比肩する賑わいをみせたという。

宿内に追分があり、ここで甲州街道と青梅街道が分岐した。近郊農村からの搬入物多く、とくに野菜類が中心であったが、そのほかにも奥多摩の石灰、青梅・八王子の織物、多摩川の鮎など各種特産物が持ちこまれ、路は馬や牛車の往来でほこりっぽい賑わいを現出した。現在、山の手最大の盛り場となっている新宿の街は、こういう土台の上に成立したものである。

【業平橋《なりひらばし》】

隅田川の東、大横川が北十間川にぶつかる地点に架けられた橋。この辺りは本所中之郷とよばれた地域で、橋の西詰に業平山南蔵院があった（現在の墨田区吾妻橋三丁目）。かつてこの境内に業平天神と業平塚があった。『江戸名所図会』によれば「在原業平朝臣の霊を鎮むると云々」とある。『江戸名所記』に「業平すでに都にのぼらんとして舟に乗ず、しかるにその乗ずる所の舟このあたりの浦にて覆り溺死す。乃ち里民塚につきこめたり……」と塚の由来説話が記されている。

橋名はこの業平天神・業平塚によったものである。南蔵院は大岡政談の「しばられ地蔵」でも知られた寺であったが、関東大震災後、昭和初期に葛飾区東水元に移っている。

橋名が地域名になって古くは中之郷業平があり、現在は橋の東側に業平橋一～五丁目が存在する。二丁目の普賢横丁に春慶寺があり、「東海道四谷怪談」の作者四世鶴屋南北の墓がある。北十間川と横十間川が交わる五丁目のあたりは、かつて柳島とよばれたところで、ここに柳島妙見法性寺がある。江戸後期、妙見信仰の流行の中でここの妙見堂は特に多くの参詣人を集め、一時浅草観音に次ぐ賑わいをみせたといわれる。

【日本橋《にほんばし》】

江戸城の東側の下町低地の広域地名。もちろんその起こりは橋名による。明治以降区名となる。慶長八年（一六〇三）日本橋川が切り開かれ、それに架してこの橋も誕生した。当初からその造りが豪壮で日本一であるということからの命名か、あるいは『慶長見聞集』にいうように、日本六十余州の人夫を集めての大工事の中での創架なのでこう命名されたか。江戸時代の間に何度も焼け落ちているが、後期の文政年間（一八一八〜三〇）の記録によれば、長さ二八間・幅四間二尺とある。現在、江戸東京博物館内にその北半分が原寸大で復原されている。

そしてこの橋が五街道の里程の起点とされた。南詰西側に高札場があり、東側に晒し場が置かれた。橋上から江戸城と富士山が望めることもあり、歴史的にも地理的にも江戸の中心とされ、また江戸の象徴となる橋であった。そしてこの橋の付近が江戸の問屋商業の中心地として殷賑《いんしん》を極め、日本橋の名を広域地名と変えていくわけである。

この橋を中心に通り町筋（現在の中央通り）が南北に通る。北は室町《むろまち》・十軒店・本銀町《ほんしろがねちょう》を経て神田鍛冶町《かじちょう》・鍋町《なべちょう》から筋《すじ》違《かい》御門に向かう。南は通り町・中橋広小路・京橋を経て銀座から芝口橋へ向かって江戸のメインストリートを形成する。

この通り町筋と室町三丁目で交差するのがもう一つのメインストリートである本《ほん》町《ちょう》筋である。常盤橋御門から東へ走る大通りで、本町から大伝馬町・通旅籠《とおりはたご》町《ちょう》・通油町《とおりあぶらちょう》・横山町などを通って浅草御門に達する。この本町の辺りは家康の江戸入部直後に町割りが行われたところで、江戸最古の下町の町並みである。本町一丁目に金座が置かれ、この一本南の駿河町には越後屋が店を開いた。日本橋北詰から東へ日本橋川に沿った本《ほん》小田原町・安針町《あんじんちょう》・本船町《ほんふなちょう》などには魚市が開かれ魚河岸として賑わった。

【人形町《にんぎょうちょう》】

へっつい河岸の西端（現在の水天宮辺り）から、小伝馬町方面へ向かって西北に通る道を人形町通りと呼んだ。界隈に人形師が多かったことからくる俗称で、町名ではなかった。この近辺で操り人形芝居が行われたのでこの名が起こったともいう。

通りの西側の堺町・葺屋《ふきや》町は中村座・市村座の歌舞伎芝居の本拠地の芝居町であった。薩摩座・結城座などの操り芝居もまた賑わった。通りの東側、住吉町と新和泉町の間に、御医師岡本玄冶の拝領地町屋があり玄冶店《げんやだな》とよばれた。『与話《よわ》情浮名横櫛《なさけうきなのよこぐし》』のお富・与三郎の芝居の舞台とされる。そのすぐ北の長谷川町に三《さん》光新道《こうじんみち》がある。三光稲荷参道の細い路地で、落語「天災」や「百川《ももかわ》」の舞台として使われている。これらはいずれも現在の人形町交差点の近くで、人形町の町名は昭和八年に至ってはじめて誕生している。

因みに新道は江戸ではシンミチ、ジンミチと両様によんでおり、町屋地において新しくつくられた小さな通路をいう。私道であることが多く、公認の小さな通路は横丁とよばれたようである。

【本《ほん》郷《ごう》】

江戸城の北方の台地の広域地名で、明治以降区名となった。東は湯島、南は神田、西は小石川、北は駒込に接する範囲内である。

地名の由来について『御府内備考』は「古しえ湯島の内にしてその本郷なれば湯島本郷と称すべきを、上略して本郷とのみ唱えしより、後世湯島と本郷はおのずから別の地名と成りしなるべし」と記しているが、他の史料によれば本郷の地名は中世末にあらわれている。『小田原衆所領役帳』に「江戸本郷」と出てくるし、家康の寺領寄進状に「豊島郡本郷の内云々」と記されているという。

この地域を貫いて中山道が北へ向かって通る。追分で日光御成街道（岩槻街道）を分ける。この街道沿いに町屋が並び商いの店屋で繁昌した。一方ここでも武家地・寺社地が多く、大名屋敷としては加賀の前田家上屋敷が有名。四・五・六丁目の東側をすべて占める広大な邸地を持ち（現在の東京大学の地）、その結果、街道は片側町となるので「本郷もかねやすまでは江戸の内」と称されたのである。これは江戸の境域をいうものではなく、三丁目の兼康《かねやす》あたりをすぎると急に淋しくなるということを言ったものである。江戸初期から湯島・本郷地区には有名な薬屋が多く、それが現在の薬商・医療器機商の多い町のルーツとなっている。兼康も本郷三丁目角にあった口中散《こうちゅうさん》をはじめとする薬類や小間物を扱う老舗であり現存している。

神社では湯島天神が著名。戦国期からのもので、江戸期に入って繁昌した。根《ね》津権現《づごんげん》は六代将軍家宣以後、その産土神《うぶすな》として将軍家の庇護をうけて盛んになり、その周辺には岡場所も発達した。

【本所《ほんじょ》】

隅田川の東側、深川の北、向島の南にあたる低地の広域地名。明治以降区名となる。現在の墨田区の南半分にあたる。古く下総国西葛飾領に属し、のち武蔵国に入り正保の頃には本所村。

地名の由来は不明。ホンジョまたはホンジョウと呼ばれるので荘園地名に関係あるかと思われがちであるが、この地に荘園存在の痕跡はみえない。中世の文献史料にあらわれないし、本所という呼び名も江戸時代に入ってはじめて使われている。戦国期の『小田原衆所領役帳』ではこの地域は、「江戸牛島四ヶ村、江戸石原宮内分、江戸石原惣領分」と記されていて、本所の名は出てこない。隅田川東岸の牛島・中之郷・石原などの古集落の、単に中心部という意味で本所の名が使われたのではないかとみられている。本所の名が出てくるのは、万治年間（一六五八～六一）に本所築地奉行が置かれるという時期からである。

明暦の大火（一六五七）以後、本所の本格的開発が進められる。両国橋がかけられ、横川・竪《たて》川などが掘削され、北十間川・小名木《おなぎ》川が整備され、その泥土で湿地が埋め立てられ、東西南北に整理された道路が碁盤目状に通る。町屋は横川・竪川沿いにぎっしりと押し込められ、ほとんどは武家地と寺社地となる。津軽家上屋敷と多くの大名家の下屋敷・蔵屋敷、それに旗本・御家人屋敷、小役人の長屋の存在が本所の特色となる。北十間川寄りの北部や亀戸寄りの東部には農村部もひろがった。安永年間（一七七二～八一）には吾妻橋（大川橋）も架けられて、その北部の町屋化も進んだ。南の両国界隈には、明暦の大火の被災者を弔う回向院《えこういん》や、幕府の御竹蔵・御材木蔵があったが、両国橋ぎわは垢離場《こりば》など盛り場が発達し、回向院境内は各地の霊仏の出開帳や勧進相撲で賑わった。元禄の頃、回向院の東側に松阪町があり、赤穂浪士討入りの吉良邸がここにあった。このすぐ東側で幕末に勝海舟が生まれている。海舟はその後、竪川と大横川の交わるところの入江町で育っているが、その入江町には「時の鐘」があり、また小説で有名な長谷川平蔵や遠山金四郎もここに住んでいたことがある。

本所は湿地が多く掘割・下水が淀んでいたので蚊が多く「本所に蚊がなくなれば大晦日」などといわれ、また武家屋敷や掘割の多い淋しいところなので、「本所七不思議」などの伝説も生まれた。

【深川《ふかがわ》】

隅田川の河口近くの東側、南は海に面し、北は本所に連なる広域地名で、明治以降区名となった。現在は江東区の西側半分にあたる。

慶長元年（一五九六）、摂津出身の深川八郎右衛門ら六人が深川村を開いたと伝えられる。当時この辺りは芦荻の繁る干潟がひろがる低湿地であったが、それを埋め立てたものである。特に行徳の塩浜への水運の道を確立することを家康に命ぜられて、小名木川を開削して隅田川万年橋ぎわから中川まで運河を通してその任を果たした。そしてその泥土で小名木川周辺の地が造成される。家康から許されてこの地に深川の名を冠したというのが深川地名の起りとされる。

その後、開拓は小名木川の南に進められ、横川・十間川の延長、さらには仙台堀・入堀・六間堀など掘割の整備に伴って町割りも進められ、元禄頃までには現在の深川八幡近くまで「深川」の名はひろげられた。水運に便利であったため、多くの業種の問屋・倉庫が軒を並べることになる。元禄六年（一六九三）には新大橋が、元禄十一年には永代橋が架けられて、深川と日本橋の結びつきが深まり、商業でも生活文化でも大きな影響があった。また度々の大火の後、市中にあった材木商が次第に隅田川東のこの地に集められることになり、元禄年間には深川でも東方の築地町九万坪の地が払い下げられて「木場町」を形成することになる。

開発の進展の中で寺社の創建も多く、一方明暦の大火後この地に移転してくる寺社もあり、寺社地の多いのも特色であった。神社では富岡八幡が有名で、深川の総鎮守となった。寺院では永代寺・霊巌寺などが著名。深川八幡や永代寺の門前には料亭が並び遊里が発達して繁華街となる。「辰巳《たつみ》」とよばれて木場商人や日本橋商人、そして深川漁師などいろいろの階層の遊客で賑わい、江戸下町の「いき」を代表する場となる。

元禄の頃、万年橋ぎわに芭蕉が庵を営み、また仙台堀ぎわの鯉屋《こいや》杉風《さんぷう》の別荘から奥の細道の旅に出発したことは有名である。

【馬喰町《ばくろちょう》】

小伝馬町の東にあり、西から東へ一～四丁目が並び浅草御門に至る。町名の由来は、奥州街道の駅路に近く、江戸初期に博労《ばくろう》が多く住んでいたからといい、あるいは博労頭の高木源兵衛らが住んでいたからともいう。三丁目の北側に初音《はつね》の馬場があり、この高木源兵衛が預かっていた。江戸で最も古い馬場で、関ヶ原合戦の際ここで馬揃えが行われたという。

この馬喰町も早い時期から博労仕事とは離れ、旅籠街としての発達をとげていく。四丁目の北側に郡代屋敷が置かれていたため、訴訟人が泊るための公事宿《くじやど》が並び、後には一般の商用や江戸見物のために出府した客も多くこの馬喰町に宿をとった。一・二丁目の北の横丁を俗に附《つけ》木店《ぎだな》と呼び、江戸中の附木《つけぎ》はほとんどここから売り出されたという。現在は横山町と並んで、繊維・服飾関係の問屋が並び、その業界の中心地になっている。

【八丁堀《はっちょうぼり》】

京橋川の下流をいう。寛永年間（一六二四～四四）に通船のために掘り割られたものである。楓川《もみじ》との分岐点より東、鉄砲洲の稲荷橋のところで亀島川と合して海に入る。本来は川の名であるが、北岸に本八丁堀町、南岸に南八丁堀町があったため、周辺一帯を八丁堀と地域名で呼んだ。本八丁堀町の北側に町奉行所の与力・同心の組屋敷が並び、俗に北八丁堀とよばれた。与力は二〇〇石程度の高で三〇〇坪位の、同心は標準にして三十俵二人扶持の収入で一〇〇坪程の屋敷地を与えられていた。俗に「八丁堀の旦那」とよばれて町では威勢を振るい、陳情や贈賄目的で来る者も多く、その便宜のために「八丁堀細見《さいけん》絵図」などがつくられたりもした。一方、時代が下るに従って経済的に逼迫《ひっぱく》した与力・同心は、屋敷地の一部を転貸する。ここを借りて医者・儒者・絵師などが多く居住した。

川は、現在は埋立て・暗渠化が進んで姿を消してしまっている。

ここと別に神田八丁堀が存在した。外堀の神田橋御門と常盤橋御門の中間あたり、竜閑《りゅうかん》橋のところから東に掘り割られたもので、今川橋の下をくぐり馬喰町で南に折れて浜町堀となる。明暦の大火後に掘られたもので、堀の北側に防火のための土手を築き松樹を植えた。これが長さ八丁あったため八丁堀と俗称された。日本橋八丁堀と区別するために神田八丁堀と唱える。現在は埋め立てられて存在しない。『東海道中膝栗毛』の弥次郎兵衛はこの神田八丁堀に独り住まいしていたことになっている。

【番町《ばんちょう》】

江戸城西側の台地上の武家地。麹町通り（現新宿通り）の北側、四谷御門・市ヶ谷御門・牛込御門の内側の地域。将軍の親衛隊ともいうべき大番組・書院番組などの旗本の屋敷地がおかれ、江戸城の西の固めの役割を果たした。一番町から六番町まで表・裏など多くの町が複雑に配置された。ただこの場合の「町」は道筋の呼び名であって、町屋地の町名とは異なるものである。尾根筋の道に「表」、谷筋の道に「裏」の呼称がつけられ、それらの道と竪《たて》に交差する道には表・裏の呼称のない奇数番がつけられた。

裏六番町に塙保己《はなわほき》一《いち》が給地を賜り、寛政五年（一七九三）ここに和学講談所を開いた。「番町で目明き盲に道をきき」などと詠まれたのも、和学だけの話ではなく、番町の地理のわかり難さをもいったものとされる。

【見附《みつけ》】

江戸城には内郭・外郭に多くの門がつくられた。多くは高い石垣に囲まれた枡形を持つ。俗に「三十六見附」というが、これは実数ではない。見附とは不審者を見つける警備の場の意とされる。一般的には内郭の門は何々御門とよばれることが多く、すべてではないが外堀に面した外郭の門が何々見附と称されることが多い。浅草見附（現在の浅草橋の辺）、筋違《すじかい》見附（現在の万世橋の辺）、小石川見附（現在の水道橋の西）、牛込見附（飯田橋駅の辺）、市ヶ谷見附（市ヶ谷駅近く）、四谷見附（四谷駅のところ）、喰違《くいちがい》見附（四谷見附の南）、赤坂見附（現在の赤坂見附）などが知られる。浅草見附は奥州街道の、四谷見附は甲州街道の、赤坂見附は相州往還の、それぞれ街道出入の警備ともなっていた。

【向島《むこうじま》】

隅田川の東、本所の北に連なる地域の広域地名。昭和に入って区名となり、現在は本所と合併して墨田区を形成している。

地名の由来は、この地は低湿地の中に微高地が連なり、寺島・牛島などと呼ばれる地があったが、これを浅草側から眺めての総称として向島と呼んだという。

この地の歴史は古く、古代には武蔵国

府と下総国府を結ぶ官道がこの辺りで隅田川を渡ったものと思われ、『伊勢物語』の業平朝臣《なりひらあそん》東下りにおいて「いざ言問《ことと》はん」の地としてあらわれて、言問《こととい》・業平の地名のもととなっている。能の「隅田川」説話に基づく梅若塚（木母《もくぼ》寺）もこの地にある。江戸時代に入って八代吉宗の時、隅田堤に桜が植えられ、十一代家斉の時に補植されて江戸で有数の桜の名所となった。「墨堤《ぼくてい》」とよばれ文人墨客の杖を引くことが多かった。閑静な田園地帯がひろがり、江戸の蔬菜《そさい》供給地となっており、また別荘や寮が多く有名料亭も散在していた。三囲《みめぐり》社・長命寺・牛の御前（牛島神社）・白鬚《しらひげ》神社・多聞《たもん》寺などの名刹古社も多く、江戸人のよい行楽地になっていた。

【目黒《めぐろ》】

白金・上大崎の西南、目黒川沿いの地域名。上・中・下目黒の三村があり、目黒不動門前のみ町屋が多く目黒町となり、御府内に組みこまれていた。次第に広域地名となり、昭和七年には区名となる。

地名の由来は不明。一般には馬畔《めぐろ》説がいわれる。古代の馬牧の区域に廻らされた畔《あぜ》が目立つところという命名か。一方、古刹目黒不動が存在することに因むとする説もある。平安初期開創の縁起のある古寺なので、この説も捨て難い。

目黒の名が記録にはじめてあらわれるのは鎌倉初期である。『吾妻鏡』建久元年（一一九〇）の条に頼朝上洛のことが見えるが、その随兵の中に目黒弥五郎の名が記されている。目黒氏は武蔵横山党の分れといわれ、目黒を領してそれを苗字とした武士と思われる。

江戸時代には将軍家鷹狩りの場所になり、家光・吉宗はとくに度々訪れている。目黒を代表するのは何といっても目黒不動である。江戸市中からは白金を経て上大崎に至り、台地の西南端の富士見茶屋から急な行人《ぎょうにん》坂を下り、目黒川を太鼓橋でわたると、この参道に入る。

目黒不動は泰叡山滝泉寺《りゅうせんじ》と号する天台宗の寺で、縁起では平安初期、慈覚大師円仁の開山と伝えられる。江戸初期、三代将軍家光の外護《げご》により壮大な伽藍が造立された。江戸期を通して流行した近郊の社寺参拝の対象としては、庶民の信仰を最もよく集めたところで、参詣人で賑わった。門前町並が成立して茶店・料理屋が軒を並べたという。

伽藍は第二次大戦時に焼失し、現在のものは戦後の再興である。独鈷《とっこ》の滝の脇にある前不動堂のみ焼失を免れ古建築が残っている。境内裏山に青木昆陽の墓があり、北隣りには明治に本所から移ってきた五百羅漢寺がある。

【八代洲河岸《やよすがし》】

切絵図をみると、江戸城の東の内堀和田倉御門と馬場先御門の間の堀端に八代洲川岸の書き入れがある。江戸開府当初、当時まだ入江だったこの岸に、オランダ人ヤン・ヨーステンが屋敷を賜っていたことに因む。それでヤンヨース河岸と呼ばれていたものがヤヨスに変わったもの。後さらに八重洲・弥容子などいろいろに表記されながら八重洲河岸《やえすがし》と固定していく。

ヤン・ヨーステンはリーフデ号に乗って来日、慶長五年（一六〇〇）豊後に漂着したもの。ウイリアム・アダムス（三浦按針）とともに家康に用いられ、外交・貿易面で働いた。

明治五年に八重洲町成立。昭和に入って丸の内に含まれる。この名は戦後には東京駅東側に移って中央区八重洲一・二丁目が成立したが、もとの場所とは全く関係ない地である。現在は東京駅の駅出入口の名として知られている。

【吉原《よしわら》】

江戸唯一の幕府公認の遊廓があったところ。はじめ日本橋住吉町・和泉町・難波町・高砂町にまたがる方二町の地であった。現在の人形町二丁目辺で、そこには「大門《おおもん》通り」の通称が今も残っている。

小田原浪人庄司甚右衛門らの陳情により元和三年（一六一七）公許となり、翌年から開業した。芦荻の繁る湿地に造成したため「葭原」と呼ばれ、後に佳字に改めて「吉原」となる。典型的な男性都市であった江戸の町では最大の遊所となって繁昌したが、やがて市街地の拡大と、風紀上の問題からさらに辺地への移転が命令されることになる。明暦二年（一六五八）浅草寺北の浅草田圃への強制移転の命を受け、明暦の大火後にそこへ移転した。日本橋の方を「元吉原」とよび、新たに移転した浅草の方を「新吉原」とよぶ。

大川に臨む待乳山《まつちやま》聖天のふもとから山《さん》谷《や》堀が西北に入るが、堀に沿った日本堤のいわゆる土手八丁を進むと衣紋坂《えもんざか》に達する。坂から五十間道を進むと大門にぶつかり、ここから方三町の廓《くるわ》がひろがる。周囲は幅八間の溝（俗称おはぐろどぶ）がめぐらされ、非常用のはね橋が数ヶ所かかる。大門を入ると仲の町の大通りがまっすぐに伸び、その両側に江戸町一・二丁目、角町、京町一・二丁目などの五丁町があった。三千人を越すといわれた多数の遊女が客を集めて不夜城の地を現出し、江戸文化形成の一端を荷なった。文人により北里・北廓・北洲などと別称される華やかな世界であったが、一面遊女にとっては地獄でもあり、死ねば投げ捨て同様の無縁仏として、通称土手の道哲とよばれる西方寺や三輪の浄閑寺などの「投げ込み寺」に葬られたという。

現在の千束《せんぞく》四丁目の地で昔の道形が今も残っている。明治以降も盛業を続けたが、昭和三十三年（一九五八）の売春防止法の施行によりその灯は消えた。

【四谷《よつや》】

麴町の西に続く地帯の広域地名、明治以後には区名にもなる。東は四谷見附から西は内藤新宿まで。北は牛込・市ヶ谷・大久保にも接し、南は赤坂・千駄ヶ谷に続く。中央を甲州街道が東西に走り、内藤新宿の手前に大木戸が設けられた。甲州街道沿いに町屋が並び、その周辺に寺社地があったが、その他はほとんどが武家地であり、下級武士への大縄地も多かった。特に西寄りに内藤家が広大な邸地を賜っていた。伝承では青山と類似した話が残されている。天正十八年（一五九〇）家康入国直後に、内藤清成に馬を乗り廻した範囲の土地を与えたという。江戸西口の警固のためであろう。その範囲は東は四谷、西は代々木、北は大久保、南は千駄ヶ谷までの広大な地であったという。青山といい、内藤新宿といい、当時は人跡少ない武蔵野の未墾の原野であった様子がうかがえる。

古く甲州街道沿いに旅人のための茶屋としての人家が、わずか四軒だったために四家の名がおこり、転じて四谷と表記されるようになったとする四家説がある。茶屋の名として、梅屋・木屋・茶屋・布屋の名があげられている。一方地形からみて、この地に四つの谷があったからとする説もあるが、その四つの谷の所在が不明確であって、何ともいえない。

玉川上水が四谷大木戸まで引かれて、ここから地下の水道となって送水されたので、これが四谷名物の一つとなった。そのほか四谷名物といわれたものを挙げれば、四谷丸太（古くはここが産地、後には奥多摩・秩父産）、玉川の鮎（鮎かつぎ人夫が威勢よく通った）、馬糞（馬の往来が多かった）等で、いずれも甲州街道と内藤新宿の賑わいに関連しての名物といえよう。左門町は芝居の四谷怪談ゆかりの地として知られている。

【六本木《ろっぽんぎ》】

麻布の地域名。東は飯倉片町、北は三河台町、西は竜土町・材木町、南は芋洗坂下の北日ヶ窪町に囲まれた範囲の町名である。古くは飯倉村に属したが寛文年間（一六六一〜七三）に町地となった。東寄りに飯倉六本木町、西寄りに竜土六本木町があり、これを合わせて麻布六本木町とよんだ。

町名の由来は飯倉六本木あたりに松の大樹が六本あったからとも、また竜土六本木方面に松の古木が六本あったからともいい、いずれも早く失われて、江戸時代に既に木の所在もわからなくなっている。俚諺《りげん》に「お前麻布で気（木）が知れぬ」があり、六本木の木が知れなくなったことをたとえに使っている。『遊歴雑記』には、この周辺に上杉・朽木・高木・青木・片桐・一柳と木に関係した名の六家があったからとしているが、これは付会であろう。

昔はごく静かなところであったが、現在は頭上を高速道路が走り、街は流行の最先端の若者の町として賑わっている。

〈金子欣三〉

沖縄の地名来歴

【イーフ】

　久米島仲里村にあるイーフビーチはリゾート地として知られている。ビーチの前方には二つの小島があり、さらにその前にはナンビシ（堡礁）と砂洲が発達している。イーフビーチの陸地部はかつて広い水田であった。水田からこの海岸に、水田の泥土が流出して海岸に堆積した場所であったにちがいない。だが現在では砂浜海岸となっている。

　イーフとは方言で泥土を意味する名称である。近世の琉球王国に風水思想を導入した政治家として知られる蔡温《さいおん》（具志頭親方）によって編纂された『農務帳』（雍正十二年、和暦享保十九年＝一七三四）に「一、溝講、いふ返し致大形候。八、田畠致水損地位も漸々薄相成、衰微之基可成立候間可入念候」とある。田畠の荒れ土の流出による耕地保全対策を講ずることについての条令である。現在でも池や井戸に堆積した泥土を方言でイーフという。氏名や地名に「伊保」と漢字を当てている。

　宮城真治の『沖縄地名考』に「羽地大川の中流に新伊保という所がある。洪水のために新しく出来た伊保である」とある。金武《きん》町金武に伊保原があり、読谷村《よみたんそん》比謝《ひじゃ》に伊保堂原があり、いずれも台地上の小谷の地名である。具志頭村《ぐしかみそん》字玻名《はな》城《ぐすく》には伊保田原がある。

　海岸にみえる地名はイーフビーチのほかに、佐敷町と西原町の海岸に仲伊保がある。糸満市の海岸に「イーフ」という小島があったが、現在では埋立てにより陸地となっており、各地に小字地名のイーフがみられる。

【大道《うふどう》・大堂《うふどう》】

　方言ではウフドウと訓む。ドウは浅い皿のようにやや窪んだ地形を指す名称である。

　沖縄本島南部の基盤となっている泥岩が半円劇場状の地形をつくるという特徴がみられるが、この地形の底地一帯に大道の地名がついている。

　那覇の大道は現在ではダイドウと訓んでいる。一方、本部《もとぶ》町の古い石灰岩でつくられた山塊の山間部にかなり規模の大きい溶食地形のドリーネが発達している。この山地に囲まれた土地を大堂《うふどう》と呼んでいる。ウフドウにバルの付いた小字地名は各地にみえる。

【奥武《おう》】

　民俗地理学者仲松弥秀によると、沖縄における世界観を代表するニライ・カナイの理想郷と死者の往く場所はともに「青の世界」であるという。つまりニライ・カナイの神をまつる御嶽《うたき》あるいは基地がある地先の小島の名称から説明できるという。現在では「オー」と称されている島はアフ・アウ・アホ・アオ・オールと呼ばれ、神の宿る御嶽であったり死者をとむらう墓所であった。

オーのつく島は奥武島となり、沖縄には七つの島が見出されている。久米島の奥武島は『おもろさうし』に「あふ島」と記され、島にある御嶽の名は『琉球国由来記』に「あふ御嶽」とみえる。さらに慶良間《けらま》諸島座間味《ざまみ》村の奥武小島には「アフー御嶽」と記されている。

沖縄本島北部に安部村落がある。そこには古い墓があり、岸辺から遥拝が行われる「安部奥武」の岩島がある。これを「安部オール」とも称している。沖縄方言の色彩名称で青色をオールという。果物が熟していない状態を「オーサン」と表現する。このことから安部奥武は明らかに色彩としての「安部青」であることができる、と仲松弥秀は説明する。

沖縄本島島尻郡の玉城村の奥武島は古くから有人島であり島には二つの御嶽がある。久米島の奥武島には明治時代に至り糸満漁民が定住するまでは無人島であった。名護市にある奥武島は墓地となった無人島であったが、架橋され畑地としても利用されている。那覇港近くに奥武山と呼ばれる小島があった。現在では埋立てにより運動公園となっている。北中城の渡口の東端に奥武岬があったが、これも現在では埋立てられ運動公園となっている。なお、沖縄の奥武に対応する「青」は本土にも見出されるという。

【沖縄《おきなわ》・琉球《りゅうきゅう》】

古くは阿児奈波、悪鬼納などと書き、島の汎称ではなく中山の一部、あるいは那覇泊近くの漁場＝沖漁場《おきなは》などの説がある。琉球は「海に浮く龍の如き島嶼群の地勢」をみて、中国人によって名付けられたといい、古くは、種子島・屋久島から台湾までを指し、中国明代には、沖縄を大琉球、台湾を小琉球と呼んで区別したという。

〈この項、編集部〉

【カネク・カニク】

兼久が一般で金久と当てることがあるが、訓みはカネクあるいはカニクである。奄美大島から台湾に近い与那国島に至る地域で、海岸にみえる小字地名の「カネク・カニク」ほどその分布において多く頻出する地名はないであろう。

海岸の砂浜堆積物を兼久と称し、その場所も兼久である。浜堤や砂丘が発達し、そこに集落が立地している事例が各地にある。

名護市の「ヒンプンガジュマル」のある旧市街地は、古くは「名護大兼久」で親しまれていた。この兼久地に立地した集落は格子状の井然《せいぜん》とした土地割がなされ、屋敷が「福木」でこんもりと囲まれた集落景観はごく一般であった。兼久に接頭辞の前後、東西、大中、上下などの付いた地名が各地にみえる。字名の兼久は、佐敷町、西原町、大島郡天城町にあり、小字地名としても数多く分布する。

ジャ（謝）も砂地を意味する地名をつくっている。我謝、真謝、安謝があり、銭田《しんじゃ》、我喜屋《がんじゃ》はいずれも浜堤立地の村落である。西原《にしはら》町の兼久は我謝から分離したのでガジャ・ガニクと同義併称されることもある。

【喜名《きな》《ちな》】

喜名と書いて方言でキナあるいはチナと訓む。氏名には喜納とも書く。村落名には沖縄本島中部の読谷村《よみたんそん》に喜名があり、首里王府時代の間切番所（村役場）のあった地名として知られている。

キナとは焼畑を意味する地名で沖縄県だけでなく各地に分布する地名である。かつて沖縄でも焼畑が行われていた。栽培作物には甘藷、陸稲、豆類、粟などがあった。詳しく検証していないが、小字地名としてのキナ名称は特に丘陵地帯に多く分布しているという特徴があるようである。

類似した地名として、知名《ちな》、屋慶名《やけな》、安慶名《あげな》、照喜名《てるきな》（氏名）、振慶名《ふりけな》などがある。

【桑江《くわえ》】

沖縄本島中部の北谷《ちゃたん》町の村落。かつての集落地は第二次大戦後まもなくして米軍基地として接収され、米軍病院がある「キャンプ桑江」(Camp Lester) の一部となり、現在の桑江は基地に隣接した場所に移動している。

桑江は方言でクェーという。米軍放送でもキャンプ・クエと呼んでいる。クエは崩（クエ）であり、久江、久枝、久恵などを当てている。沖縄方言でクェーは崖地を意味する。桑江の集落はその背後の台地の崖下の低地に立地していたことに由来する地名である。首里王府時代から桑江とかいてクェーと訓んでいる。

【城のつく地名】

城の方言はグスクである。城が頭文字に付く地名は城間、城原、城辺と多くない。接尾文字としての地名は各地に広く分布している。新城、宮城、玉城、大城、中城、金城、豊見城《とみぐすく》、兼城、世名城《よなぐすく》などである。

現在では城の訓み方が、グスク、シロ、ジョウ、キ、と変化し、頭文字の訓み方も同様に多様化し、その結果、城のつく地名や姓名の訓み方の統一性が弱まっているのが現状である。新城は、シンジョウ、アラシロ、アラグスク、ミーグスク、アラキ、などと訓まれている。グスクは宮古・八重山・奄美ではスクと称し、沖縄諸島ではグスクという。『海東諸国記』に「具足」の当字がみえる。グスクはグとスクに分解できる、という説によれば、グは石を意味する。シキは敷島の意で、グスクは居所、神霊域を意味し、シキはシクからスクに転じているという。遺構、遺跡、聖域としてのグスクの定義は研究分野によって異なる。

考古学では遺物、遺構を有し、野面《のづら》積みの石垣囲をもち土器や須恵器などが出土する遺跡である。歴史学上のグスクは群雄割拠の時代に防御として築城された居城である。沖縄では一三世紀から一五世紀中期までに築城されたグスクで地方豪族の按司《あんじ》が居城しグスクは補強または増改築された。首里城、中城城、今帰仁《なきじん》城、座喜味城、勝連城、浦添城などの城跡はよく知られている。

支配者の居城とは別にグスクと称される場所がある。島じまの古村には一つあるいは複数のグスクがある。その分布をみると沖縄本島島尻に最も多く、次いで中頭《なかがみ》、国頭《くにがみ》地方の順位となる。グスクの立地をみると、琉球石灰岩地域に多くみられるという特徴がある。グスクの位置する周辺地域は生産活動に好ましく、村落が成立する条件を備えていたと思われる。グスクは村落近くの丘やその中腹に位置する場合が多いが、砂浜の高まり、岩島あるいは岩崖にもグスクがある。中には墓がグスクである場合がある。このようにグスクは村落近くに立地し、そこは拝所であり、そして墓所であり、村落生活空間の一部を形成している。なお、特殊な機能をもつグスクがある。倉庫としての御物城《おものぐすく》（那覇湾港）、防備目的の屋《や》良座森城《らざむいぐしく》などがある。

沖縄県下に分布するグスクの数は二二三、あるいは二八〇ともいわれている。

【ティラ】

石灰岩が分布する地域にみられる地名である。溶食地形のドリーネ、あるいは洞穴を意味する地形地名である。

洞穴は方言で「ガマ」ともいう。洞穴を「ティラガマ」と重複呼称する場合もある。だが一方では、ティラが寺に転じて聖域地名と受けとめられている事例がある。確かに、ティラが集落近くにある場合、そこが拝所となっている場合が各地に見られる。金武町の金武寺はいみじくもドリーネの中にあり、そこにはかなり規模の大きい鍾乳洞も発達している。

平良は方言でティラまたはテーラと訓む。具志川市の平良《たいら》川は石灰岩台地上にのる村落である。地中には伏流河川が発達した土地柄からこの地形地名が村落名になったと推測される。

【桃原《とうばる》・当原《とうばる》】

トウバルと訓む、地形に由来する地名である。この地名は平坦な場所、あるいはその一帯では比較的平坦な場所であることを意味する。方言で土地を平坦にすることを「トウミン」という。

村落名称としては桃原地名が各地に分布している。首里、西原町、沖縄市、与《よ》那城《なしろ》町、本部町、国頭村などにみえ、最も普通の地名の一つに挙げられる。当間は方言でもトウマと訓み、トウバルと同じ地形地名である。中城村の当間には村役場が位置している。トウバル・トウマは小字地名としても各地に多く分布している。

【渡久地《とぐち》】

方言でトゥグチと訓む。津あるいは津口である。方言で「チグチ」といい、やがて渡久地という港のある地名に転じたことが分かる。近世の文物交流の主役を演じたのは、陸上が宿道（スクミチ）、海上が津（港）であった。近世薩摩への「仕上世《しのぼせ》米」を積み出す港として、沖縄本島北部（山原《やんばる》）の運天、勘手納《かんていな》、湖辺底《こへんぞこ》、仲泊《なかどまり》の四津が挙げられている。

現在の渡久地は本部町の役場が位置しており、地方都市としての機能を有している。かつてはカツオ漁業を中心とする漁港として栄えた。

地名としてほかに渡口（北中城村）、渡具知（読谷村）がある。

【花城《はなぐすく》】

岬や断崖の突端をハナという。端であり、岬である。鼻や花の字が当てられる場合が多い。鹿児島県薩摩半島南端に長崎鼻があり、与那国島祖納の背後にひろがる台地の断崖の自然展望台をテンダバナという。久米島の白瀬川河口左岸の突端を花崎という。

那覇市若狭町にある波上宮《なみのうえぐう》が位置する琉球石灰岩台の断崖にグスクがある。ハナグスクといい、花城の漢字を当てている。古くは花城村があったが廃村になったという。西表《いりおもて》島古見《こみ》村に隣接して花城村があったが、後に古見村（現竹富町）に合併されている。現存する村落名称として沖縄本島南部の具志頭《ぐしかみ》村に玻名城《はなしろ》がある。いずれの地名も琉球石灰岩がつくる地域に位置している。

【真地《まあじ》】

「マアジ」と訓む。那覇市に真地があり、小字名の真地原が各地にみえる。首里王府時代の間切から村（明治四十一年）、そして昭和二十八年に市制を施いた真和志《まわし》市は昭和三十二年に那覇市と合併した。真和志は方言ではマージと訓む。首里に真和志町があり、マアジとは土壌名称である。

沖縄に分布する土壌型を民俗分類によってみると、国頭《くにがみ》真地・島尻真地・ジャーガル・沖積土壌の四つの土壌型に大別できる。国頭真地は高い山地をつくる岩石が風化してできた赤色の弱酸性土壌で、全土壌の三〇パーセントを擁する。保水性は良好だが、肥沃度はあまりよくない。パイナップルや茶、柑橘類の栽培に適する土壌である。一部の土壌は熱帯のラテライト土壌（紅土）に酷似して鮮明な赤色を呈している。沖縄における赤土による海水汚染はつとに指摘されている。島尻真地は低い島じまをつくっている琉球石灰岩の風化によって形成された赤色の弱アルカリ性土壌である。県下で最も広く発達した土壌で全体の四〇パーセントを占める。母材の石灰岩が多孔質のため保水性がよくないという特性があり、夏の干ばつはこの島尻真地のサトウキビ畑からやってくる。

このように沖縄には二つの異なった赤色土壌が広く分布しており、いずれも真地と呼ばれている。那覇市には真和志小学校、真和志中学校、真和志高等学校がある。那覇市の真地には真地小学校がある。

【マキヨ・マキ】

仲松弥秀は『マキヨ村落攷』で、マキとは同一血縁集団あるいはその村落名であると定義しており、伊波普猷《いはふゆう》の論攷に軌を一にして説明を展開している。現在でも通常の村落名称とは別にマキ名を持つ村落がみられる。特に沖縄本島北部の大宜味《おおぎみ》村以北の村落はマキ名を持っているという。この地域ではマクと称し、例えば、田港《たみなと》はスクモイノマク、大宜味はユアアギマク、奥間はカニマンノマク、辺土名《へんとな》はイチフクノマク、辺戸《へど》はアスモイノマクなどが挙げられる。

マキは『おもろさうし』にはマキヨと記され、マキウ、マチョウはマキヨが転訛したものである。また、クダとも呼ばれ、名護市の許田《きょだ》はクダの転した村落名という。

このように沖縄の古村は一つないし複数のマキヨ集団により形成されており、祭祀がかつてのマキに該当する呼称はハカ集団と深くかかわっている。なお、宮古、八重山《やえやま》ではマキヨに該当する呼称はハカあるいはパカという。『万葉集』に「草苅りばか」という表現があり、沖縄では甘藷掘りや草刈りを始める場合「ハカグチ」を開けるという。ハカにはある場所を意味する呼称である。

【水納島《みんなじま》】

沖縄本島北部、本部半島の西方七キロメートルに位置する面積〇・四五平方キロメートルの小島。方言でもミンナジマという。サンゴ礁（裾礁）に囲まれた隆起サンゴ礁がつくる標高二〇メートルほどの低平な島である。島の北東に美しい砂丘が発達し、南西に開いた馬蹄形を呈した島である。サンゴ礁に映える沖縄の海の美しさを象徴するカラー写真の観光ポスターによく利用されている島として広く親しまれている。

文献には、みんな・水納・面那・水無とみえる。明治・大正期に水無・水納が併用され、昭和期に水納に定着している。『南島風土記』に「瀬底島・伊江島と共に飲料水に乏しく、天水を貯え、旱天に会せば遠く海を航して本部を仰ぐ。特にこの島では共泉皆無なりと云う。島名はこれによって起るか」とある。

島の開拓は明治二十三年四月に瀬底島の六つの製糖組が共同で開墾の鍬を入れたことに始まる。しばらく通耕したのち各組から一人ずつ土地番が家を造り農地の管理にあたり、やがて集落が形成された。それ以降、瀬底の地籍にあり、本部町字瀬底の水納原となっている。

ちなみに、同名の宮古諸島の多良間村

に属する水納島は『琉球国旧記』に水納邑とみえ村落をつくっていた。本部町の水納島については記録はない。水納島は島全体が御嶽《うたき》になっていた。『琉球国由来記』に記されている「メンナ御嶽」である。開墾時代には、船で島に上陸すると砂丘で正座し、島の神に合掌し御加護を祈願して後に仕事に取りかかったという。

現在、学校（小中学校併置）があり、電気・水道・電話は沖縄本島と連結されている。冬の季節風によってつくられた砂丘は夏にはビーチとして観光客で賑わう。

【山原《やんばる》】

方言でもヤンバルという。沖縄本島北部の名護市を含む国頭郡の俗称である。古くから島尻を俗に下方、中頭を田舎と呼ぶのに対し国頭を山原と呼んだ。また、一七世紀の行政区であった金武間切《きんまぎり》以北の地域を山原と呼んでいることは、「金武山原」といういいならわしからうかがえる。山地が卓越する山原は沖縄本島の約六五パーセントの面積を占める。「わすた山原のあだん葉のむしろ　敷かばいりめしょれ首里の主の前」（金武節）、「山原に行けば哀れどや至極　見る方やないらん海と山と」などの歌謡は往時を物語っている。

陸上交通の発達が悪く、海岸に立地した村落はつい最近まで、「陸の孤島」と呼ばれ、物流は「山原《やんばる》船」と呼ばれる帆船に依存していた。在来樹種のイタジイの群落が広がる山地は、かつての山林資源供給から水資源を供給する地域に変り沖縄本島の「水がめ」と呼ばれ、各地にダムが建設されている。山地には国天然記念物のヤンバルクイナやノグチゲラのほか貴重な野生動物が生息している。

【与那《よな》】

海岸地名を表す呼称の一つに与那地名が挙げられる。与根も同義である、与那城、世那城、与那覇、与那嶺、与那浜などは海岸に位置した地名といわれている。砂地に広く生息するユーナ（オーハマボウ）も与那に関連する名称であるという（『南島風土記』）。

与那地名の代表は与那原《よなばる》である。かつて、陸上交通が発達していなかった昭和十年代まで沖縄本島北部の国頭山地の村落との交通はもっぱら海上交通に依存していた。帆船の「山原船」による交通である。国頭地方東海岸との交通基地として機能をはたしたのが与那原である。山林生産物を運搬する一方で、陸の孤島といわれる土地への日常雑貨や赤瓦を送りこんだ。短期間ながら、与那原には軽便鉄道の駅が立地し、地場産業の窯業との帆船交通基地として栄え、かつての漁村から与那原町として行政独立するようになった。

現在の与那原はかつての風景が消え、わずかに伝統産業としての窯業が残るのみで、那覇市の近郊都市としての機能をもつ地方都市に変貌している。

〈島袋伸三〉

人物ゆかりの地名

人物地名の来歴
部民・豪族地名の来歴
渡来・帰化人地名の来歴

人物地名の来歴

【青山《あおやま》】

東京都港区・渋谷区。徳川家康が江戸に入った頃、江戸の西部は広漠とした台地で、見渡すかぎり大草原であった。鷹狩りでこの方面にきた家康は、供をしていた青山忠茂に「わしの目の及ぶかぎりの土地をおまえにやる」と告げた。そこで青山は馬にまたがり、ハイヨウッと突っ走った。そして馬がへたばったあたりの木の枝に目印の紙を結んだ。家康は約束通り、そこまでの地を青山に与えた。

いまの赤坂から渋谷に至る土地で、全体を原宿《はらじゅく》といっていたが、以後「青山」と改めた。

【明智平《あけちだいら》】

栃木県日光市。天海僧上の命名という。一説によると天海は明智光秀の後身という。光秀＝天海は徳川家康に仕えて、寛永寺の開創など天台宗の興隆に努め、家康の死後は日光に東照宮を招致するなどして黒幕の名をほしいままにした。

こういう天海も臨終に当たり、明智の名を日光のどこかにとどめたいと思い、いろいろ物色した果て、日光でもっとも風光の美しいといわれるこの地に、明智の名を付したという。

【朝日村《あさひ》（現高山市）】

源頼朝に呼応して平家追討に立った朝日将軍（木曾義仲）は、萩原《はぎわら》（下呂市）・小坂（下呂市）と益田川沿いに北上して飛騨に入ったが、途中の要衝甲城山に一族の東《あずま》相模守父子を駐在させた。

東相模守父子は、甲城山に砦を築き、義仲滅亡後も、ここを朝日郷と名づけて、故主を偲んで暮らしたという。

旧朝日村は名のごとく美しい山の町である。白樺の原生林、鈴蘭の自生地のほか、レンゲ・ツツジ・福寿草の群落などがあって有名である。木曾義仲に関係のある地名では、小木曽《おぎそ》（高山市）もある。

義仲が一転して頼朝に憎まれ、源義経に討たれてのち、義仲の四人の遺児を連れた今井兼平《かねひら》の隠れ住んだところと伝えられる。義仲の遺児たちを里の人びとは小木曾殿と呼び、それがそのまま地名になったという。なお、兼平は小木曾に来る以前、もっと北部の山中に隠れ住んだといわれ、討手の目にびくびくする若殿たちを憐れんだ里の人びとは、ウルシを塗った木で垣を結いめぐらして、討手の目を避けさせようとしたところから、のちに、その村を垣内《かいとう》村といったという伝説もある。現に高山市に漆垣内町《うるしかいとうまち》がある。

東濃や飛騨には、平家の落武者による部落伝説が多いが、実はその半分くらいは、おなじ源氏ながら中途挫折した木曾氏一族にかかわるものと思われる。

【足利《あしかが》市】

栃木県。足利という地名は、豊城入《とよきいり》彦命《ひこのみこと》の五世の孫といわれる鹿我別《かがわけ》王の名に因んだもの。応神天皇のころ、鹿我別王は荒田別《あらたわけ》王とともに毛野の国に下り、鹿我別王はいまの足利地方を、荒田別王はいまの新田《にった》地方を治めた。

足鏡別《あしかがみわけ》王の治めたところの意ともいう。いずれにしても、この地を治めた別《わけ》という王族に因む地名らしい。ついでながら、毛野国の国庁は足利市南郊の県町《あがたちょう》付近にあったようである。この伝えは根強いものがある。

【足助町《あすけちょう》（現豊田市）】

南北朝の頃、南朝方について活躍した足助氏の拠点に因む地名だが、この地名もほかの多くの地名と同じように、姓氏を地名にしたのか、地名をとって豪族が足助氏を名乗ったのか不明である。足助氏の中では重範が名高く、後醍醐天皇の第二皇子平勝親王は重範を頼ってしばらくここにいた。父帝が京都に還御すると、親王が祈願した寺を平勝寺と改めた。元弘元年（一三三一）の時から重範は一貫して南朝のために戦い、笠置《かさぎ》山で奮戦したが、城が落ちたときに捕われ、京都六条河原で斬られた。

【安倍館町《あべたてちょう》】

盛岡市。古代みちのく安倍一族の根拠地だった地名。安倍一族は、岩手県北の安比《あっぴ》川付近から興った豪族。一一世紀半ば、安倍頼義は、奥六郡（胆沢《いざわ》、江刺《えさし》、和《わ》賀《が》、稗貫《ひえぬき》、志波《しは》、岩手郡）を支配していた。永承六年（一〇五一）、陸奥国司藤原登任《なりとう》と争い、前九年の役を起こし、陸奥守源頼義の追討を受けた。安倍一族は一二年間も政府軍と戦ったが、康平五年（一〇六二）ついに敗れ、一族は滅亡した。最後に立て籠ったのが、厨川《くりやがわ》の地にある安倍館である。現在、前九年《ぜんくねん》と並んで安倍館町がある。

【安中《あんなか》】

群馬県安中市。平維茂《これもち》の裔にして、箕輪城主長野信濃守業政《なりまさ》に属した安中越前守忠政が、永禄二年（一五五九）、群馬郡野尻を安中と改め、築城して安中城と称した。

忠政の子左近大夫忠成は、永禄六年二月、武田信玄が箕輪城攻めに来襲した際に投降し、所領安堵を保ちえたものの、天正五年（一五七七）長篠合戦で討死し、城郭は荒廃した。信玄の死後、忠成の子広盛は北条氏に属していたが、天正十八年、小田合戦に城を放棄して遁走した。

【石田町《いしだちょう》】

滋賀県長浜市。長浜市の東部、横山の山麓に石田町がある。ここに石田屋敷と称する広大な場所が石田氏の跡である。その出自は石田三成の出世後に作られたという説もあるが、この地の豪族として石田郷の名を名乗っていた。

屋敷跡は二町四方、「治部屋敷《じぶやしき》」と呼び、堀の一部が残っている。このあたりは、もと郷里荘《ごうり》（古里荘）と呼んでいた。石田氏の善政によって郷里荘や石田は繁栄した。

【伊集院町《いじゅういんちょう》（現日置市）】

平安朝の末期、『古今和歌集』を編み、また『土佐日記』を著わした紀貫之の血統をひく紀ノ文夫能成が、伊集院郡司となり、伊集院を姓としたのに始まる。のち七代つづいたが、清忠のとき滅んだ。

このあと、島津氏の一族久兼が伊集院氏と称し、七代熙久《ひろひさ》の宝徳二年（一四五〇）、守護島津忠国に攻められて滅亡し、島津本家が直接支配するに至った。一五代守護職島津貴久は、天文十四年（一五四五）から同十九年まで、三州支配の根拠地として、伊集院壱宇治《いちうじ》城を居城とした。

【伊豆殿堀《いずどのぼり》】

野火止《のびどめ》用水の別名。川越藩主松平伊豆守信綱《のぶつな》は、承応二年（一六五三）に野火《のび》止新田《どめしんでん》を開かせたが、飲料水にもこと欠き、むろん生産力も低かった。承応三年、玉川上水《たまがわじょうすい》完成の功により老中職にあった信綱は、そこで翌明暦元年（一六五五）、許可を得て家臣安松金右衛門《やすまつきんえもん》に命じ、玉川上水の分水に着手、現小平《こだいら》市小川地先で引き入れ、東北に流して埼玉県北足立郡に入り、新座《にいざ》市野火止を経て、志木《しき》市で新河岸川《しんがしがわ》に注ぐ全長約二キロの水路を開かせた。

この野火止用水の完成により、飲料と灌漑ともにその需要を満たし、乾村は豊潤な農耕地に変わった。寛文元年（一六六一）の新田検地では二千石の増収をみたといわれ、北武蔵の開発に大きな役割を果たした。後世信綱の余徳を偲んで、この用水を伊豆殿堀と称している。

【伊奈《いな》】

埼玉県北足立郡伊奈町、茨城県筑波郡伊奈村（現つくばみらい市）。関東入国後、徳川家康は伊奈備前守忠次（茨城県北足立郡に備前堤あり）、ついで忠次の長男忠政、二男忠治を任命し、民政にあたらせた。伊奈父子は、水利・新田開発・殖産興業に力を尽くし、徳川幕府財政の確立に貢献した。いずれの伊奈も、これら伊奈父子の偉業をたたえて地名としたものである。

〈この項、編集部〉

【伊能《いのう》】

千葉県成田市。天慶年間（九三八〜九四七）の平将門《まさかど》の乱のとき、官軍に属した伊能二郎《いのうじろう》が、戦功でこの地を賜わる。香取郡の中央、佐原《さわら》の西南部で大須賀《おおすが》荘の一角を占める。鎌倉時代、伊能景能《かげよし》が地頭のとき、源義経の奥州落ちに加担して追われたが、子孫の伊能式部《しきぶ》は古河《こが》公方《ぼう》北条成氏に属して先業を回復した。近世には、この一族が佐原で商業を興し、地理測量の先覚、忠敬《ただたか》を生んでいる。

【指宿《いぶすき》市】

鹿児島県。指宿と揖宿とは相似語で、誤って付けたものらしい。揖宿郡は、指宿五郎がこの地を支配したのに始まる。

指宿五郎は、「建久図田帖」によれば、下司忠元恵秀とあり、忠元は頴娃《えい》三郎忠長の弟らしい。指宿の大字西方《にしかた》松尾に指宿城を構えた。

島津元久に滅ぼされ、応永年間（一三九四～一四二八）、島津久豊のときに、肝付次郎三郎兼政が頴娃に移り、この地を合わせて八代つづいた。『和名抄』には、指宿を「以夫須岐」と注してある。

【上杉《うえすぎ》】

新潟県上越市。戦国時代、越後統一を完成した上杉謙信を尊敬し、それに因んで地名をつけたのが明治二十二年（一八八九）の町村制施行のとき。

高田平野の東部に位置するわずか面積一五・七平方キロの小村だったが、昭和三十年に隣村の里《さと》五十公野《いぎみの》、美守《ひだもり》と合併し、三和村（現上越市）となった。一部山地があるものの、大部分は平坦地で、水田が広がっている。

【宇治《うじ》】

京都府宇治市。「菟道《うじ》」「于遅」とも書くが、『山城国風土記』によると、第一五代応神天皇（誉田別尊《ほんだわけのみこと》）の皇子宇治稚《わき》郎子《いらつこ》（母は宮主宅媛《みやぬしやかひめ》）が桐原の日桁《ひげた》の宮を造られたところで、皇子に因んで地名がつけられたという。それまでは「許《こ》の国」と呼ばれていた。しかし『日本書紀』にはそれより早く菟道の名がみえ、一説には饒速日命《にぎはやひのみこと》を祖とする宇治宿禰《すくね》の居住地だったともいわれる。

なお、桐原日桁宮跡は、宇治川右岸にある宇治上《うじがみ》神社境内に当たると推定され、宇治七名水の一つになっている桐原水は、その宮に因んだもの。

【運玉森《うんたまもり》】

沖縄県中頭郡《なかがみ》西原町我謝《にしはらちょうがじゃ》。運玉森は、西原村と与那原町《よなばるちょう》の境界にある標高一五八メートルの山である。この山は、沖縄戦のとき、日米両軍が、死闘を繰り返したことでも有名だが、また、この山の名をいただく盗人も有名である。

いつの頃か分からないが、沖縄中にその名をとどろかした大盗人運玉義留《うんたまぎるう》がいた。彼は大名家や金持ちの家から金品を盗み、それを貧しい者たちに分け与えた。沖縄版「ねずみ小僧」である。義留は運玉森に住み、落葉の上を音を立てないように歩く訓練や、その他さまざまな忍びの術を自ら研究した。たとえば、池中にもぐり、細い管で呼吸をしたり、槍で太腿を刺されても着物の裾で槍の穂先の血をぬぐうほど沈着な男であったとか。運玉義留は、現在でも一般に親しまれた名前だが、ほんとうに実在した人物か、あるいは伝説上の人物か、はっきりしない。

【運天《うんてん》】

沖縄県国頭《くにがみ》郡今帰《なき》仁村《じんそん》。保元の乱（一一五六）で敗れ、伊豆大島に流刑中の鎮西八郎為朝《ためとも》が、遠く南島を志し船を乗り出した。ところが、ある夜、台風に襲われて、船人たちは大いに恐れ、右往左往した。そのとき為朝は「運は天に在り」と叫んで、おののいている人々を鎮めた。夜が明けると、船は、いつのまにか静かな湾内に入っていた。それ以来、この湾を「運天港」と呼ぶようになった——沖縄に伝わる為朝渡来の伝説である。

【大《おお》石町《いしちょう》】

滋賀県大津市。琵琶湖から瀬田《せた》川を下ること約六キロ、大津市大石町は周囲を山に包まれた別天地である。もと栗太《くりた》郡大石荘であり、この管理をしていたのが、「忠臣蔵」の大石内蔵助《くらのすけ》の祖先である。

ここは信楽《しがらき》・伊勢・伊賀方面への通路として交通上重要な位置を占めていた。大石関もあったところで、この土地で勢威を張ったのが大石氏であった。

【小《お》笠《がさ》原《わら》】

東京都小笠原村。東京からおよそ一〇〇〇キロのかなたにある太平洋上の諸島である。父島・母島・兄島・硫黄島などから成っている。

文禄二年（一五九三）、信州深志の城主小笠原貞頼がこの島を発見したので、小笠原諸島と名づけられた。昭和五十四年には、自治制が布かれるが、苦悩多い島である。平成二十三年、世界自然遺産に登録。

なお、勝海舟らの咸臨丸も船上の死者を埋めるため寄島している。

【息《おき》長《なが》村《むら》】

滋賀県坂田《さかた》郡近江《おうみ》町（現米原市）。坂田村と合体して近江町となった。古代近江の名族として栄えた息長氏の本拠。東国と北国への分岐点に当たるため、ここに勢力を持った。息長宿禰《すくね》の娘、息長足《たらし》姫尊《ひめのみこと》は仲哀天皇の妃となり、神功皇后となって三韓征伐するなど、古代の物語として知られている。息長族は大和朝廷と縁が深く、敦賀《つるが》を通じて大陸文化と交流した。

古代において高い文化と勢威を持っていた。息が長い、すなわち生命力の豊かさと、勢力の強さを示した名である。伊《い》吹《ぶき》山麓から琵琶湖のほとりにかけて、一大文化圏を持っていた。湖北の地に多くの遺跡と伝承を残している。

【織田《おだ》】

奈良県桜井市芝。織田信長の実弟有楽《うらく》斎《さい》が、関ヶ原の合戦に徳川方に与《くみ》し、功によって、家康から三万石を与えられたところ。織田村といったが、近年統合があり、桜井市芝となった。織田小学校などの名として残っている。

織田有楽斎は利休門下第一の茶人で、有楽流を創始し、京都建仁寺の正伝院に入って茶道を広めた。

【小野《おの》】

滋賀県滋賀郡志賀町《しが》（現大津市）。もと滋賀郡和邇村《わに》小野《おの》といい、小野妹子《おののいもこ》で知られた小野一族の地である。聖徳太子は百官の中から妹子を選んで遣隋大使とした。

妹子は渡航し、有名な国書を隋の煬帝《ようだい》に渡した。のち大徳冠に遇せられた。小野氏は敏達天皇の後裔であり、一族から文学者として有名な小野篁《たかむら》、道風《みちかぜ》、さらに下って小野小町が出ている。

【柿本《かきのもと》】

奈良県北葛城《きたかつらぎ》郡新庄《しんじょう》町（現葛城市）。柿本朝臣《あそん》人麻呂の出生地として、天理市櫟本《いちのもと》町とここがあげられるが、櫟本にはすでに柿本寺もないのに反し、この柿本山影現寺はいまもあり、人麻呂出生の支持者が多い。境内には大榎樹があり、これを人麻呂の古墳といっている。また、柿本一族は神道の一派で、のちに紀氏がこれを継承し、この柿本寺の開祖紀氏は、弘法大師の密法を開いてこの寺を守る、とある。

【主計町《しゅけいちょう》】

京都市上京区。加藤主計頭《かずえのかみ》清正は、幼少より豊臣秀吉に従い、軍功最も多かった。「朝鮮の虎退治」で有名である。その清正が居住していたといわれている。

【片倉《かたくら》】

福島県安達郡岩代《いわしろ》町（現二本松市）上《かみ》長折《ながおり》。伊達家の重臣片倉小十郎景綱《かげつな》の屋敷跡。伊達家の重臣・宿老と称される人々のほとんどは、たとえば桑折《こおり》氏は鎌倉時代、小梁川《こやながわ》氏は室町時代、伊達氏から分かれた庶流であり、国分・留守・亘理《わたり》といった諸氏も、それぞれ一家一門に列せられる人々だが、片倉景綱のみは、その中にあって一種別格扱いにされた人物である。

景綱は、米沢在、成島八幡宮の宮司、片倉式部の次男だったが、城主伊達輝宗に召し出され、二十歳そこそこで、幼かった政宗の傅人《めのと》つまり御養育掛として近侍し、伊達政宗の人間的な、また武将としての成長に大きな影響を与え、終世、よき相談役として仕えた。

【勘十郎堀《かんじゅうろうぼり》】

茨城県東茨城郡。宝永四年（一七〇七）、水戸藩が財政難打開の一策として、浪人事業家、松波勘十郎《まつなみかんじゅうろう》に起工せしめた運河。涸沼《ひぬま》の南西岸の海老沢《えびさわ》から巴川《ともえがわ》べりの紅葉《もみじ》まで、約八キロに及ぶ。

松波は、この運河の開削で、東北諸藩と江戸との商品流通の便を図り、かつ、通行税などによる藩の増収を図った。が、労役に駆り出した農民を酷使したため、大一揆を惹起し、工事は中止となり、のち松波は水戸藩の獄につながれ、悲運な獄死を遂げた。

人物

【関《かん》白《ぱく》】

栃木県河内《かわち》郡上河内《かみかわち》村(現宇都宮市)。関白獅子舞で知られる関白地区には、藤原利仁《としひと》伝説がある。伝えによると、この地を訪れた利仁は、悪疫になやむ村人のために、病魔退散の獅子舞を伝授したという。以来、関白では季節になると獅子舞を演じて、悪疫を払う。事の真偽はわからないが、関白という地名は利仁に因むものらしい。下野《しもつけ》にはこのほか、今市などにも関白流獅子舞が伝わり、これらの獅子舞は下野らしい年中行事の一つになっている。

【吉《きち》次《じ》内《うち》】

栃木県下都賀《しもつが》郡壬生《みぶ》町上稲葉。奥州平泉の藤原氏を頼って都落ちした源義経を追って、陸奥を目指す金売り吉次は、この地で病いにかかり、薬石効なく他界した。水田のかたわらに吉次の墓という丸石がたたずんでいる。このあたりの地名の吉次内は、これによるものと伝えられている。

上稲葉には不思議な事物が多く、古屋敷には和泉式部が「心なき人に見せばや下野の　いなばの里の親だきの松」と詠んだ親抱きの松という名木があった。

【吉《き》良《ら》町《ちょう》】

愛知県幡豆《はず》郡。吉良上野介《こうずけのすけ》、あるいは吉良の仁吉などで有名な町だが、地名は上野介の祖吉良氏の領地だったことに因む。吉良氏は足利氏の流れを汲む名族で、鎌倉時代、義氏のときにこの地に城を築いて(西条城)吉良姓を名乗った。地名のほうが早かったようである。その子長氏の次男国氏が、西条城から一・五キロほどの地に拠点を構え、地名を名乗ったのが吉良氏の興り。

吉良は矢作《やはぎ》川の川口に当たる一帯で、吉良氏は製塩に力を入れ、この塩の争いから、同じく製塩に力を入れていた播州赤穂《あこう》の浅野家との間に起こったのが忠臣蔵事件ともいわれる。

なお、三河国の「みかわ」は御川・美河の意であり、矢作川をさすという。

【草《くさ》壁《かべ》本《ほん》町《まち》】

香川県小豆島《しょうど》町。小豆島は天武天皇の第一皇子草壁皇子の御名代地と定められ、草壁村はその由緒により村名としたと伝えられる(『小豆島風土記』)。すなわち、草壁皇子の名が地名となったという。

【楠町《くすのきちょう》】

神戸市中央区。建武三年(一三三六)五月二十五日、湊川《みなとがわ》合戦において楠木正成戦死。

正成を祀る湊川神社を中心に楠町、橘通《たちばなどおり》(正成の姓氏が橘だと伝えられる)、多聞《たもん》通(正成の幼名を多聞丸といったという)などの町名がつけられている。また旧湊川筋(新開地通)には湊川公園が設けられ、正成の銅像が建てられるなど、神戸と楠公史跡との関係には深いものがある。

【熊谷市《くまがや》】

鎌倉時代の武将、熊谷《くまがい》次郎直実ゆかりの地として知られる。その居館に建てられたのが熊谷《ゆうこく》寺という。熊谷氏は武蔵七党私市《きさい》党の系譜で、直実は直貞《なおさだ》の次子。久下《くげ》直光《なおみつ》の代官として京都大番を勤めたが、無断で平知盛《とももり》に仕官、ために直光の怒りをかって所領熊谷郷を奪われる。石橋山の戦いには平家に味方して源頼朝を攻めたが、のち源頼朝に従い、佐竹《さたけ》氏討伐に偉功を立て旧領を安堵された。一の谷戦に先陣をつとめ、平敦盛《あつもり》を討ったが、その最期に深く感じ入り、高野山に熊谷寺を建てて菩提を弔った。建久三年（一一九二）、久下直光と所領を争い、答弁の不手際から頼朝に疑われたことに憤慨し、出奔して京都へ行き、法然《ほうねん》の弟子となって蓮生坊《れんしょうぼう》と名乗った。同五年、熊谷館の草庵で念仏行者として修行に励む。承元二年（一二〇八）九月十四日、死期を予告して念仏大往生を遂げた。

【黒田《くろだ》】

滋賀県伊香《いか》郡木之本《きのもと》町（現長浜市）。江戸時代、筑前福岡で五十二万石を領した黒田氏は、近江から出ている。佐々木十一代信綱の四男氏信から出て、その子満信の次男宗満が、鎌倉時代の末、賤ヶ岳《しずたけ》の東側、黒田に住み、黒田判官と称した。

黒田には居館跡があり、子孫の手によって旧縁の地の碑が建てられている。山手に黒田氏の墓と伝えられる一族の墓がある。黒田氏はこのあたりの開拓を進め、善政を布いたため、繁栄したという。ここは谷口集落であり、北国街道沿いにあるため、その抑えとしても主要な地であった。黒田氏はのち備前へ、ついで福岡へ移って行った。

【慶喜温泉《けいきおんせん》】

北海道檜山《ひやま》郡江差《えさし》町。幕末期の松前藩家老蠣崎《かきざき》某は、江戸において一五代将軍徳川慶喜《よしのぶ》より、松の苗一本を拝領、国元に持ち帰り、当地に植えた。明暦年間（一六五五〜五八）に発見されていた当温泉は、以後、慶喜温泉と呼称されるようになったと伝えられる。別名、五厘沢《ごりんざわ》温泉。

【謙信平《けんしんだいら》】

栃木県下都賀郡大平《おおひら》町（現栃木市）。謙信平は太平山県立自然公園の一角にある地名。そのむかし、上杉謙信は数千の軍兵を率いて下野に入り、太平山中腹の大中寺で宿営した。そのとき兵馬の調練を行ったのが、この謙信平という。鎌信《かまのぶ》平の別称もあるから、謙信調練の挿話は単なる伝説かもしれない。それにしても、謙信平からのぞむ水田地帯は「陸の松島」にふさわしい景観である。太平山の山頂には太平山神社、中腹には大中寺がある。

【勾当台《こうとうだい》】

仙台市。次の物語が地名起源と伝えられている。「勾当政一」は花村氏、仙台の人、盲人にして機智に富めり、政宗公の入府せらるゝや、一日出て府内を巡見せられしに、一盲人の路傍に拝跪するあり、公見て其の名を問はる、盲人直に曰く、

名に一字ちがひありとてことごとし　君は政宗　われは政一

公、其の当意即妙を賞揚せらる」

伊達政宗は、城中に召し出して紗布を与え、検校・別当に次ぐ盲人の官位「勾当」に列したという。花村勾当が、明暦二年（一六五六）まで住んだ屋敷跡の高台は、勾当台《こうとうだい》と呼ばれ、ここへ移った藩学養賢堂は維新後、一時、仙台県庁舎に当てられた。

現在は、宮城県庁、国の出先機関の合同庁舎、および市民の憩いの場「勾当台公園」がある。

【香林坊橋《こうりんぼうばし》】

金沢市。総構《そうがまえ》の濠にかかる小橋の名。前田利家入城の頃、浪人向田《むこだ》兵衛《ひょうえ》という者が、町人となってこのあたりに住んでいたが、比叡山の僧であった香林坊が、還俗《げんぞく》して同家へ入婿し、以来、家名を香林坊と改め、代々、町年寄を勤めたので、その小橋は香林坊の名で呼ばれた。

なお、小橋近くに高野山の宿坊、光林坊があり、のち藩侯の諱《いみな》を避け、光を香に改めたという説がある。別に、小橋天神の社僧道安《どうあん》の名により、道安橋ともいい、藩政期には橋番所があった。

現在は、一帯を単に香林坊と呼び、金沢の繁華街の中心になっている。

【小堀町《こぼりちょう》】

滋賀県長浜市。近江が生んだ大文化人といえる小堀遠州《えんしゅう》は、ここに生まれた。父の政次《まさつぐ》は浅井氏の家臣であり、先祖はこのあたりの豪族であったらしい。いま、「小堀屋敷跡碑」がある。浅井町《あざいちょう》の小室《こむろ》に城があり、近くの上野《うわの》に菩提寺孤篷庵があって、一族の墓が並んでいる。

【権太坂《ごんたざか》】

横浜市保土ヶ谷区。坂の名称であると同時に町名でもある。戦後の改修でなだらかな坂となり、付近は住宅街となったが、江戸時代には東海道の難所の一つ。保土ヶ谷宿を出て西に向かうと、戸塚宿までに一番坂・二番坂・信濃《しなの》坂と三つの急坂があった。一番坂の俗称が権太坂。旅人が耳の遠い農夫に坂の名を訊いたところ、「おら権太だ」と答えたからとの伝説があるが、実は、万治二年（一六五九）に一番坂の改修工事を担当した藤田権左衛門の名に因み、権左《ごんざ》坂と呼ばれたものの転訛。

【雑賀町《さいかまち》】

和歌山市。豊臣秀吉の紀州攻めの後、雑賀《さいか》孫市《まごいち》の棟梁する雑賀と二六ヶ村の本拠。妙見山城の城下町の民家を移したので、この町名がある。

雑賀ゆかりの地名は、新宮《しんぐう》市、串本《くしもと》町《ちょう》などにもある。和歌山市では雑賀道《さいかみち》、南雑賀町《みなみさいかまち》、新雑賀町《しんさいかまち》、小雑賀《こさいか》、雑賀崎《さいかさき》、

雑賀山、雑賀川などが現存する。

【西行谷《さいぎようだに》】

三重県伊勢市五十鈴公園。治承四年（一一八〇）、西行法師が六十三歳のとき、行脚してきて、草堂を結んで隠棲したところといわれ、その妻ものちにここに尼となって身を終え、のち代々尼僧の住持となったが、明治維新後、廃寺となった。連歌師宗長、俳聖芭蕉などが歴訪。

【西行峠《さいぎようとうげ》】

山梨県南巨摩《みなみこま》郡富沢《とみざわ》町。昔、西行法師が駿河から甲斐に入ろうとし、この峠で一人の木こりに会い、甲斐にも歌よみがいるのか、と問うと、木こりは即座に自分の詠んだ一首を示した。

「いきっちな（行く時）つぼみし花がきっちなに（帰る時）ぶっ開いたる桶とじ（桜）の花」

木こりでさえこれほどに詠むのか、と驚いて引き返した。以来、西行峠と呼んだという。

【佐々木町《ささきちょう》】

高知市。佐々木高行《たかゆき》が若い頃に住んでいたので町名となった。

高行は通称を三四郎といい、幕末に活躍し、維新後は参議・司法大輔・宮中顧問官となったが、ここにいた頃は、三文以上の味噌も買えないので「佐々木の三文味噌」といわれ、二畳に十一人が住んでいたという貧乏ぶりであった。明治四十三年（一九一〇）に没。八十一歳。

【佐世保《させぼ》市】

長崎県。サセホと読む人も多いが、元来は中世の豪族差布《さしぶ》氏から来ていることを思えば、サセボが正しい。佐世保は領主名が地名となったきわめてまれな例である。

一般に肥前では、そこを支配した権力者の姓氏が地名とならず、地名が支配者の姓となる場合が多い。廃藩置県までこの地は平戸《ひらど》藩に属する人口約八百の寒村にすぎなかった。鎌倉時代に書かれた「正慶乱離《しょうけいらんり》志《し》裏《うら》文書」に見える差布源三郎は、のちの佐世保氏のことと思われる。

【左《さ》内町《ないちょう》】

福井市。左内とはいうまでもなく幕末の志士、橋本左《はしもとさ》内《ない》のこと。安政の大獄によって安政六年（一八五九）十月七日、わずか二十四歳余の若さで処刑された。遺体は最初、江戸の小塚原《こづかっぱら》に埋められたが、のちに福井に移葬された。

墓は明治十年、弟の橋本綱維《つなこれ》により花崗岩で、橋本家墓地に建てられた。福井では郷土の先覚者として橋本左内を敬慕する運動が跡を絶たず、戦前も銅像を足《あす》羽山《わやま》に建てたが、金属供出で破壊され、戦後再び建立された。

空襲と地震で福井市は二度壊滅したが、都市計画によって橋本家墓地に隣接して左内公園をつくり、そこに左内の銅像を建て、付近一帯を左内町と命名して遺徳を偲んでいる。

【真田町《さなだまち》】

長野県上田市。菅平《すがだいら》高原、鹿沢温泉郷などをひかえ、観光の町として近年とみにクローズ・アップされてきている。周知のように、戦国の雄、真田昌幸・信繁（幸村）父子を送り出した土地である。町内に残る長谷寺の開基は真田弾正幸隆であり、真田氏が江戸時代、松代《まつしろ》に転封されるや、真田氏の菩提所として松代に移る。

【紫竹牛若町《しちくうしわかちょう》】

京都市北区。源義経（牛若丸）は鎌倉時代の武将で、源義朝の第九子である。母は九条院雑仕《ぞうし》で、常盤《ときわ》という。平治の乱以来、平氏の追及が急であったため、七歳のとき鞍馬《くらま》寺に入ったが、このときにこの紫竹の地を通った故事による。

【渋谷《しぶや》】

東京都渋谷区。都内にかなり残っている坂東平氏系支族の名に因む地名のひとつである。渋谷氏は秩父平氏の流れを汲む。特に源義朝の侍童をつとめていた渋谷金王丸は豪勇の誉れ高く、現在も金王八幡として渋谷区に残っている。江戸時代、武家の尊崇が厚く、徳川家からも信仰された。中世の頃は草深い里だったが、江戸時代には八幡社の桜は金王桜と呼ばれ、江戸市民の慰楽の場所であった。

【俊成町《しゅんぜいちょう》】

京都市下京区。藤原俊成は平安末期の歌人で、『千載和歌集』の撰者。その歌風は清新にして温雅で万葉・古今に対峙する特色を有する。九十一歳の天寿を全《まっと》うした。この地に俊成が居住していたといわれる。

【常安町《じょうあんちょう》】

大阪市北区。山城国岡本の荘の出身で、天正（一五七三～九二）の頃、大坂に来て上方を代表する豪商にのし上がった淀屋初代常安ゆかりの町名。常安は中之島をひらいたその功により幕府から邸を与えられた。常安が開発した常安請所が、のち常安町となる。このあたりは諸国大名の蔵屋敷や藩邸が多く、芸州広島藩、播州明石藩、姫路藩の藩邸や肥後熊本、宇土、筑後柳河、豊前中津、豊後杵築、讃岐高松、丸亀、阿波徳島、伊予今治、周防岩国、播州竜野、宍粟《しそう》、越後村上など、諸藩の蔵屋敷が建ち並んでいた。常安ゆかりのものに常安橋、常安橋筋（現なにわ筋）の名がいまも遺っている。

【徐福《じょふく》】

和歌山県新宮市。不老不死の霊薬をもとめ、海濤三千里を越えてこの地に来たと伝えられる秦《しん》の始皇帝《しこうてい》の使者、徐福《じょふく》に由来する町名。

方士《ほうし》徐福は斉の人。始皇帝の三十七年（前二一〇）、命を受けて数千の童男童女と五穀・金銀珠玉を積み、東方の蓬萊山に向かって出帆、ついに帰らなかったと『史記』秦始皇帝紀にある。

渤海《ぼっかい》湾を出た徐福が熊野に漂着したという伝説があり、新宮市には紀州藩祖徳川頼宣が建てた徐福の墓もある。この地に土着した徐福は、農耕・漁業・紙漉き（徐福紙）や捕鯨など、さまざまな技術を伝え残したといわれている。

【心斎橋《しんさいばし》】

大阪市南区。心斎橋の由来は大まかにみて五説ある。

その一は、江戸時代の初期、伏見町人の岡田新三、のち美濃屋新三心斎という者が、長堀川が掘られたとき架けた、と『心斎橋記』に伝える。この心斎が長堀川南岸に住み、心斎町ができたともいう。

その二は、延宝元年（一六七三）、北組の惣年寄の大塚新左衛門こと大塚心斎が架けた橋だという。また、この大塚新左衛門心斎は、惣年寄ではなくして医師で、万治・寛文（一六五八〜七三）の頃の者だとする説もある。『大阪市史』では、これが大塚鉄斎ということになっている。

その三は、心斎という茶人がこの橋の近所に住んでいたからという説。

その四は、朝鮮と交易していた頃、この付近に新羅《しらぎ》の船が着いたことから新羅《しんら》町が出現し、それが転訛して心斎町になったとする説。

その五は、近松門左衛門の「冥途の飛脚」で有名な亀屋忠兵衛の墓だというのが千日前《せんにちまえ》竹林寺にあり、それに「釈心斎」とあることから、そこに何かの由縁《ゆかり》があって名づけられたとする説。

しかし、心斎という名は、それほど特異な名ではない。心斎という個人に結びつけようとするには、少し無理があるようである。

【陶《すえ》】

山口市。古墳時代には製陶の地だったので、この名がある。ここは大内氏の武臣陶氏の所領となり、二ヶ所にその屋敷跡と思われるものが発見された。陶氏は大内氏の末流なので、この地を受領後、陶姓を名乗ったのであろう。

やがて陶隆房《たかふさ》（晴賢《はるかた》）は、反乱を起こして主家を滅亡させ、また、みずからも毛利元就に滅ぼされた。

【菅原町《すがはらちょう》】

大阪市北区。菅原道真《みちざね》に因んだ町名。天神祭で有名な道真を祀る天満天神の南にある乾物問屋街。

菅原町の名が現われるのは宝暦（一七五一〜六四）の頃。この菅原町の南通りは戦災をまぬがれ、天神橋までのあいだは、古い大阪の面影を遺した乾物商の土蔵や倉庫などが残っている。ここでは乾物のほか干魚や鰹節・昆布などの四十物《あいもの》も扱っている店が多い。

【杉阪道風町《すぎさかとうふうちょう》】

京都市北区。小野道風《みちかぜ》は平安朝書道の名家。大宰大弐葛弦の子で、小野篁《たかむら》の

人物

孫である。寛平六年（八九四）、尾張国に生まれ、官は正四位下内蔵権頭に至った。三蹟の一人で、その書を野蹟、または賢蹟と称する。醍醐《だいご》、朱雀《すざく》、村上の三朝に歴仕した。その書風を顕彰して、杉坂の地に道風神社があるため、通称を道風町という。

【晴《せい》明《めい》町】

京都市上京区。安倍晴明は、平安時代の陰陽師・天文博士。延喜二十一年（九二一）頃、讃岐国香之東郡井原の庄人として生まれる。天武朝の功臣、右大臣阿《あ》倍御《べのみ》主人《うし》七世の孫。『山州名跡志』によると、晴明の塚は初め、宮川町の西、鴨川東岸にあったが、晴明の居所の地（現在地）に晴明の霊神を祀り、九月二十六日を例祭とした。

【曾《そ》我《が》町《ちょう》】

奈良県橿原市。武内宿禰《たけしうちのすくね》には、巨勢《こせ》・葛城《かつらぎ》・平群《へぐり》・蘇我《そが》などの男子があったが、最も栄えたのが蘇我で、馬子《うまこ》の時代である。崇峻天皇を暗殺したともいわれ、次の推古女帝になったとき、「葛城の地は、わがうぶすなの土地ゆえ賜わりたし」といったというほど横暴を極めた。子の蝦夷《えみし》になると、聖徳太子の子山背《やましろ》王をしりぞけて、田村皇子（舒明天皇）を即位させた。その子入鹿《いるか》になると、わが身を王と呼び、葛城の高宮に祖廟を造り甘檮《あまかし》の丘《おか》を造るといった状態だった。中大兄皇子・藤原鎌足によるクーデタ成功により蘇我氏は滅んだ。

【太《たい》子《し》町《ちょう》】

兵庫県揖保《いぼ》郡。太子町にある斑鳩《はんきゅう》寺は、播磨では屈指の寺院である。推古天皇の御代（五九二〜六二八）、聖徳太子によって開創された。その聖徳太子から太子町の町名が生まれた。

なお、大阪府南河内郡太子町は、聖徳太子磯長陵に因む。

【鷹《たか》峯《がみね》光《こう》悦《えつ》町《ちょう》】

京都市北区。本阿弥《ほんあみ》光悦は、桃山文化を代表する巨匠で、刀鍛冶および書家・画家でもあった。幼名は次郎三郎、長じて光悦といい、自得斎、徳友斎、太虚庵と号した。父光二は、本阿弥七世光心の養子であったが、のちに別家したから光悦はこの家の二世である。光悦は父光二以来、前田侯から二百石の俸を受け、世襲の相剣業のかたわら諸芸に精進し、元和元年（一六一五）、五十八歳のとき徳川家から現在地を賜わり、一大芸術村とした。

【高《たか》島《しま》平《だいら》】

東京都板橋区。徳川時代は将軍家狩猟地で、旧称は徳丸ヶ原。高島秋帆がここで洋式砲の大演習を行ったことから、のち高島平と名づけた。現在、高島平団地として宅地化された。〈この項、編集部〉

【高《たか》島《しま》町《ちょう》】

横浜市西区。高島易断の創始者で実業家の高島嘉右衛門が、ガス事業・京浜間鉄道敷設の目的で、この土地を埋め立て、開発したことによる。〈この項、編集部〉

【高《たか》田《だの》馬《ば》場《ば》】

東京都新宿区。高田という地名と馬場という地名が合成された地名で、名の起こった時代も違う。

まず、高田の方は、慶長年間（一五九六〜一六一五）、松平忠輝の母で「高田の君」と呼ばれた茶阿局《ちゃあのつぼね》の屋敷があったので、この地にその名がついた。

その後、寛永年間（一六二四〜四四）に幕府の馬場が造られたので、合体して高田馬場となったという。

【高《たか》見《み》町《ちょう》】

高知市。延喜元年（九〇一）、菅原道真が失脚して九州へ流されたとき、長子の高視《たかみ》も土佐権守《ごんのかみ》に貶《へん》されて、この地に住んでいたので、高見と呼ばれるようになったと伝えられている。高視は、延喜六年に許《ゆる》され、京都にかえり、同十二年に三十八歳で没した。

【武《たけ》田《だ》】

山梨県韮崎《にらさき》市神山《かみやま》町。武河《むかわ》（川）荘武田、地名は日本武尊《やまとたけるのみこと》の子武田王《たけだのきみ》に基づくという。

治承四年（一一八〇）十月二十日、富士川の合戦で、平家の大軍を、水鳥が一斉に飛び立つ羽音で走らせ、源氏に大勝をもたらす因をつくった、甲斐源氏逸見《へみ》太郎信義が、その年、甲斐守護職に任ぜられるとともに、武田に館を構え、それ以来、武田太郎信義と称するようになった。武田信玄の祖である。

武田には「お屋敷」「お旗屋敷」「神酒部屋」「的場」「金精水」「具足沢」などの地名が残っている。

【伊《だ》達《て》市《し》】

北海道にある地名。明治三年、戊辰戦争で敗れた伊達支藩亘理《わたり》藩の旧藩主伊達邦成が家臣を率いて入植、苦難のすえ開発に成功した。その藩主名をとって地名とした。〈この項、編集部〉

【知《ち》覧《らん》町《ちょう》】

鹿児島県川辺郡（現南九州市）。後鳥羽天皇の頃、知覧四郎忠信が郡司として入ったことによる。知覧氏は島津四代忠信の三男、佐多忠光の代に戦って滅ぼされ、以来二十二代、五六三年の長さにわたって佐多氏が統治した。

一説には、知覧という地名は、神代に発し、照晃《てらみ》がなまったものともいわれる。

【天《てん》神《じん》橋《ばし》】

大阪市北区。天満《てんま》天神、つまり菅原道真に由来する町名。天神橋の北端が天満天神（天満宮）の表門に接しているところからこの名が出た。

文禄三年（一五九四）に架けられた六十五丈の長い橋も、元は名無し橋であったが、こうした由緒のため、いつか天神橋と呼ばれるようになり、庶民から親しまれ、わらべ歌にも「天神橋や高いな、落ちたら怖いな」とうたわれるようになった。菅原道真を祀る「天満大自在天神」は、文字と詩歌の神であり、また雷と牛に象徴される農耕神でもある。

【道灌山《どうかんやま》】

東京都荒川区。太田道灌が江戸城の出城として砦を築いたので、この地名が起こったというが、地域的には江戸内でも風光の美しいところで、戦争のにおいよりも、むしろ詩や絵画の素材になるところであった。したがって、道灌も太田道灌でなく、この地にいた関小次郎が出家して道灌と号して居を構えたことによるという説もある。

【道玄坂《どうげんざか》】

東京都渋谷区。建保元年（一二一三）に和田義盛が源頼朝に滅ぼされたとき、その一族である大和田太郎道玄がこのあたりまで逃げてきて住んだという。そのころ渋谷一帯はまったくの草深い丘や谷であった。道玄は山賊になったというが、僧であったという説もある。

【徳川《とくがわ》】

群馬県新田郡尾島町《おじま》（現太田市）。八幡太郎源義家の孫、新田義重の四男義季の住地。義季は通称得川四郎と称し、徳川・世良田家などの祖となる。鎌倉将軍源頼朝に属し、承久三年（一二二一）には臨済宗の名僧栄朝を招いて世良田の地に長楽寺を開基。おのれも出家して栄勇と称した。

【徳川町《とくがわちょう》】

名古屋市東区。いうまでもなく徳川家康の弟九子義直が開いた尾張徳川家に因む地名である。徳川園と呼ばれる記念園には、徳川ゆかりの美術館ほか美しい庭園があるが、ここは家老の成瀬隼人正《なるせはやとのしょう》の屋敷跡だといわれる。八代将軍吉宗のときの藩主は徳川宗春だったが、宗春は文化政策に特異な情熱を注ぎ、半ば公然と紀州から入った吉宗に対抗した。尾張徳川こそ御三家の筆頭だという気概があったのかもしれない。そういう宗春の方針が幕府の気にさわらぬはずはなく、退隠させられた。

【中島町《なかじまちょう》】

北海道函館市。明治二年（一八六九）、箱館戦争に際し、旧幕臣中島三郎助、およびその子の恒太郎・英次郎は、この地にあった津軽陣屋において明治政府軍に抗戦、三名ともに戦死した。その勇戦ぶりをたたえるため新たにここを中島町と命名。なお中島は、嘉永六年（一八五三）ペリー来航に際し、浦賀奉行与力として最初に交渉に当たった人。

【名《な》護《ご》屋《や》】

佐賀県東松浦郡鎮西《ちんぜい》町（現唐津市）。古くは、松浦党に属する名護屋氏が代々この地を領して、名護屋村といったのが、打上《うちあげ》村と合併して鎮西町となった。

太閤秀吉の朝鮮出兵に際して、大本営ともいうべき、名護屋城が築城されたが、その折り、領主名護屋越前守経述《つねのぶ》が、築城の場所として、自分の居城のある垣副《かきぞえ》山を城ごと提供した。

秀吉の名護屋在陣中、経述の妹は秀吉の妾となり、広沢《ひろさわ》の局《つぼね》と呼ばれたが、秀吉の死後、彼女が山里曲輪《くるわ》の跡に建立したのが、大蘇鉄で名高い広沢寺である。

城跡は、石垣と礎石ばかりが残っている。本丸跡には、青木月斗《げっと》の句碑がある。

「太閤が睨みし海の霞かな」

【名《な》和《わ》】

鳥取県西伯郡名和町。むかしは奈和《なわ》荘といい、のちに名和荘の豪族名和長年《ながとし》一族が、隠岐を脱出した後醍醐天皇を迎えて船上山《せんじょうさん》に勤皇の旗を挙げた話は有名。

長年は、天皇を守る三木一草（結城《ゆうき》、名和＝伯耆《ほうき》、楠木《くすのき》、千種《ちぐさ》）のうちに加えられるが、足利尊氏の反撃にあい、京都で討死した。名和町には名和神社や名和邸跡碑がある。

【南《なん》部《ぶ》】

青森県の東部、岩手県北部など。津軽と同じく陸奥国に属し、一時、平泉藤原氏の勢力下にあった。鎌倉幕府が支配した頃から、岩手県北を含んで「糠部《ぬかのぶ》」と呼ばれたが、南北朝以降、江戸期終末まで、南部氏一族が領有したために「南部」と呼称された。南部氏は、武田氏と同じ甲斐源氏。清和源氏新羅《しんら》三郎源義光の玄孫であり、甲斐国（山梨県）南部郷を領した三郎光行《みつゆき》を始祖とする。平泉攻めの功により、光行が糠部を賜わって北奥を長期支配する端緒にしたと伝承されるが、子孫は南部・津軽に散らばり、それぞれ居住する地名を姓とした。

【西《にし》道《どう》頓《とん》堀《ぼり》通《どおり》】

大阪市西区。道頓堀は豊臣秀吉の頃、河内久宝寺《きゅうほうじ》（八尾市）の安井道頓が、従弟の九兵衛とともに、私財をなげうって開削した堀川で、工事半ばで大坂の陣が起こったため、道頓は入城、豊臣家と運命をともにしたという。時に道頓八十余歳。道頓の死後、道卜《どうぼく》によって工事が再開され、元和元年（一六一五）完成する。

新堀が竣工したとき、大坂城主の松平忠明は亡き道頓の志をあわれみ、この堀を道頓堀と名づけ、道卜を惣年寄に任じた。道卜は、秀吉時代に賑わった勘四郎町の芝居小屋をこの地に移し、現在につづくミナミの繁栄の基を築いた。

江戸初期、この界隈の町名はいずれも道頓堀の名を冠していた。道頓堀宗右衛門町、道頓堀九郎右衛門町、道頓堀吉右衛門町、道頓堀塗師屋町、道頓堀笠屋町などと呼んでいたが、いまは肝心のミナミに道頓堀と名づけられた町名は一つもない。

【西《にし》ノ京《きょう》小《こ》堀《ぼり》町《ちょう》】

京都市中京区。小堀遠州は作庭家でもあったが、初め豊臣秀吉に、のち徳川家康に仕え近江小室《こむろ》一万石を賜わり、遠江守に任ぜられた。この間、駿府城、伏見城、大坂城、二条城などの作事奉行として功があった。二条城の作事のとき、この地に居住したといわれている。

【如《にょ》水《すい》町《ちょう》】

京都市上京区。黒田孝高《よしたか》は豊臣時代の武将。官兵衛といい、また勘解由と称し、入道して如水《じょすい》と号する。名字も初めは小寺といったが、のち黒田と改めた。この地に黒田如水の邸があったのが地名の起こりである。

【額《ぬか》田《た》部《べ》北《きた》・南《みなみ》町《まち》】

奈良県大和郡山市。額田部とは、古来、田園工事を司る職部で、一族に額田部槻本首《つきのもとふびと》、額田部湯坐連《ゆえのむらじ》、額田姫王《ひめのおおきみ》などがある。額田姫王は、美貌と万葉の歌で有名。姫王は斎明女帝にその巫女的な能力を認められ、大海人《おおあま》皇子と結ばれ、十市皇女を生んだ。

【梅《ばい》香《こう》】

水戸市。中世、常陸《ひたち》四豪族（大掾《だいじょう》家、結城《ゆうき》家、佐竹《さたけ》家、八田《はった》家）の一つ、といわれた佐竹氏の家臣に、岡本禅哲《おかもとぜんてつ》という風流人がいた。禅哲はことに梅の花を愛し、佐竹氏が太田《おおた》城に拠る頃、自邸に数十本の梅樹を植え、自ら梅香斎《ばいこうさい》と号した。

その後、佐竹氏が水戸城に移るにおよび、梅香斎もこれに従い、城下の屋敷に、また多くの梅樹を栽培したことから、その住居跡あたりを、彼の号に因んで町名とした。

【支《はせ》倉《くら》町《まち》】

仙台市青葉区。「支倉氏の邸ありしより呼べるなり」が町名の起源と伝えられている。

伊達朝宗《ともむね》の臣伊藤丹後守久成は、「文治の役に先陣となりて大に功あり、田五百余町を信夫郡山口、伊達郡梁川、柴田郡支倉に賜ふ、建久三年（一一九二）、朝宗の嫡子義博命じて支倉氏を称せしむ」と伝えている。

久成一二世の孫時正は、支倉邑主として一二〇〇石を領し、弟の子常長（のちの遣欧使節）を養子に迎えたが、政宗の命によって、家禄は実子の紀伊と常長が折半して継承するに至った。

【蜂《はち》須《す》賀《か》】

愛知県あま市。豊臣秀吉がまだ日吉丸といっていた放浪少年の頃知り合った野盗、蜂須賀小六の生誕地に因んでつけられた地名。小六は墨俣《すのまた》築城にも力量を発揮し、のちに四国の大名にまでなった。この地には生誕地だけでなく、かれの菩提寺である蓮華寺もある。

【はりまや町《ちょう》】

高知市新堀地区。藩政時代の初期に、播磨屋宗徳という豪商が住んでいた。そして、その後も同家がここにいて、町年寄などをつとめていたりしたので、屋号が町の名となった。

また、播磨屋橋《はりまやばし》は、播磨屋宗徳と堀をへだてて櫃屋道清《ひつやどうせい》が藩政初期に住んでいて、この二軒の豪商はその間に橋を私設して往来していたが、のちにその屋敷地が町家となると、橋は官営となり、名称はそのまま遺った。僧純信がこの橋畔で、愛人お馬に簪《かんざし》を買ってやったことで名高くなった。

【蕃山町《ばんざんちょう》】

岡山市北区。もとは城の外堀に面して西中山下と呼ばれていたところである。熊沢蕃山に縁のある藩学校があった土地なので、この名が付いている。明治以後も女子師範学校の一部として使用されていた講堂や校門は戦災で焼失、いまは伴《はん》池《ち》とそれにかかる石橋だけが、史跡として遺っている。学校や教会の立つこの地区は、都会とは思えぬ静かな一角である。

【東中富《ひがしなかとみ》】

徳島県板野《いたの》郡藍住《あいずみ》町。古書に「中臣」また「中留」につくる。『新撰姓氏録』の右京未定姓の部に「中臣、観松彦香殖《みまつひこかえ》稲《しね》天皇（孝昭）皇子天足彦国押人《あめたらしひこくにおしひと》命七世孫、着大使主之後」とあり、孝昭天皇の裔孫中臣氏の由緒地であったとされている。

中臣氏で阿波の国守になったのは、神護景雲二年（七六八）中臣朝臣常《つね》があり、宝亀八年（七七七）にも中臣朝臣宿奈麻《すくなま》呂《ろ》が任じられている。同地は吉野川下流の肥沃な土地であり、荘田でもあったのかもしれない。

【日吉町《ひよしちょう》】

京都市東山区。豊臣秀吉の幼名を日吉丸といった故事による。この地には秀吉を顕彰して、日吉神社、豊国神社があるところから、日吉町と呼ばれるようになった。また、豊臣氏ゆかりの方広寺（京都大仏）があり、豊臣秀頼が寺の梵鐘に「国家安康」と刻したことが、徳川家康に対する揶揄《やゆ》として、豊臣家滅亡の引き金となった。

【比羅夫《ひらふ》】

北海道虻田《あぶた》郡倶知安《くっちあん》町。斉明天皇の四年（六五八）、阿倍比羅夫《あべのひらふ》が蝦夷地に侵攻した際、後志《しりべし》羊蹄山麓のこの地に政庁を置いた、とされる『日本書紀』の記述に基づき、虻田郡尻別《しりべつ》川沿いにこの地名を設けた。現在は、JR函館本線の駅名、および比羅夫山田温泉の地名としても採用されている。

【藤原《ふじはら》】

大分県速見《はやみ》郡日出《ひじ》町。藤原園人《そのんど》の「藤

原」から地名となる。

　園人は、藤原不比等《ふひと》の子で北家の祖となった民部卿房前《ふささき》の第七子、参議兼大蔵卿楓麻呂《かえでまろ》の長子。豊後・大和などの守《かみ》を勤めて治績をあげ、弘仁三年（八一二）右大臣、同五年、従三位に昇り、同九年没した。桓武天皇第五皇子万多《まんた》親王を助けて『新撰姓氏録』の撰に当たった功があり「山科大臣」と称された。

　豊後守として赴任し、善政をしいて人望を集めたため、転任したのちも、その徳を慕う農民たちが、大神郷《おおがごう》の屋敷跡に祠を建てて、生き神様としてあがめたのが地名となった。

【弁慶通《べんけいどおり》】

　和歌山県田辺市。熊野別当湛増《たんぞう》の子としてこの地で生まれたと伝えられる武蔵坊弁慶に因んだ地名。

　田辺市には古くから弁慶由縁《ゆかり》のものが多い。弁慶産湯の井戸、弁慶の腰掛け石、弁慶産湯の釜、それに生誕地と伝えられる福路町《ふくろまち》の湛増屋敷跡の弁慶松など。残念ながら弁慶松は、先年枯死して現在はない。

【松平町《まつだいらちょう》】

　愛知県豊田市。二六〇年にわたる徳川政権を一つの大河に見立てれば、その水源地がこの松平町である。

　応永（一三九四～一四二八）の頃、時宗《じしゅう》の徳阿弥という旅の僧が山奥の松平の里に住みつき、土地の豪族、太郎左衛門信重の女婿となって親氏と名乗った。親氏の孫（と伝えられる）信光の頃から分家が盛んになり、宝飯《ほい》郡、額田郡に七つの松平氏をつくり、さらに平野部に進出して安祥《あんじょう》・岡崎・加茂《かも》・碧海《へきかい》・幡豆《はず》などを攻略した。

　計十四松平となったというが、さらに十六とも十八ともいわれる。安祥・岡崎などの地侍で、石川・青山・本多・大久保・鳥居・平岩・阿部・内藤・成瀬・渡辺などの、のちの直臣群は、このころの帰属者である。

【松虫通《まつむしどおり》】

　大阪市阿倍野区。薄命の美女、松虫に由来する町名。

　後鳥羽院の女官、松虫・鈴虫の二人は、法然《ほうねん》上人の法話をきいて信仰の道に入った。それを知った後鳥羽院は激怒して法然上人を土佐国に流刑にした。悲しんだ松虫は京を脱け出し、この地に来て死んだという。松虫中学校の近く、松虫通一丁目にある「松虫塚」は、その松虫を葬った塚だと伝える。

【真備町《まびちょう》】

　岡山県倉敷市。県の西部小田《おだ》川の下流を南北にまたいだ町。大平《おおひら》山、弥高《みたか》山、鷲崎山などの山々があるが、小田川のほとりは細長い平地となり、それに沿って旧山陰道が延び、いまもなお都から九州への交通動脈の役目を果たしている。

　真備町は、奈良時代の学者で朝廷の重

臣でもあった吉備真備《きびのまきび》の生まれた土地である。真備は唐に留学し、帰国後、孝謙天皇の信任を得て吉備朝臣《きびあそん》の姓を賜わった。町名はこの真備を記念して付けられた。

【宗像町《むなかたまち》】

福岡県宗像市。宗像氏は史上に見える九州最古の豪族の一つ。氏族の祭神として祀る宗像神社は、沖津宮《おきつみや》・中津宮《なかつみや》・辺《へ》津宮《つみや》の三宮をもって一体とされる。いずれも海洋神であり宗像海人族の性格を物語っている。

大化改新後、宗像神社は全国七大社に選ばれ、宗像郡は九州唯一の神郡となった。九州の豪族宗像氏は祭政両面を担当し、神社の大宮司であるとともに、郡の大領として行政に当たった。鎌倉時代には社領も六十数ヶ所に及び、宗像氏は武家としての性格を一段と強めた。一方では、大陸および朝鮮貿易に活躍し、海人族としての面目も失っていない。

しかし、大内・毛利氏など中国の勢力と、大友・島津氏など九州の勢力に挟まれ、第七九代宗像氏貞《うじさだ》を最後に、宗像氏は天正十四年（一五八六）に断絶している。居城の蔦《つた》ヶ嶽《だけ》城も、豊臣秀吉によって破却された。

【村田町《むらたちょう》】

宮城県柴田郡。藤原鎌足二七世の孫村田業朝が、嘉吉年間（一四四一～四四）、一族を率いて会津地方から移住、ここに村田城を築いて権勢を振ったところから地名が生まれたという。伊達稙宗《たねむね》（政宗の曾祖父）の九男宗殖は、業朝六世の孫近重の養嗣子となったが、その狷介ぶりを伝えた次の挿話がある。

「宗殖、柴田郡村田城主として村田郷他七郷三万余石を領し、一藩の故老たり。元和大坂の役病と称して従はず、政宗公之を怒りて桃生郡永井に移し、僅か三百余石を領す」（『仙台人名大辞書』）

【文覚町《もんがくちょう》】

京都市下京区。文覚は鎌倉初期の僧で、六波羅探題《ろくはらたんだい》の北面の武士であったが、朋輩・渡辺昇の妻袈裟御前《けさごぜん》に横恋慕して、誤って袈裟を殺害したことから出家し、熊野山などで苦行・修練を積み、京に帰って高雄山神護寺の再興に尽くした。その文覚上人が一時期、居住したところといわれている。

【八重洲《やえす》】

東京都千代田区。家康に重用されたオランダ人ヤン＝ヨーステンが屋敷を賜った所。ヤン＝ヨーステンは日本名耶揚子を名乗ったが、これが八代洲、八重洲と訛ったと思われる。屋敷は今の丸の内にあったが、現在は、東京駅の中央区側に地名として残っている。〈この項、編集部〉

【柳生《やぎゅう》】

奈良市柳生町。柳生は、最初「楊生」

として、大同三年（八〇八）、『大同類聚方』に見えている。楊生が柳生と呼ばれるようになったのは、後醍醐天皇が討幕のため笠置《かさぎ》寺に寄られたとき、柳生永珍と、弟の笠置寺の成就坊が味方したのが始まりである。

柳生新陰流を創り上げたのは、永珍の曾孫柳生宗厳《むねよし》（石舟斎）で、その子宗矩《むねのり》は、その後を継いで徳川氏を助けた。独眼の柳生十兵衛はその子。柳生城址をはじめ柳生家の墓地、一刃石、正木坂道場、芳徳禅寺ほか見るところが多い。

【山《やま》名《な》町《ちょう》】

京都市上京区。山名町の起源は、山名持豊《もちとよ》入道宗全《そうぜん》の館があったためである。『山州名跡志』によると、五辻通《いつつじどおり》大宮に山名辻があったと記されている。管領細川勝元と一一年間にわたって、応仁の乱を起こした人物である。

【有《ゆう》楽町《らくちょう》】

東京都千代田区。織田信長の弟長益《ながます》は、戦国時代の武将であると同時に、茶の湯に秀でていた。本能寺の変で兄が死ぬと豊臣秀吉に臣従の形をとり、大坂冬の陣までは豊臣方についていた。しかし、大坂城内の主戦論者と意見が合わず、夏の陣が始まる前に城を出た。以後、徳川家康に仕え、京都で茶の湯の指導をした。号を有楽《うらく》という。有楽町は、かれの江戸邸がこのへんにあったことから名づけられた。

【淀《よど》屋《や》橋《ばし》】

大阪市北区中之島―東区大川町。大坂を代表する豪商、淀屋二代の个庵《こあん》が、邸前の米相場に集まる人たちの便をはかって土佐堀川に架けたところから出た橋名。もっとも、当初は名もなく、ただ「淀屋が架けた橋」と呼ばれていたらしい。のちにそれが「淀屋の橋」となり、さらに「淀屋橋」と称されるに至った。

古記によると、この淀屋の屋敷は表は北浜（現在の大川町）、裏は梶木橋（北浜四丁目）、東は心斎橋から西は御堂筋にいたり、総構え百間四方という宏壮なものであったという。西鶴の『日本永代蔵』にも、門前市をなす米市の盛況ぶりを、一刻五万貫の商い、手打ち一つで千石万石の取引がされ、「惣じて北浜の米市は、日本第一の津なればこそ」と描かれている。

また、このあたりは、「淀屋橋の浜は金比羅参詣の渡海船あるいは明石の通船の乗場にして旅籠多く立ちつらなり昼夜ともすこぶる賑わし」（『摂陽奇観』）という有様であった。

【和《わ》気《け》町《ちょう》】

岡山県和気郡。この地の出身者和気清《わけのきよ》麻呂《まろ》（七三三～九九）は、僧弓削道鏡《ゆげのどうきょう》が皇位を奪おうとした事件に際し、宇佐八幡宮の神託をもたらし、道鏡の野心を退けたことで有名。

清麻呂は中央官人でありながら、郷土

の便宜のため郡の分合を図り、死後は遺志により墾田を賑給田にするなど郷土・氏族のために活動したまれな人物であった。町名は和気清麻呂の出身地であることを高揚して命名されたもの。

【和田町《わだまち》】

群馬県高崎市。鎌倉幕府侍所別当和田義盛が建暦三年（一二一三）、北条義時の専横を憤って挙兵、敗れて討死した際、八男義国が上州に逃れて来て群馬郡に潜伏したが、その地を和田山と称し、のち同郡の赤坂荘に住してこの地を和田と改めた。これが現在の高崎市である。

〈編集部〉

部民・豪族地名の来歴

【阿曇《あづみ》氏】

「応神紀」三年十一月条には次のようにある。「処々の海人《あま》、訕哤《さばめ》きて命に従はず。則ち阿曇連の祖大浜宿禰を遣して、其の訕哤を平ぐ。因りて海人の宰《みこともち》とす」。関連記事として、同五年八月壬寅条に「諸国に令して、海人及び山守部を定む」とあり、「応神記」には「海部・山部・山守部・伊勢部を定め賜ひき」とある。国内統一の余波が、農耕民よりも漂泊性の強い海人にまで及んだことに対し、海人はそれに反発して意味不明な言葉で批判したのだろう。それを阿曇連大浜が鎮静化し、それによって海部などの海人を統率する中央伴造になった。

阿曇連氏の職掌は阿曇部を率いて天皇の食膳に海産物の奉仕をすることにある。「仁徳即位前紀」によると、皇位が定まらなかったために海人が献上しようとした「鮮魚の苞苴《おほにへ》」が腐ってしまったとある。何を献上するのかを伝えていて興味深いが、王権への奉仕から、特定の皇子と結び王位継承に関与することもあった。「履中即位前紀」によると、去来穂別《いざほわけ》皇子（後の履中天皇）と弟の住吉仲《すみのえのなかつ》皇子が争った時に、阿曇連浜子が淡路の野嶋の海人を従えて仲皇子に加担し敗北している。後日譚に阿曇目という黥（入墨）の話を載せる。海人の軍事的役割が期待されていたのであろう。おそらく、五世紀前半頃に、大和政権による国内統一の機動力として登場したことがうかがわれる。

阿曇連氏の発祥地は、阿曇連の祖神である綿津見《わたつみ》三神を祀る式内名神大社志加《しかの》海《わたつみ》神社三座が鎮座する筑前国糟屋《かすや》郡志《し》珂《か》郷や、地名から同郡安曇郷付近と考えられる。後に北部九州へ進出したとして、淡路国三原郡阿万《あま》郷や阿波国那賀郡海部郷の地名もある淡路島と阿波国東部に本拠地を求める説もある。

海人には、阿曇部や海部以外にも、凡《おおし》海部《あま》や海などがおり、それぞれ各地の伴造である阿曇連・海部直・海部首・海部公・凡海直・海臣などに統率されていたのだろうが、阿曇氏が海部を率いることもあった。隠岐国には海部郡海部郷があるが、「隠岐国正税帳」によると天平元年（七二九）の少領は海部《あまべ》直大伴だが、五年の少領は阿曇《あづみ》三雄である。阿曇氏が海部を率いたのであろう。また、阿曇氏と海部直氏の関係もきわめて近かったのであろう。

信濃国には小県《ちいさがた》郡に海部郷があり、安曇郡もある。後者では安曇部の存在も確認でき、郡司主帳を務める。内陸部の信濃には他にも海人関係の地名が検出できる。特に安曇は糸魚川市から河川を溯上した穂高神社の近くにあり、河川に沿った千国《ちくに》街道は「塩の道」である。安曇郡の安曇部は、塩の製造と運搬に関係して入り込んだのだろうか。阿曇氏の故地が九州北部だとすると、日本海沿岸には、海部郷とか安曇郷などを始めとした海人関係の地名が点在しており、阿曇氏が東漸したことを示唆している。

【犬養氏《いぬかい》】

犬養氏には、県《あがた》犬養氏・若《わか》犬養氏・海《あま》犬養氏・安曇《あずみ》犬養氏・辛《から》犬養氏などがあり、別個な氏族である。犬養氏や犬養部の分布や犬養の地名は、全国で満遍なく確認できる。ただし、畿内の密度は高いが、畿外はそうではない。一応全国に設置されたといえる。また、畿内には某犬養氏が多くその姓は連だが、畿外では犬養または犬養部である。畿内では県犬養連や若犬養連が中央伴造として犬養部を率い、畿外では犬養が犬養部を率いていたのであろう。『新撰姓氏録』によると、犬養氏と同族とされる諸氏は多く、県犬養氏で約五十氏、若犬養氏で約三十五氏が知られる。あまり有力氏族でもないのに数多くの氏族との間に同族系譜を形成している事実は、犬養氏のみが職掌を全部独占していたのではなく、各氏族と分掌し合っていたことを示すのであろう。

犬養氏の職掌については、犬を飼養していると考えて、狩猟説と屯倉の守衛説に大別できる。有力なのは後者であろう。「安閑紀」二年八月乙亥朔条に、「詔して国国の犬養部を置く」とあり、次いで九月丙午条に「桜井田部連・縣犬養連・難波吉士《きし》等に詔して、屯倉の税《たちから》を主掌《つかさど》らしむ」と続く。田部は屯倉の耕作を担当し、吉士が運搬に関与したと考えられ、同じく田租を掌ったのだろうから、犬養連氏も屯倉との関係は深いと考えられる。この直前の記事は、五月甲寅条であり、筑紫の穂波屯倉以下全国に設置した二十六ヶ所の屯倉《みやけ》設置記事である。国々に設置された犬養部はこれと関係しよう。

『新撰姓氏録』左京神別には、県犬養宿禰の同祖として大椋置始連《おおくらのおきそめ》がおり、クラと関係する氏族であったことは確実であり、犬養氏の場合はクラの管理や警備を担当したと考えられる。

このことを一層確実に明らかにするのが地名である。「皇極紀」四年六月戊申条に葛木稚犬養連網田の名が見え、『新抄格勅符抄』葛木犬養神の神名が見える。現五條市には犬飼が大字の地名としてあった。また「西大寺三宝料田園目録」には「宇智郡阿陀郷下野条三里十七坪一段犬飼原《いぬこはら》」とあり、大和国の葛城郡や宇智郡には犬飼の地名があった。葛城には「安康記」によると「五処之屯宅《みやけ》」「五村屯宅」があり、宇智郡にはミヤケ地名が四ヶ所ある。このように犬養とミヤケとの関係が確認できる。宇智郡阿陀《あだ》には移住させられた阿多隼人がおり、阿多御手犬養氏の氏族もいる。隼人と犬養氏の関係も注意したい。他に一例を示すと、福岡市に三宅・三宅本町・三宅向ノ原の地名があり、筑前国那珂郡三宅郷が故地であろう。犬飼については、犬飼新堀町・犬飼南町・犬飼三社町があり、同郡海部郷が故地である。安曇・海部氏の本拠地でもあるが、三宅と犬飼の地は那珂川を挟んで対岸に位置する。他に両者の地名を同一地域で検出するのは容易であり、犬養氏とミヤケの関係は確実である。

【凡直《おおしのあたい》氏】

凡直姓や凡を名乗る氏は西日本に多いが、このうち凡直姓の国造ないし国造クラスが存在する地域は、安芸・周防・長門・紀伊・淡路・阿波・讃岐・伊予・土佐である。これらの国造は凡直や大直と表記されるか、周防凡直のように国名を冠称する場合もある。摂津には凡川内《おおしこうち》（河内）直姓の国造がおり、摂津も凡直国造の分布地と考えてよい。とすると、土佐を除く分布地は瀬戸内海に面していることになる。

各地の凡直国造の祖は相違するが、『続日本紀』延暦十年九月丙子条によると、讃岐国の星直は敏達朝に国造となって「紗秋《さぬき》大押直之姓」を与えられたが、「庚《こう》午年籍《ごねんじゃく》」で大押を改めて凡直となった。凡直の凡は大や大押に通じ、押には「遣唐押使」のように特定の地位を表わしたり、取締まるの意があり、凡には束ねるの意があるように、単に大きいの意味だけではなく、官司制による広域統治の意味が読みとれる。瀬戸内沿岸には直姓の国造が多く後の郡程度を領域とする小国造に対し、凡直姓の国造は数郡程度を領域とする大国造であった。紗秋大押直を始めとして、周防凡直・長門凡直・粟（阿波）凡直・凡川内直の国造のように、令制国名を冠する国造の存在がそれを示唆している。

凡直姓の国造と国名を冠した国造の間には何らかの差異があったと思われる。『続日本紀』神護景雲元年三月乙丑条によると、阿波国の三郡の百姓らは「庚午年籍」で凡直とされたが「費《あたい》」で登録され、その後の訂正でも「凡費」であったので、国造とも同じ「粟凡直」に改姓された。凡直よりも粟凡直の方が身分秩序において上なのであろう。

『先代旧事本紀《せんだいくじほんぎ》』の国造本紀によると、周防ならば大嶋・波久岐《はくき》・都怒《つぬ》に国造が存在した。周防凡直の存在はそれらを統合して大国造が設置されたことを物語っているのではないか。讃岐国では西部の多度郡を中心に佐伯《さえき》直氏が位階を有して存在しており、かつて国造を務めていたと思われる。これに対し凡直氏は東部の大内・寒川《さむかわ》・山田郡を中心に分布している。凡直氏が西部へ進出し統合し、ここに広域を管掌する大国造が成立した。その時期は先の史料によるに敏達朝のことであろう。ただし、凡直氏の位階には外従五位下を超える人物はおらず、大国造への編成にあたっては国家の意志が働いたのであろう。

六世紀中葉以降の新羅との緊張関係にあって、軍事徴発のために瀬戸内沿岸の地域再編がなされたのであろう。具体的には凡直国造の設定であった。特に凡姓に冠せられた国名はそれを示唆する手懸りであった。

【倭文部《しとりべ》】

倭文部は、「垂仁紀」三十九年十月条の一云によると、垂仁天皇の皇子五十瓊《いに》敷《しき》命が剣一〇〇〇口を作った時に、楯《たてぬひ》部・神弓削《かむゆげ》部・神矢作《かむやはぎ》部などとともに皇子に与えられた一〇箇の品部の一つである。倭文の訓は、「神代紀」第九段本文の一云が伝える国譲り神話において、唯一服属しなかった神を服させるために派遣されたのが倭文神建葉槌《たけはづち》命であり、その訓に「斯図梨俄未《しとりがみ》」とある。また、「天武紀」十三年十二月己卯条によると、倭文連は弓削連などとともに宿禰になるが、「之頭於利《しつおり》」の訓がある。日本古来の文様であるシツのオリ（織り）の約であり、シツオリを職掌とした。剣とか征服とかの記事から、軍事氏族としての性格も想定できるが、征服地の神々への幣《へい》製作集団として設置されたのであろう。シツの織布としては倭文裳・倭文服《はた》の帯・倭文幣などが知られている。

倭文神社・倭文部・倭文郷や静《しず》神社の分布は、下野・上野・常陸、武蔵・相模・甲斐・伊豆・駿河・遠江・伊勢、大和・山城・河内・摂津・淡路・近江、播磨・美作・備中、丹後・但馬・因幡・伯耆・出雲であり、ある特定のまとまりがある。これらの存在形態の特色は、畿内では『新撰姓氏録』によって倭文宿禰や倭文連の姓が知られるだけである。倭文部も多くは他姓の戸口であり、『出雲国大税賑給歴名帳』によって倭文部臣―首―部の支配形態が知られるぐらいである。品部とされる倭文部には中央伴造の関与は極めて薄く、地方の有力豪族を伴造として倭文部が統率されていたのだろう。

また、郷名や里名として残っているのは、相模・常陸・上野・下野・美濃・淡路・因幡・美作・備中であり、他は圧倒的に倭文神社として存在している。そしてこれらは倭文部の居住地とは重なるないのである。部民制研究では、郷名などの地名や神社の存在が重要だが、倭文部の場合では倭文郷や倭文神社が単にシツオリをしていた地域や神を祭っていただけで、それを地名化したものであり、必ずしも倭文部の存在を物語っていないと考えられる。地名利用の難しさである。

倭文布は、『延喜式』神祇によると、ほとんどの四時祭や臨時祭りの祭祀に用いられるが、出雲国造奏神寿詞などで二端を用いるのが目立つぐらいで、他の多くは二尺や四尺の短さで済む。各地の神社でも倭文布を使用していたと思われ、それらをすべて倭文部が織成したとは限らないのである。郷名・神社名が倭文とのみ記すことがそれを示唆している。『延喜式』主計によると、調として倭文を出すのは駿河国と常陸国のそれぞれ三十一端のみである。常陸国では那賀郡に倭文部が確認でき、駿河国では倭文神社や倭文機部の祖を祀る大歳御祖《おおとしのみおや》神社が存在する。『常陸国風土記』行方《なめかた》郡条によると、那珂国造として壬生直夫子《をのこ》の名が知られ、『続日本紀』延暦十年四月戊申条によると、駿河国駿河郡大領金刺《かなざし》舎人広名を国造に任じた。倭文部は、地域政権のための織成をしていたが、首長が国造に編成されるに及んで品部として設置され、国造に統率されて倭文布を貢納したのであろう。

【鳥《と》取《とり》氏】

「垂仁紀」二十三年条によると、成人しても物言わぬホムツワケ皇子が鵠《くぐい》（白鳥）を献上されて物言うようになり、献上した天湯河板挙《たな》が鳥取造となり、鳥取部・鳥養部《とりかい》・誉津部《ほむつ》を定めた。「垂仁記」では、鳥取部・鳥甘部《とりかい》・品遅部《ほむち》・大湯坐《ゆえ》・若湯坐を定めたとある。鳥取造が鳥取部と鳥養部を統率したと考えられるが、鳥取造と他の部との関係は不明。鳥取部は白鳥の捕獲、鳥養部は白鳥の飼育にあたったのであろう。

鳥取郷は、河内国大県《おおがた》郡・和泉国日根郡・越中国新川郡・丹後国竹野郡・因幡国邑美《おうみ》郡・備前国赤坂郡・肥後国合志《ごうし》郡にあり、下総国印旛郡には駅名としてあり、伊勢国員弁《いなべ》郡には神社がある。鳥取氏は河内・武蔵・美濃・出雲・備中で確認される。

鳥養の地名は、摂津国島上郡・淡路国津名郡・筑前国早良郡・筑後国三瀦《みずま》郡にあり、大和には鳥養部がいた。大和国には添下《そえじも》郡に鳥貝郷があり、鳥見《とみ》の地にあたることから鳥見郷の誤写とされるが、鳥替川もあることから鳥貝郷でよいであろう。宇陀郡の鳥飼はチョウシと読まれ、調子丸伝説と結びつけられているが、「雄略紀」十一年十月条に「鳥官《とりのつかさ》の禽《とり》、菟田の人の狗《いぬ》の為に囓《く》はれて死ぬ。天皇瞋《いか》りて、面を黥《きざ》みて鳥養部としたまふ」とあり、この菟田の鳥養部が天皇の鳥を飼育していたのであろう。葛下《かつげ》郡にも鳥飼が小字として残る。

鳥取と鳥養部の地名は西日本を中心に分布しており、白鳥飛来地と関係するのであろう。また、鳥は単なる愛玩動物ではなく、霊鳥として呪力が期待されたのであろう。

鳥養部の設置時期を考えるに、先の「雄略紀」十一年十月条が参考になる。鳥取部の設置時期も同時期と考えられるが、同十年九月戊子条によると、呉の献上した二羽の鵝《が》が筑紫の水間君《みぬま》の犬に食い殺され、水間君は贖罪として鴻《かり》（鵠のこと）と養鳥人《とりかい》を献上した。水間君の本拠地は筑後国三瀦郡であり、ここには鳥養郷があった。五世紀末頃に白鳥飛来地の豪族配下の民衆を割り裂いて設置したのであろう。

水間君の祖は『先代旧事本紀』天孫本紀によると、物部阿遅《あじ》古連《こむらじ》公であり、鳥養部と物部氏の関連がうかがえる。鳥取郷がある備前国赤坂郡に石上布都《いそのかみふつ》之魂《のみたま》神社がある。他の地域でも物部氏と鳥取部・

鳥養部との関連が確認される。「崇峻即位前紀」によると、滅ぼされた物部守屋大連の資人に捕鳥部萬《よろづ》がおり、近侍していた。河内国大県郡鳥取郷の鳥取連が中央伴造と考えられるので、物部氏が部民設置に関与し、それ以来の関係であろう。

ただし、鳥取部・鳥養部と同時に設置されたとされる品遅《ほむち》部・大湯坐・若湯坐も含めて、地域内の存在形態を探るべきであろう。谷川健一によると、白鳥は鍛冶集団の尊崇する霊鳥であり、上記氏族は鍛冶氏族である。金属精錬にも関与した物部氏にとって、白鳥の捕獲・飼育をする鳥取部・鳥養部は重要な役割を果たしたのであろう。

【山部《やまべ》】

「応神記」には「海部・山部・山守部・伊勢部を定め賜ひき」とあり、「応神紀」五年八月壬寅条には「海人及び山守部を定む」とある。山部・山守部は、海部を参考にすると、山林の産物を貢納したり山林を管理した品部と考えられるが、その実態には不明なことが多い。山部と山守部の関係についても、山部が山守部の二字化として同一視されることが多いが、後述する如く別な氏族である。

「顕宗紀」元年四月丁未条によると、雄略天皇に殺された市辺押磐《いちべのおしわ》皇子の子の億《お》計《け》・弘計《をけ》を発見した功績で、播磨国に派遣された伊予《いよ》来目《のくめ》部《べ》小楯《おだて》は願い通りに山部連氏を賜姓され山官となり、吉備臣が副官となり、山守部を民《かき》とした。一方、市辺押磐皇子殺害に関与した狭狭城《ささき》山君韓帒《からふくろ》宿禰は山野の獣を管理していたと考えられるが、同五月条によると陵戸にあてられ山を守ることを兼務させられ、籍帳から削られて山部連に隷属させられた。吉備臣が副官になったのは、「清寧即位前紀」によると、雄略の死後に吉備上道《かみつみち》臣が一族の星川皇子を擁立して王権簒奪戦に参加したために、領有していた山部を奪われており、これと関連した措置であろう。これらのことから、地方豪族も大和政権の部民制と同様な貢納型の品部的な制度を持っていたこと、その大和政権の部民制にあっては山部連氏が中央伴造として山守部を管掌したこと、その山守部は王権に服属した集団から割り裂かれて設置され山陵守衛もその職務の一つであったことが判る。ただし、『播磨国風土記』宍禾《あなし》郡安師里《あなしのさと》条が、もと山守里と号したのは山部三馬が里長であったからとするのは、山部氏が山守部を管掌したことをうかがわせても、地名起原説話としては意味が通じない。

なお、山部は播磨国と関連が深いことは既述のことからも明らかだが、風土記や木簡や正倉院文書から、宍禾郡比治《ひじ》里・賀茂郡・多可《たか》郡賀美《かみ》郷に山部や山部直が住んでいたことが知られる。

中央伴造の山部連氏の本拠地は大和国平群《へぐり》郡夜摩郷であろう。夜摩郷は「興福寺雑役免《ぞうやくめん》坪付帳」によると、法隆寺西院伽藍の東方から南方に拡がる一帯であり、斉明朝から持統朝にかけての法隆寺に献納された命過幡《めいかばん》によると、「山部五十戸《さと》」（山部里）の山部連の存在が知られる。「仁徳記」には、山部大楯連の名が見えるが、山部連小楯に引かれて作られた名であり、顕宗・仁賢天皇の頃に両天皇即位に大きな功績があり伊予国久米郡から夜摩郷へ移動し、山部連となり、付近に品部を持たないので播磨の山民との間に統属関係を有するようになったのだろう。億計《おけ》・引計《をけ》の発見地が播磨とされる背景もそこにある。法隆寺が二十六ヶ所中二十一ヶ所の山林岳嶋を播磨に持つのも（「法隆寺伽藍縁起幷流記《るき》資財帳」）、山部連氏との関連であろう。顕宗・仁賢両天皇に山部連氏が奉仕したように、厩戸王（聖徳太子）にも近侍して王権を支えたのであろう。その点では海部と同じである。

山部は、七八五年に桓武天皇の諱《いみな》を避けて山とされ、地名としては山家と表現されるようになり、『和名抄』によると河内国讃良《ささら》郡・下総国千葉郡・信濃国筑摩郡・上総国周准《すす》郡に見え、特に後二者には「也末無倍」・「也万以倍」の訓がある。ヤマンベはヤマンボに転訛する可能性があり、橿原市の大字山之坊は「東寺文書」宝亀八年（七七七）七月の史料では「十市郡路東二十二条三、山部里」とされている。山部の地名を復元するには山坊にも注意する必要がある。また、山家はサンカとも訓《よ》め河内国讃良郡山家郷は三箇とも表記されるが、一方、大和国宇智郡の三箇庄は、ミヤケが三宅→三家→三箇に転じたものであり、地名研究の困難さを示している。

〈小林茂文〉

渡来・帰化人地名の来歴

【アヤ】

漢、または綾と書く。

四、五世紀頃に、わが国に渡来した楽浪・帯方郡の人たちのうち、中国系と称した人びとを一般に「漢人《あやひと》」とよんだ。彼らの多くは、大陸の知識・技術をもって大王に仕えていたが、五世紀後半に東漢《やまとのあや》氏が伴造《とものみやつこ》に任命されると、東漢氏の下で、種々の専門職からなる漢部《あやべ》の直接の管理者となった。

漢部については東漢氏の私有民とみる見方もあって不明な部分が多いが、『和名抄』には、丹波国の桑田・何鹿《いかるが》両郡や肥前国三根郡に漢部郷、播磨国飾磨《しかま》郡に漢部里が見え、安芸国安芸郡では漢辨《かべ》郷の名が載せられている。

このうち、丹波国の何鹿郡の漢部は、いまの京都府綾部市にあたる。中世には「漢部御厨」（『神鳳鈔』）・「漢部村」（「上杉家文書」）とよばれたが、江戸時代以降は、綾部の文字が用いられることが多い。また、播磨国飾磨郡の漢部里は、いまの兵庫県姫路市、夢前《ゆめさき》川西岸の旧余部村の地域にあたっている。『播磨国風土記』には、漢部里について、「漢部と称ふは、讃岐の国の漢人等、到来たりて此處に居りき。故、漢部と号く」と記し、漢人が讃岐から播磨に移住したことが知られる。播磨の漢人らのもとの本拠は讃岐国の阿野郡であったと推察され、同郡の城山《き》（現坂出市）には朝鮮式山城の遺構があり、渡来人と関係が深かったことが認められる。

このほか、「漢」を冠したものに漢織《あやはとり》がある。漢織は穴織《あなはとり》とも書いた。『日本書紀』には、応神天皇三十七年二月に、阿知使主《あちのおみ》らを呉に遣わして縫工女を求めた時、呉王は兄媛《えひめ》・弟媛《おとひめ》・呉織《くれはとり》・穴織《あなはとり》ら四人を与えた。漢織と呉織は、飛鳥衣縫部と伊勢衣縫部の祖先だとみえる。『和名抄』には豊前国築城《ついき》郡に「綾幡」の郷名がみえるが、このアヤハタはアヤハトリの転じたものか。また大阪府池田市綾《あや》羽《は》には四工女の一人穴織をまつる伊居太《いけだ》神社があり、穴織明神とも称していた。

なお、アヤ・アヤベ地名は全国的に多く分布するが、古代において漢部とよばれた品部《ともべ》の大部分は日本人、その管理者であった漢人にちなんで漢部といったとみられているので、地名に「漢」や「綾」の文字がついているからといって、そのまま渡来人の居住地であったとするのは問題があろう。

【イマキ】

今来・新とも書く。イマキとは新参の

意。

四、五世紀に中国系と称して朝鮮半島から渡来した人びとを一般に漢人《あやひと》と呼んだが、これに対して、五世紀後半以後の中国系渡来人を「新漢人《いまきのあやひと》（今来漢人）」といって区別している。新漢人には飛鳥村主《すぐり》・牟佐《むさ》村主・今来村主の祖らが含まれていた。大和の南部、高市郡およびその周辺地区には新漢人が多く居住したこともあって、この地には古く今来郡が設けられたらしい。

『日本書紀』欽明天皇七年条には、「倭国今来郡」の名が記されている。

また、『日本書紀』雄略天皇即位前紀に坂合黒彦皇子らを新漢擬本南丘《いまきのあやのつきもと》に合葬したとある。その墓は江戸時代から吉野郡の北端、今木の地に比定されているが、これは今来と今木とを混同したものであろう。新漢擬本は、『大乗院寺社雑事記』文明十四年十月条にみえる「越智郷槻本庄」の地に求めるのが穏当ではなかろうか。今来郡の範囲についてはよくわからないが、平安時代の興福寺今木荘の荘域から葛上郡南郷（現御所市南郷）までを含んでいたとする説もあり、この郡は天武朝ごろ曽我川東岸の檜隈をも含めた地域を、のちの高市郡の南部に加え、西岸は葛城上郡に入れられたと考えられている。

【ウズマサ】

太秦と書く。秦氏の別称。禹豆麻佐の音を太秦と表記した。「太」は「大」と同じであり、秦氏の本家を意味した。

『日本書紀』雄略天皇十五年条に、秦造酒が諸国に分散する秦の民を賜い、よって酒が百八十種のすぐれた技術者を率いて絹を貢納、朝廷に「うず高く積まれた」というので、「禹豆麻佐」の姓を賜わったという。その氏寺広隆寺は、太秦寺ともいう。推古十一年（六〇三）秦河勝が秦氏の本拠である太秦に建立したと伝えられる。『新撰姓氏録』左京諸蕃には、太秦公宿禰・太秦長蔵連・秦忌寸・秦造と見え、いずれも融通王（弓月《ゆづき》王）の後なり、とされている。秦氏の本家は、山城国葛野郡葛野郷の太秦を本拠としていた。

『和名抄』の河内国茨田《まむだ》郡幡多《はた》郷は、寝屋川市太秦に比定される。「幡多」の郷名は秦の借字。『姓氏録』河内国諸蕃に漢系として「秦宿禰は、秦の始皇帝の五世孫融通王の後なり」と記され、続いて秦忌寸・秦人・秦公・秦姓など諸秦氏が記されている。『記紀』にみえる河内の秦人が茨田堤を築造したという説話の史実性については問題もあるが、この地が秦氏の居住地であったことは認められる。こうした説話は秦氏が大陸の先進技術による大土木工事を行っていたことを示す証左といえよう。

【カラ】

唐・韓・辛などの文字を充当する。カラは朝鮮半島をさす場合と、中国の意味で使用する場合があり、注意を要する。四、五世紀から一般に外国をカラ国と呼ぶようになった。それに韓の字を充当し、のち七世紀からは唐と書き中国を指すようになったようである。

『日本書紀』の応神天皇七年九月の条には、「高麗人・百済人・任那人・新羅人、並に来朝。時に武内宿禰に命して、諸の韓人等を領いて池を作らしむ。因りて、池を名けて韓人池と号ふ」とあり、朝鮮半島の人々の総称がカラヒトであったことが知られる。この池の位置は未詳であるが、江戸中期の『大和志』は奈良県磯《し》城《き》郡田原本町の唐古《からこ》池を当てている。

『和名抄』には、肥後国辛家《から》郷（熊本県菊池郡）・日向国韓家郷（宮崎県児湯《こゆ》郡）・筑前国韓良《から》郷（福岡県糸島郡）・上野国甘《かん》楽《ら》郡（群馬県富岡市）等の郷名が見えるが、これらは朝鮮半島からの渡来人の居住にかかわる地名と考えられる。奈良県では、先にあげた唐古のほか、小字の地名を探せば、高市郡明日香村飛鳥に唐木、同村平田や橿原市膳夫《かしわで》に唐木田などがある。

また大陸系の建造物に因む地名もある。かつて平安京には二つのカラ橋があった。羅城門の辺りに唐橋町、これに接して唐戸町がある。これは羅城門外の溝にかけられた橋が唐風であったことによるものであろう。『日本三代実録』によれば、元慶三年（八七九）九月に鴨河辛橋の大半を焼失し、仁和三年（八八七）五月にははじめて韓橋を守る者を決めている。この鴨川の韓橋（辛橋）は平安京九条坊門の末にあったと考えられている。渡来人の多く居住した近江の湖西には唐崎の地名があり、韓崎・辛崎・辛前などとも書く。また、湖南の瀬田唐橋も唐風の橋に因むものと考えられる。外つ国の神は韓神・漢神と呼ばれた。奈良市に漢国《かんごう》神社、藤井寺市に辛国《からくに》神社がある。

【クダラ】

百済と書く。朝鮮半島の南西部にあった王朝名。『三国志』東夷伝にみえる馬韓五十四国中の伯済《はくさい》国がその前身である。

百済はヒャクサイともよむが、日本ではクダラ・クタラとよびならわしている。『古事記』応神段に韓人《からひと》を役して作った百済池、『万葉集』には歌枕の百済川がみえる。この地名は早く百済渡来人などが居住していたことによる称であろう。また、『日本書紀』によれば、六世紀後半期の敏達朝に百済大井宮の号がみえ、七世紀前半舒明朝には百済宮や百済大寺といった百済の地名を冠した建物の存在が確認できる。また、壬申の乱では大伴連吹負《ふけい》が百済家にて兵を整えたという。百済宮・百済大寺および百済家を、奈良県広陵町大字百済に求める説もあるが、飛鳥の西北方に位置する藤原宮跡の小字百済付近とみるのが妥当であろう。

四世紀中頃に成立した百済は、高句麗・新羅と長く対立抗争しつづけていたため、六世紀以降、中国南朝諸国および日本と密接な外交関係を求めたが、六六〇年、唐・新羅の連合軍によって滅ぼされた。この際には朝鮮半島から日本にかなりの難民の渡来があったものと推察される。百済系の渡来人には、大化前代に移籍したものと、百済滅亡時に亡命し、渡来したものとがあり、百済滅亡時に日本に渡ったものには貴族や高度技術者が多数含まれていた。

百済王氏は、百済滅亡時の国王義慈の王子善光を祖とする名族で、氏名の「王」姓は音読しないで、朝鮮風に「コキシ」または「コニキシ」と訓《よ》んだと考えられる。持統朝以降、朝廷に厚遇され、高位高官を得るものも出るようになった。摂津国百済郡・河内国交野《かたの》郡などはこの渡来系氏族の本拠地として栄え、両郡には百済寺と称する寺跡も残っている。

摂津の百済部は、現在の大阪市の東南部、生野区・東住吉区・天王寺区付近にあたったと推定される。天平九年（七三七）から同十二年の間に作成された従人勘籍（正倉院文書）に「摂津国百済郡東郷」の郡名がみえるが、天平六年の段階では摂津一二郡に含まれていないとみられるので、立郡は天平六〜十二年の間と考えられている。後期難波宮の京域の整備とともに、百済亡命王族の百済王善光の一族の居住地として、周辺の郡の一部を割いて新設されたものであろう。摂津国百済寺はこの百済王氏を中心に本拠地に創建されたとみられ、天王寺区の堂ヶ芝廃寺にあてる説が有力である。寺跡からは百済の都扶余《ふよ》の軍守里廃寺と類似の礎石が出土している。因みに、最近までこの地を流れる平野川は百済川と呼ばれていた。

交野郡の百済寺跡は枚方市中宮にある。この寺の初見は『続日本紀』延暦二年（七八三）十月条の正税施入の記事であるが、この前後は百済王氏の位階進叙記事であることから、同氏と密接な関係にあったことは、容易に想像できる。中宮の西方寺に所蔵する寺伝には、天平九年、聖武天皇が百済王神社とともに百済寺を中宮に建立させ、百済各王の霊を安置したとある。出土瓦により奈良時代後期に創建され、平安時代まで存続したと推定されている。発掘調査の結果、薬師寺式伽藍の寺であったことも確認され、特別史跡に指定されている。

このような百済の地名は近畿に集中してみられる。滋賀県には湖東三山の随一、釈迦山百済《ひゃくさい》寺があり、『和名抄』によると、河内国錦部《にしごり》郡にも百済郷があった。『大和地名大辞典』によれば、奈良県内に百済地名は北葛城郡広陵町の大字百済をはじめ、小字でも六ヶ所を数える。

【クレ】

漢字では呉と書く。一般的には、中国江南地方の呉の国をさすと考えられるが、朝鮮の高句麗の句麗をさすという説もある。

『古事記』雄略段に、「この時呉人参渡り来つ。其の呉人を呉原に安置きたまひき。故、その地を号けて呉原と謂ふ」とみえ、『日本書紀』雄略十二年四月・十四年正月・同年三月条によると、呉国へ遣わした身《む》狭村主《さのすぐり》青《あお》と檜隈民使博徳《はかとこ》が呉国の献上した手末才伎《たなすえのてひと》・漢織《あやはとり》・呉織《くれはとり》および衣縫《きぬぬい》の兄媛・弟媛らを連れて帰国し、これらの呉人を檜隈野《ひのくまの》に置いたので呉原の地名が起こったという。

現在、奈良県高市郡明日香村檜前（檜隈）の於美阿志《おみあし》神社の東南方、栗原集落の西南部丘陵地にある神社が、式内社の呉津《くれつ》孫《ひこ》神社に比定されている。おそらく栗原は呉原の転訛であろう。この神社に近い竹林寺は、呉原寺とも称し、崇峻朝に阿知使主の子孫坂上大直駒子が創建したと伝えられる（東大寺文書・保延五年「竹林別当某譲状案」）。

呉織は漢織とともに機織に従事した工人集団で、衣縫の品部である伊勢衣縫部の祖先とされ（『日本書紀』雄略十四年三月条）、伊勢国壱志郡には「呉部郷」があった（『和名抄』）。また大阪府池田市室町には『延喜式』神名帳にみえる呉服《くれは》神社があり、中世には付近に呉庭《くれは》荘が成立している。

『万葉集』巻二十に、天平勝宝八年（七五六）三月七日、聖武天皇が河内国「伎《くれ》人《ひと》郷」の馬史《うまのふひと》国人《くにひと》の家で宴を催したことがみえ、『続日本紀』天平勝宝二年五月二十四日条には、河内茨田堤とともに「伎人堤」が決壊したとある。この「伎人」の地がどこか明確ではないが、大阪市平野区喜連《きれ》付近で、キレはクレの訛ったものと考えられており、雄略天皇十四年の呉人来朝時に造られた「呉坂」（『日本書紀』）も同地とされる。

【コマ】

狛・高麗・巨麻・許麻とも書く。狛の地名は高麗の借字で、もと高句麗系渡来人が多く居住したことによる。古代の日本人は高句麗を三韓のうちの馬韓とみなし、馬の古訓コマが高句麗の呼称とする説、さらに古代中国が高句麗を熊に似た貊《ばく》と呼び、熊の朝鮮語のコムが日本につたえられ高句麗を示すようになったという説もある。

『日本書紀』欽明天皇二十六年五月条に、高麗人の頭霧耶唎陛《つむりやへ》らを、山背国に居らせた。いまの畝原・奈羅・山村の高麗人の先祖である、という記事がみえる。この史料は高句麗との国交に関する最初の記事である。続いて、同書の欽明三十一年四月条には、高句麗の国使の船が越の海岸に漂着したことがみえ、報告を聞いた天皇は非常に喜び、山背国の相楽《さがら》郡に高械館《こまひのたち》を新築して、手厚く遇するように命じたという。

『和名抄』には、相楽郡に「大狛」「下狛」という二つ郷名を記している。大狛郷は、いまの相楽郡山城町（現木津川市）上狛・椿井あたりとみられ、下狛郷は精華町の下狛付近と考えられる。大狛郷にはのちに狛野荘が立荘された。

この地に住んだ高麗系氏族狛氏が建立したとみられる高麗寺は早く廃絶して、いまは上狛に礎石のみが残っている。この寺は、『日本霊異記』や『今昔物語集』にみえるが、その創建年代は明らかでなく、出土瓦からみて白鳳時代から藤原時代にわたるものと推定される。昭和十三年の発掘調査によって、法起寺式の伽藍配置であることが確認された。

『和名抄』にみられる河内国若江郷巨麻《こま》郷・同国大縣郡巨麻郷・甲斐国巨麻郡・武蔵国高麗郡高麗郷・多摩郡狛江《こまえ》郷・陸奥国柴田郡駒橋郷等も高麗系氏族の居住に関連した地名であろう。延喜式内社としては大狛《おおこま》神社（河内国大縣《おおあがた》郡）・許麻《こま》神社（河内国若江郡）などがあり、所在地の郷名とともに注目される。滋賀県草津の南方に、俗に狛山とよばれる山があり、その山中の狛坂寺跡には、巨岩に仏像を浮彫りした、渡来人の手になるとみられる磨崖仏が残っている。

【シラギ】

新羅・白木と書く。朝鮮半島では新羅と書き、シラギ・シンラ・シラともいうが、日本ではシラギと呼び習わしている。

朝鮮、慶州を都とした朝鮮最初の統一王朝名をいう。『三国志』魏志、韓伝にみえる辰韓一二国中の斯盧《しろ》国がその前身である。

八世紀以降、新羅からの渡来人がふえたが、彼らの多くは東国に移され、開拓に利用された。天平宝字二年（七五八）には帰化した新羅僧・尼ら男女七四人を武蔵国に移して新羅郡が新設されている。新羅郡は平安時代には新座《にいくら》郡と改称された。弘仁十一年（八二〇）に遠江・駿河に配した新羅人七〇〇人が反乱、その結果、天長元年（八二四）に新旧の「帰化人」を陸奥に移住させるとともに、以後、新羅の帰化は認めなかった。『和名抄』には陸奥国柴田郡に新羅郷がみえる。八世紀末、摂津国東成郡の大川の北岸に東大寺領新羅江荘（現大阪市東区の天満）が成立したが、のち豊臣秀吉の大坂築城の際、大川の対岸にあった南渡辺村が船場に移転されるまでは、白木神社とよばれる神社があったといわれている（山根徳太郎『難波王朝』）。これは白木が新羅に通じる例とみられる。

近江国の湖西、三井寺こと園城寺《おんじょうじ》境内には新羅神社（一名、新羅善神堂）が鎮座している。また、摂津国の一ノ宮である住吉大社には新羅寺と呼ばれる神宮寺があった。この寺名は三韓伝来の尊像を本尊としたことに由来するという。

【スエ】

須恵・陶などと書く。須恵器の製作をもって大王に仕えた集団の名称に由来する。

『日本書紀』垂仁天皇三年条に、近江国鏡村（滋賀県蒲生郡）の陶人は、日本に渡来した新羅の王子天日槍《あめのひぼこ》の従者であるとみえ、須恵器の工人が朝鮮半島から渡来したことが知られる。五世紀中頃にはこれらの渡来人を中心に、和泉国の北部で操業したらしい。『日本書紀』雄略天皇七年条に、新漢陶部《いまきのあやのすえつくりべ》高貴という人物が、百済から渡来してきたことが記されているが、ほぼ時を同じくする五世紀頃の古墳から須恵器の副葬がはじまる。『日本書紀』崇神天皇七年条にみえる「茅渟《ちぬ》県陶邑」は、和泉における須恵器を作る人びとの居住地と考えられる。和泉灘にのぞむ阪南地方には、多数の須恵器窯跡があり、この地には、旧泉北郡東陶器村、西陶器村があり、その村名は陶邑の名をとどめたものという。『延喜式』には、諸国の調物のうち、和泉国は須恵器、河内国は土師器《はじき》を納入することが規定されている。当初の産地は大坂周辺に限定されていたが、やがて東西にひろがり、六世紀末には関東の一部にも窯がつくられるようになった。

【スグリ】

勝・村主と書く。古代の渡来人の称するカバネ（姓）。韓国の古語では村長の意味といわれる。スグリ姓は二通りあり、勝姓と村主姓に分けられる。勝は秦氏系の在地の首長のカバネとされ、村主は漢氏系の伴造の称となった。

『日本書紀』雄略天皇十五年条に、秦造酒が各地に散在した秦氏を集め、百八十《ももあまり》種勝《やそのすぐり》を率いて絹を貢納し朝廷に集積したので、ウズマサの姓を賜ったとある。また、同書の雄略天皇二年条に史部身狭《むさの》村主青《すぐりあお》、続いて敏達天皇十三年条にも鞍部村主司馬達等《たつと》の名前がみえる。「坂上系図」には仁徳朝に渡来したと伝える高《たか》向《むく》村主・錦部村主等三十の村主姓の氏族がみえる。村主をスグリと読むことは『和名抄』伊勢国安濃郡村主郷の読みを須久利としていることでわかる。

【ニシゴリ・ニシコオリ】

錦織・錦部などと書く。古代の職業部である錦織部に由来し、ニシゴリはニシキオリの約まったもの。錦織部は大陸から渡来して高級絹織物の錦綾の織成をもって大王に奉仕した工人集団で、雄略七年、百済から渡来した工人のなかに錦織《にしごり》定安那錦《じょうあんなこん》がいた（『日本書紀』）。

錦織部を統括したとみられる錦織氏は河内国錦部郡が本貫。同部は南河内の石川の東南部、ほぼ今日の大阪府富田林市の東南部および河内長野市あたりに比定され、余戸・百済の二郷があった（『和名抄』）。『日本書紀』仁徳天皇四十一年三月条に、百済王族の酒君が石川錦織《いしかわのにしごりの》首許呂斯《おびところし》の家にかくれたことがみえ、錦織氏が百済系渡来人であったことがわかる。『姓氏録』河内国諸蕃には「錦織連は百済国速古大王（近肖古王）の後なり」と記す。また、『和名抄』には、河内をはじめ、山城・近江・信濃・美作に錦織（錦部）地名が記されており、畿内を中心に錦織部が置かれていたことが知られる。

【ハタ・ハダ】

秦・波多・波陀などと書く。ハタ・ハタノなどの地名は全国的に多数存在するが、すべてが渡来系氏族秦氏と関連があるわけではないので注意を要する。

語源については、機織りのハタに由来するという説、朝鮮語のパタ（海）に由来するという説などがあるが、後者が有力視されている。

『古事記』『日本書紀』によると、応神天皇のときに秦氏の祖先とされる弓月君《ゆづきのきみ》が百済から人夫百廿県を率いて渡来、雄略天皇のときには全国に分散していた「秦民」を聚めて秦酒公に賜っている。秦氏の本宗家が太秦氏（→ウズマサの項参照）。

『古事記』仁徳段には、茨田《まんだ》の堤防を築造した人びとは「秦人」であったといい、『日本書紀』仁徳十一年十月条では、これに従事した人びとは「新羅人」であったという。これによれば、秦氏と称した集団は朝鮮系で、それも新羅系の渡来族であったと考えられ、『日本書紀』の渡来伝説が百済出身とし、『三代実録』や『新撰姓氏録』が秦始皇帝の子孫とするのは、もうひとつの朝鮮系渡来氏族の雄・倭漢氏を強く意識し、事実関係に改竄を加えたためとみられている。

『三国史記』の地理志に、蔚珍郡《うるちん》（現在の大韓民国慶尚北道の蔚珍）の波《は》旦《たん》県を、統一新羅の景徳王が海曲（海西）県に改めたとあり、この波旦こそが秦氏の出自地とする説もある。

秦氏は山城国葛野郡・紀伊郡を本拠とし、山城を中心に近畿一帯に繁延、養蚕・機織・開拓に従事した。『和名抄』には、摂津国豊嶋郡に秦上・秦下両郷、武蔵国幡《は》羅《ら》郡に上秦・下秦両郷、さらに備中国下《か》道《とう》郡に秦原（波多波良）郷の名がみえる。

奈良県磯城郡田原本町大字秦之《はたの》庄《しょう》には秦河勝の創建と伝える秦楽寺《じんらくじ》があり、また、同町大字法貴《ほうき》寺には、『延喜式神名帳』の池坐朝霧黄《いけにますあさぎりき》幡比《はたひ》売《め》神社とされる天満宮があって、境内の法貴寺は聖徳太子の創建で、秦河勝に賜わった寺という。

〈大矢良哲〉

社会文化の地名

交通地名の来歴
荘園地名の来歴
城と城下の地名来歴
小集落地名の来歴
開拓地名の来歴

交通地名の来歴

【いち・いちば（市・市場）】

市は、交通の便のいい地に開かれるが、市が開設された地には市・市場（一場・市庭）地名が残ることが多い。その新旧によって古市（旧市・先市・本市場）・今市（新市・若市）、位置によって上市・中市・下市、取り扱う商品によって桑市・青市・傘市・金市・牛市・種市・白望市《ばくろう》など、また神社の社前に開かれる宮市もある。

定期市では月に三・六・九回開く三斎市・六斎市・九斎市があり、朔日市《ついたち》（愛媛県西条市）・二日市（福岡県筑紫野市）・三日市（富山県黒部市）・四日市（三重県四日市市）・五日市（広島市佐伯区）・六日市（新潟県長岡市）・七日市（群馬県富岡市）・八日市（滋賀県八日市市）・九日市（兵庫県豊岡市）・十日市（青森県八戸市）などがあるが、市でなく町と称するものもある。特に青森県東部や新潟県には市日を地名に残す例が多い。

【いちりやま（一里山）】

一里塚・一里壇《だん》ともいう。すでに豊臣秀吉が、それまで不統一であった里程を、三六町一里に統一して、一里ごとに五間（約九メートル）四方の塚を築かせたことに始まるとされ、さらに徳川家康がこれを継承して、慶長九年（一六〇四）に東海・東山・北陸の三道を初めとして、全国的に街道の両側に塚を築かせたという。塚上には榎を植えることが多いが、地方によっては松・杉・桜・栗・椋・欅・檜・槻などの例もある。

近世後期は必ずしも一里山の保全も十分でなく、消滅したところもある。また街道が付け替えられても、特に新たに一里山を築くこともしなかったので、その存否によって街道の新旧を知ることができる。

現在も、各地に一里山・一里塚の地名が残っている。地方によっては、城下の街道基点からの距離によって、一里塚・二里塚・三里塚などと言う場合があり、肥後では熊本城下から数えて一里木・二里木・三里木と呼んだ。

【うまや・まや（馬屋・厩）】

ウマヤがつまってマヤになることが多いが、さらにマエ（前）に転化することもある。

古代・中世・近世を通じて、厩を置く施設は多いが、古代の駅家もウマヤと呼ばれ、備前国高月駅は岡山県山陽町馬屋に比定されている。また、播磨国賀古《かこ》駅に想定される、兵庫県加古川市古大内遺跡のすぐ北に駅池《うまやいけ》があるように、ウマヤ地名の中には古代の駅に関係するものがある。

一志茂樹は、長野県に多い馬屋《まや》の口《くち》・馬屋《まや》の尻《しり》などの地名に注目して、古代駅の所在を考察した。また馬ノ跡・馬ノ口などの地名が駅家を意味すると考えられる例もある。

【おいわけ（追分）】

道路の分岐点を意味し、全国各地にあるが、主要街道の追分には交通集落が発達した。最もよく知られる長野県軽井沢町追分は、中山道と北国街道との分岐点で、宿場になっていた。

ここでは、宿の西端に両街道の分岐点があり、地元では分去れ《わかされ》と言っている。人馬を馬子が左右に追い分ける意味とも、また「合い別れ」から転じたともいう。

各地で歌われる民謡の追分節は、当地の馬子歌から始まって信濃追分として各地に伝わり、越後追分・松前追分・江刺追分などができ舟唄にもなったが、これらは地名とは関係がない。

三重県四日市市追分は、主要街道である東海道と伊勢街道の分岐点として、知られていた。

【かごのわたし（籠の渡）】

山間の峡谷を渡るために架けられた手動のロープウェイをいい、その所在地に小地名として残ることがある。

近世の飛騨白川郷や越中五箇山《ごかやま》には多くあったが、越中と飛騨とを結ぶ主要街道では、神通川左岸沿いに通る飛騨街道が、国境になっている支流の宮川に架けられたものが最もよく知られ、安藤広重の『六十余州名所図会』にも「飛騨籠わたし」として取り上げられている。

【かけはし（梯・懸橋）】

峡谷に沿って棚のように板を渡して架けた橋で、桟道《さんどう》ともいう。木曾の懸橋が古来有名で、芭蕉の「桟《かけはし》や命をからむ蔦かづら」の句がある。長野県木曾郡上松町沓掛《くつかけ》に、桟という地があり、ここに石組の跡だけが残っている。古くは福島・三留野《みどの》間のところどころにあったが、次第に改修されて、ここ波計《はばかり》だけに残ったという。また、古くは文字通りの桟道であったが、後には多く石垣を築いた。

山梨県甲府市（旧上九一《かみくい》色《しき》村）梯は、甲斐・駿河間の主要道路であった中道往還が通る、芦川の渓谷沿いに位置するので、そこに架けられた梯に因む地名と考えられる。

カケハシを単にハシと呼ぶこともあり、神通川右岸の富山・岐阜県境（越中・飛騨国境）の絶壁の上部に架かる千貫橋《せんがんばし》は、河床からの比高約一二〇メートルの高所にあった。大正四年（一九一五）に岸壁を掘削して、神岡鉱山の鉱石輸送用の専用軌道が敷設されたが、これも今は廃線になって、現在は国道四号線の県境の橋に千貫橋の名が残っている。

【かし（河岸）】

河川水運の船着場をいい、河岸の字をあて、東日本で多く用いられる。カシは船を繋ぐ杭を意味することから起こった地名ではなかろうか。カシはカセとも言ったが、カシは普通名詞として地名の下に付けられるが、カセは地名になって西日本に多く残る。

佐賀市嘉瀬津《かせつ》は嘉瀬川の潮汐限界点に位置する河港として栄えた。『平家物語』で鬼界が島に流された藤原成経・平康頼・俊寛等は、島での生活に必要な物資を、成経の舅の平教盛の荘園であった嘉瀬荘から送られ、成経と康頼が許された時も、嘉瀬津に上陸した。嘉瀬川の上流には肥前国府があったから、嘉瀬津は国府の外港でもあった可能性がある。

同様に、熊本県の緑川の支流の加勢《かせ》川も、上流に初期肥後国府があり、緑川河口の網津《あみつ》は国津であったと思われるので、国府までの河川水運があったのであろう。陸奥国府であった多賀城の北側には加瀬《かせ》沼がある。

【からはし（唐橋・韓橋）】

唐橋は中国風の立派な橋としてその名があり、都内や幹線道路に設けられたと思われる。最も有名なのは、瀬田川に架けられた瀬田の唐橋で、東海・東山両道の駅路が通っていた。

京都市南区に羅城門跡を含んで唐橋の地名があり、地名の基になった橋は、門外にあった幅一丈（三メートル）の溝に架けられていたという説がある。仁和三年（八八七）に橋守が置かれた韓橋はこれであろう。一方、元慶三年（八七九）に焼けた辛橋《からはし》は、加茂川に架かっていた別の橋である。九条坊門通を別名韓橋通といったから、辛橋はこの通りの延長上にあったのであろう。

筆者は、大化二年（六四六）の改新詔に見える、畿内の四至の一つ「赤石《あかし》の櫛《くし》淵《ふち》」に向かう、初期の山陽道は有馬温泉を経由したと考える。この道路が有馬温泉を出てまもなくの、武庫川の上支流有野川を渡る地点に唐橋の地名がある。

備中から備後に入る山陽道駅路は、近世の山陽道と同経路に比定されているが、備後側の広島県福山市神辺町には駅往還《うまやおうかん》と呼ばれる別路があり、これに沿って条里地割に対して道路幅を示す余剰帯が認められるので、少なくとも当初の駅路はこれを通ったと思われる。駅往還が芦田川の支流高屋川を越える橋が唐橋であるのも、これが幹線道路だったからであろう。

【かるいざわ（軽井沢）】

古語で物を背負うことをカルフというので、牛馬で運搬できず人が荷を背負って通る、山地の入口にある沢をいうとの解釈があるが、この条件に合わないところもある。

碓氷峠の西麓にある長野県の軽井沢はこの条件に合い、東麓の群馬県松井田町坂本から峠に向かう途中に、馬返しの地名があることにも対応する。また、宮城県加美郡加美町の軽井沢は、山形県尾花沢市銀山温泉に通じる近世の最上街道の、県境（陸奥・出羽国境）に近い位置にあり番所が置かれたが、交通不便の山中なので宿機能も備えて、盛時には二八軒の町屋敷があったという。今は、この街道は廃道になり、軽井沢も廃村になっている。

前者は古代東山道の、後者は天平九年（七三七）に大野東人が開き、天平宝字三年（七五九）に駅路に指定された、陸奥・出羽連絡路の、それぞれ通過地に当たるので、その地名も古く遡る可能性がある。

【きりどおし（切通）】

道路が山地や丘陵に切通しを造るのは、ほぼ主要道路に限られるが、特別のことなので地名として残ることが多い。

古代駅路は直線的路線をとって計画的に造られたので、低い丘陵は切通し、台地は直登するので、各地にその遺構が残っている。『延喜式』駅名に肥前国切山があり、丘陵の切通遺構がある佐賀県三《み》養基《やき》郡上峰町切通に比定する説がある。

切通で最も著名なのは、鎌倉の七口のそれで、極楽寺・大仏・仮粧《けわい》坂《ざか》・巨《こ》福《ぶく》呂《ろ》・朝比奈《あさひな》・名越《なごえ》・小坪などがある。台地の多い江戸にも、各所の切通坂があった。

なお、切通地名の中には岐阜市のそれのように、河川の付け替えに因むものもある。

【くつかけ（沓掛）】

履物の沓《くつ》（わらじ）を宿で履き替えることから起こった地名といわれ、中山道沓掛宿（長野県北佐久郡軽井沢町）がよく知られる。同地は古代の長倉駅想定地でもあるので、古代の駅に因む地名とする解釈もあるが、必ずしも地名と駅の所在は一致しない。例えば、京都市西京区沓懸は丹波国境の老ノ坂（大枝山）の東麓にあるが、山陰道大枝駅は西麓の亀岡市にあった。

この地名が峠下・渡河点などに多いのは、交通路が難所に掛かる地点で沓を履き替え、沓を木にかけて旅の安全を祈願したものと思われ、必ずしも駅とは限らないのであろう。

【くるまじ（車路）】

車路（車地）地名は九州北部に多いが、山陽・近畿にも存在し、いずれも古代幹線道路の沿線に見られ、山口県宇部市の山陽道沿いに車地の集落がある。一二世紀の史料に見られるものがあるので、これらは古代道路を意味するものと思われる。

筑後では六箇所の車路地名を結ぶ明瞭な直線の道路痕跡があり、その一部は発掘されて道路遺構が確認され、西海道駅路と見られている。肥後でも数ヶ所の車路地名を結ぶ直線の道路痕跡が認められるが、『延喜式』駅路とは路線を異にし、天智朝に築城されたと見られる鞠智《くくち》城下を通る、軍用道路であった可能性が高い。車返・車帰（くるまがえし）の地名も急坂下や渡河点に見られ、関連するものと思われる。

古代における地方での車の使用については、従来は否定的見解が強かったが、それは古代道が車の使用に耐えない小道であったとする推測を前提にするものであった。各地で発掘された古代道が、幅一〇メートル以上の直線的大道であったことが確認された現在、車の使用についても再検討を要する。

【けわいざか（化粧坂）】

仮粧坂・毛祝坂とも書き、また、ケショウザカという場合もある。最もよく知られる神奈川県鎌倉市の仮粧坂は、鎌倉七切通の一つで西北の出口にあたり、気和飛・毛和井・化粧・気生・形勢などとも書かれた。名の由来は、討ち取った敵の武将の首を実検の前に化粧したところであるとか、付近に娼家があったからとか言われる。

東京都台東区化粧坂は、遊廓があった吉原に行く道であったというが、多くは中世以来の地名で、古代末から遠江国府の地であった静岡県磐田《いわた》市見付の年代不明の絵図にも、町の西北部に化粧坂がある。この絵図では、江戸時代には池や湿地となっていた今の浦が内湾として描かれているので、中世頃の状態を示すと見られるものである。

見付の町の西北に、一の谷の中世墳墓群が発掘されたが、西は祖霊の去来する方向として、化粧坂も都市の境界にあって、異界から町場に入ってくる坂であるとする解釈がある。

【ごてん（御殿）】

貴人の宅を御殿ということから、近世は将軍や藩主の別荘、旅行中の専用宿舎を御殿と称したが、特に将軍関係のものを御殿、大名のものは御茶屋・御旅屋などということが多い。

徳川家康は慶長十九年（一六一四）に上総国東金（東金市）に御殿を設けて鷹狩りをしたが、東金に至る直線道の御成《おなり》街道を造らせ、途中に船橋御殿・千葉御殿（通称御茶屋御殿）などを設けている。

同様に相模国中原（平塚市）にも鷹狩りのために御殿を設け、もともと直線的に通る中原街道を通り、途中に小杉御殿（川崎市中原区）を設けている。将軍の御殿は関東周辺と東海道筋に多く、後には廃止されたが御殿場市など御殿の所在に因む地名は多い。

このほかに、御殿地名は伝説的な貴人に因むものがある。

【こまば（駒場）】

東日本に多く分布し、牧場・馬産地・馬場などに因む地名とされるが、長野県ではコマンバと呼んで、古代駅関係地名としてあげ、下伊那郡阿智《あち》村駒場は『延喜式』阿知駅の所在地に比定されている。東京都目黒区駒場は東京大学教養学部の所在によってよく知られるが、その地名起源については諸説があり、駅関係地名とする説はない。

また、万場《まんば》地名を古代駅の関係地名とする説があるが、その事由については明確ではない。コマンバの転化と解するのではなかろうか。

【さいのかみ（道祖神）】

道祖神は塞神・幸神・才ノ神などとも書き、また道陸《どうろく》神ともいう。本来、境界を守って悪霊の侵入を防ぐ神であろう。古くは『古事記』の伊邪那岐《いざなぎ》・伊邪那美《いざなみ》二神の黄泉比良坂《よもつひらさか》の条に、船戸《ふなど》神・道俣《みちまた》神として悪霊をさえぎる神が現われている。道祖神関係の地名は多岐にわたるが、さい・さいど・さいのき・さいのもとなどが多い。

本来の道祖神は男女二体の神を祀るが、幸神は音読みでコウシンになるので、庚《こう》申《しん》信仰に転化し、申から猿《さる》田彦を祀ったり、猿は日吉神社の使いなので日吉《ひえ》・山王社を祀ることもある。一方、男女二神を猿田彦命と天鈿女命《あめのうずめのみこと》に附会して、これから猿が出てきたとも解される。

また、サイから賽《さい》の河原になり、死んだ子供を地蔵が救うというので、地蔵信仰になって路傍に地蔵が祀られることにもなる。また、道祖神には柴を折って供え、石を積んで拝むので、柴折・花折・柴神などの名もおこる。したがって、以上の全てに関係した地名が交通に関係することになる。

【さかもと（坂本）】

古くは峠を坂と言ったので、峠下を坂本といい、主要道路の坂本には交通集落が発達した。『延喜式』には、東海道足柄峠東麓の相模国坂本駅、東山道神坂峠西麓の美濃国坂本駅、碓氷《うすい》峠東麓の上野国坂本駅、北陸道倶利伽羅《くりから》峠東麓の越中国坂本駅、西海道阿蘇二重峠西麓の肥後国坂本駅などがあり、近世中山道碓氷峠下の坂本宿は古代の坂本駅の機能を継承し、東海道の鈴鹿峠下の坂ノ下宿は近世に起こったが、同様の性格をもつ。

これらの集落は、近代の鉄道開通によって交通集落としての機能を失い、衰微したものが多い。

【さるがばんば（猿が馬場）】

馬場は本来馬を調練する場所であるが、それに適するような広場をもいうようになった。猿が馬場は山上の平坦地に付けられた地名と思われる。

石川・富山県境（加賀・越中国境）の倶《く》利伽羅《りから》峠の、富山県側にある小平坦地の猿が馬場には、猿堂があり昔猿が旅人に危害を加えたので退治されたと伝えるが、『平家物語』では寿永二年（一一八三）五月の源平合戦に、平家方はここを本陣にしている。

長野県東筑摩郡麻績《おみ》村と更埴《こうしょく》市八幡との間に猿が馬場峠があり、一帯は聖《ひじり》高原と呼ばれる緩やかな地形をしている。峠は戦国時代末期の開通とされるが、南麓の麻績村は『延喜式』麻績駅の所在地だったので、犀《さい》川の渡河点に当たる長野市小松原付近に想定される、曰理《わたり》駅に至る東山道北陸道連絡路は、最短距離の猿が馬場峠を通った可能性が高い。古代駅路は平安時代後期に衰退して、後世に再開発される例が多いからである。

【しおじり（塩尻）】

塩は生活の必需品として、商品輸送の重要な分野を構成し、近世まで内陸部では、日本海岸から入る北塩と、太平洋岸からの南塩とが競合していたが、長野県塩尻市や上田市塩尻は、両塩の競合地で移入路の終点を意味するという解釈がある。しかし、愛知県一宮市塩尻はこの条件には合致しない。

一方、塩尻には塩田で砂を摺鉢状に盛り上げた、製塩の設備を意味することもあり、またシオは塩ではなく凹地や川の曲流部を意味する地形地名であるという説、またある種の土質を意味するという説などがあって、一概にはいえないようである。

【しゅく（宿）】

古代の駅制が崩壊した平安時代末期以降、交通量の多い街道沿いに発達した民営の宿泊施設を中心にした交通集落をいう。令制の駅家《うまや》を継承するものもあったが、近江の鏡、美濃の青墓などのように、別地に発達したものが多い。これを経営する宿の長者が栄えて、遊女なども置いた。

これらは美濃以西の東山道、尾張以東の東海道などに多く、鎌倉幕府の駅制は、これらの宿を編成して新たに設置させたものも加えるが、これを駅とも呼んでいる。近世の宿・宿場もこれらを踏襲したものが多いが、近世の宿場以外で宿の地名が残るところは、中世の宿であったものが多い。

なお、中世の被差別民の居住地も宿（夙《しゅく》）といったので紛らわしいが、これも交通路に沿って位置することが多かった。

【せき（関）】

為政者が交通を取り締まり、また通行料を徴収するために関を設けたが、各地に残る関地名がその位置を示す。

三重県関町（現亀山市）と岐阜県不破郡関ヶ原町は、古代三関の鈴鹿関と不破《ふわ》関の所在地であった。残る愛発《あらち》関の位置は福井県敦賀市城にあると推定されるが、明確な位置は不明である。三関は主要交通路の交点となる平地に置かれ、支路の要地には軍事的防備の施設として剗《せき》（小関）を付設した。

また、陸奥国境の勿来《なこそ》・白河などの軍事的要衝には、防衛のための剗を置いたが、後には関の字を用いた。『出雲国風土記』によれば、隣国に通じる主要道路の国境に剗を置いているので、他の国でも同様であったと思われる。

中世には通行料徴収のための関が濫設

され、水路関・川関なども置かれた。関地名の多くはこの当時の関を示すものと考えられる。近世は幕府設置のものを関所といい、各藩が設置したものを番所といったが、番所も地元では関所と呼ぶことが多かった。

なお河川に沿う関地名には、同音の堰《せき》から転化したものがあり、関地名必ずしも関の遺称ということにはならない。

【せんどう（山道）】

古代東山道駅路沿いに山道《せんどう》と、これが転化したと見られる仙道・千道・先道・千堂などの地名がある。これらは東山道を単に山道と呉音で呼んだことに由来すると思われ、その地名は東山道駅路の路線を求める手掛かりになるが、なお山道《やまみち》地名との区別が問題になる。

東海道も単に海道と呼ばれたが、地名としての海道は近世の街道と区別できないので、古代駅路を求めるには役立たない。また、街道・海道は垣内《かいと》の転化と見られる場合もあるので、駅路に限らず交通関係地名として利用する際には注意を要する。

【だいどう・おおみち（大道）】

『日本書紀』推古天皇二十一年（六一三）に「難波より京に至る大道を置く」とあって、大坂平野と奈良盆地の間に道路が開かれたが、さらに白雉四年（六五三）にも「処処の大道を修治す」の記事がみえ、七世紀中頃には道路建設が進行したことを示す。

難波京の朱雀大路の延長線に直線の道路痕跡があり、これに沿って大阪市天王寺区大道町があるので、この道路を「難波大道」と仮称しているが、堺市域で幅一八メートルの道路が発掘され、文字通りの大道であったことが判明した。古代駅路の想定路線に沿っても、しばしば大道の地名があって、これに対応する幅一〇メートル以上の道路遺構も各地で発掘されている。

嘉暦四年（一三二九）の鵤《いかるが》荘荘園絵図には「筑紫大道」の記載が見え、現地は兵庫県揖保《いぼ》郡太子町に当たるが、絵図の現地比定と他の大道地名によって推定される筑紫大道は、古代の山陽道とも近世の西国街道とも異なり、ほぼ両者の中間を通る中世の山陽道と思われる。

このように、大道は各時代の幹線道路を意味するものと思われるので、その地名の時代認定が可能であれば、大道地名から当時の幹線道路を復原することができる。

【たていし（立石）】

立石は石が立っていることから起こった地名で、その石は自然石のこともあり、近世の道標など人工的なものもある。古代交通路に沿って立石があることが多いが、地名だけで立石は存在しないこともある。

弥生時代の環濠集落で有名な佐賀県吉野ヶ里では、奈良時代の建物や道路跡も発掘され、奈良時代には駅家《うまや》が存在したと考えられている。その道路が丘陵を切通す地点に立石があるが、加工されてなく碑文もない。

佐賀平野を直線的に通る駅路が、肥前国府跡の西方で嘉瀬《かせ》川を渡る地点にも立石の地名があるが、石は現存しない。

宮城県多賀城市の多賀城の南門の側に、天平宝字六年（七六二）の修造を記す多賀城碑が立っているが、その地名も立石である。立石は官衙《かんが》・施設の所在を示すために、交通路に沿って立てられたものと思われ、古代交通路復原の参考になる。

【つくりみち（作道・造道）】

古代道は直線的路線をとって計画的に測設されたから、自然発生的な通路と異なり、作道の工事を必要とした。特に、低地での築堤や丘陵の切通しなどの場合、その工事は強く意識されて地名として残ったと思われる。

作道の名が最もよく知られるのは、平安京の朱雀大路の羅城門外への延長に当たる、「鳥羽の作道」であるが、低地に築堤した幅二〇メートル程の大道であったと思われる。

富山県新湊市（現射水市）作道には式内の道神社もあって、北陸道駅路に沿うと見られるが、明瞭な道路痕跡は認められない。一帯は低地なので、作道をしたとすれば築堤道であろう。

熊本県下益城《しもましき》郡豊野村（現宇城《うき》市）に想定される豊向駅から、八代市片町に想定される片野駅に向かう肥後国の西海道駅路が、益城・八代郡界の娑婆神《さばがみ》峠を越えた、八代郡小川町小野に作り道の小字地名があるのは、峠部の切通しに関係する地名と思われる。

【てんま（伝馬）】

伝馬制は古代に始まり、令制では緊急の連絡・通信の急報のために駅家に置かれた駅馬とは別に、特定の官用の旅行者のために郡家《ぐんげ》に伝馬が置かれ、これをデンメ・ツタワリウマといった。

中世は宿駅に早馬・伝馬・人夫を準備する制度があったと思われるが、特に戦国時代に入ると、各大名は領内の交通制度を整備して、宿駅を設け伝馬制度を施行した。

近世の交通政策は戦国時代の制度を全国に拡大したもので、伝馬と人夫を各宿駅に設けて、幕府・大名の公用旅行に供するほか、民間の輸送にも利用できるようになった。

このように、各時代を通じて交通制度の中心となったのが伝馬であるから、伝馬町などその名を残すところが多い。その多くは、近世の伝馬に関係したものであるが、中には近世以前に遡ると見られるものもある。

【とうげ（峠）】

峠のことを古くは坂といい、トウゲは中世頃から用いられた言葉で、その語源は神への手向《たむ》けとする説と、山の稜線の撓みを乢《たわ》・塔《とう》と呼ぶので、乢越《とうご》えであるとする説がある。峠は国字であるが、一三・一四世紀の鐘銘や古文書には、碓氷峠を「臼井到下《とうげ》」「臼居塔下《とうげ》」などと書いている。

峠は境界になるので、古代は国司が入国する際に国境の峠で坂迎《さかむか》えの儀式を行った。奥日光の金精《こんせい》峠のように峠の神は道祖神といわれ、古くは男女二神が峠を隔てて対峙していたが、後には一宮など他の神社に変わったところが多い。また地蔵を祀ることも多く、地蔵峠の名も各地に残る。

柳田國男は、峠への登りには谷筋をとるのが便利で、下りには尾根筋を通るのが好都合であるから、その通路の着き具合で峠が開かれた方向が判るとして、谷筋の方を峠の表、尾根筋を裏と呼んだ。

【とまり（泊）】

泊は一般に海岸にあって、船の停泊地を意味するが、本来は宿泊の泊であるから内陸にもある。『延喜式』東山道飛驒国の駅名に下留《しもつとまり》・上留《かみつとまり》がある。現在の岐阜県下呂《げろ》市及び下呂市萩原町上呂《じょうろ》に当たり、いずれも音読みに変わっている。これらは、もと伴有《とまり》駅があったが、隣駅との間が遠すぎたので、二駅に分けて置いたものである。長野県にも数ヶ所の泊地名がある。

【なわて（縄手・畷）】

本来、縄手は条里制など古代の土地測量の基準線を意味したと思われるが、縄手は直線になることから、直線道をも意味した。古代道路は直線的路線をとっていたから、縄手と呼ばれるところが多い。

平安京南京極の南約五町に、条里地割に沿って東西に通る大縄手があり、羅城門から出た駅路のうち、山陽・南海両道は鳥羽作道《とばのつくりみち》を南下するが、東海・東山・北陸の諸駅路は大縄手を東に、山陰道駅路は西に通じていたと見られる。また、山陽・南海両道の駅路は鳥羽作道から、乙訓《おとくに》郡条里を斜めに一直線に切って通る、久我畷《こがなわて》を西南に山崎に向かっていた。

岡山市街北部の山麓を東西に通る福林寺縄手も、山陽道駅路に比定されている。

【はしもと（橋本）】

陸上交通を阻害する河川に橋を架けることは、昔はきわめて困難で、架橋地点も限られていたから、橋畔には多くの道路が集中し、また可航河川の場合は水陸交通の接点にもなって、交通集落が発達した。これを橋畔《きょうはん》集落という。

これらは一般に橋本の地名で呼ばれるものが多く、静岡県湖西市新居町の橋本は、かつて浜名湖から流れ出ていた浜名川に架けられた浜名橋の畔にあり、橋下とも書かれ中世には宿として栄えた。和歌山県橋本市は高野街道の紀ノ川の北岸、滋賀県大津市瀬田橋本は瀬田唐橋東岸の橋畔集落である。また、京都府八幡市橋本は、神亀三年（七二六）に行基によって初めて架けられた山崎橋の橋本であった。

橋に因む地名は多く、群馬県前橋市は古代の駅の所在によるウマヤ橋からの転化といわれ、愛知県豊橋市は近世の東海道吉田宿であるが、現在の名称は明治期に豊川に因んで付けられたもので、中世には今橋の名で知られ、宿として栄えた。

【はやうま（早馬）】

古代から近世を通じて、緊急連絡には早馬が用いられた。古代には駅馬をハユマと呼んだ。浜松市中区早馬町は近世の早馬に因むというが、大隅国蒲生《がもう》駅想定地の鹿児島県姶良《あいら》市蒲生町下久徳には早馬の地名があり、早馬様《はゆまさー》という小祠を祀っている。

福岡県大牟田市駛馬《はやめ》は駅馬《はゆま》の転化と見られ、『延喜式』には見えないが、以前に廃止された駅家の所在を考慮させる。また、福岡県筑後市羽犬塚《はいんつか》は筑後国葛野《かつらの》駅の想定地で、ハユマツカの転化とする説がある。

葉山《はやま》もハユマの転化と考えられる可能性があり、福岡県久留米市にある、筑後国御井《みい》駅の想定地は葉山である。同様に神奈川県葉山市は、三浦半島から上総国に渡った初期東海道駅路の駅家に因む可能性がある。

【ひのやま（火山）】

下関の火山が最もよく知られるが、北九州から瀬戸内海沿岸に多い火山（日山）は、昼は煙を上げ、夜は火をたいて、通信を行う、古代の烽（とぶひ・すすみ）の跡を意味し、日隈山《ひのくまやま》なども同じである。烽の位置は、見通しがきいても交通不便な高山は不適当で、烽が通じない場合は脚力《きゃくりき》（飛脚）を走らせて連絡する必要があったから、駅路など主要交通路に沿う、低い独立小丘陵に設けられることが多い。

【ふせ（布施）】

古代、官用の旅行者は駅家《うまや》や郡家《ぐんげ》に宿泊できたが、調・庸の運搬者や一般旅行者のために、国や僧などによって建てられた宿泊所を布施屋《ふせや》といったので、その所在地を布施と称したとする解釈があるが確証はない。

天平十三年（七四一）行基が畿内諸国に九ヶ所の布施屋を作り、最澄は弘仁六年（八一五）神坂《みさか》峠を越えた際に、難渋する旅人を見て、峠の両側に布施屋を建てた。また、承和二年（八三五）には太政官符によって、美浪・尾張国境の墨俣《すのまた》河の渡船を増やし、両岸に布施屋を造らせている。これらに関しては、特に布施の地名は認められていないようである。

一方、フセは傾斜地を意味する地形地名ともされるので、留意を要する。

【ふだのつじ（札ノ辻）】

近世の城下・宿場などで、法度《はっと》・掟書《おきてがき》等を掲示する高札場は、町中の主要交差点に置かれることが多かったので、その場所を俗に札の辻と呼んだ。一般に、高札場は町の中心地とみなされ、道路の距離測定の基準点になっている。

古代の下ツ道と横大路をそれぞれ踏襲する、中街道と初瀬街道の交差点に位置する、奈良県橿原市八木の札の辻は、毎朝市が開かれて賑わった。静岡市や滋賀県大津市では現町名として残り、それぞれ町の中心地になっている。

【ふなはし（船橋）】

船を並べて繋ぎ、その上に板を敷いて橋にしたもので、浮橋ともいう。浮橋には筏《いかだ》状に丸太を並べたものもあり、これは筏橋とも呼ばれたが、浮橋の原初形態であろう。

『万葉集』には「上毛野《かみつけの》佐野《さの》の舟橋」などが見える。群馬県高崎市佐野に当たり、烏《からす》川に架けられたものであろう。承和二年（八三五）の太政官符では、東海道の諸川に浮橋を造り、渡船を増やすことを指示しているが、駿河国富士河と相模国鮎河は流れが速くて、渡船は人馬を損なうおそれがあるという理由で、浮橋を造らせている。鮎河は今の相模川である。鎌倉時代の正安元年（一二九九）に完成した、『一遍上人絵伝』にも富士川の船橋が描かれている。

近世の船橋で最もよく知られたのは、富山城下を流れていた神通川に、六四艘の舟を鎖で繋いだもので、日本第一の舟橋と喧伝され、歌川広重の『六十余州名所図会』にも「越中富山船橋」として描かれている。

千葉県船橋市の地名由来は、海老川に架けられた船橋によるものであろうとされる。船橋の地名は文治二年（一一八六）に見えているが、橋についての記録はない。海老川は小河川なので、船橋があったとしても早く廃止されたのであろう。

【まごめ（馬込）】

馬込・馬籠（間米・真米・孫女などに転化）は、牧場などで馬を囲い込む施設を意味すると思われるが、牧場だけでなく広く馬を扱う施設にも設置されたと考えられる。また、これとは全く別に、狭い谷を意味することもあるという。

古代の駅家では駅馬を常置したので、付随して馬込が設置されたらしく、駅想定地付近にこの地名を見ることが多い。例えば、東海道武蔵国大井駅は東京都品川区大井に比定されるが、これに隣接して大田区馬込がある。中山道木曽の馬籠《まごめ》宿も、東山道美濃国坂本駅の関係施設に由来する可能性がある。

これらの馬込は、駅から若干離れた奥行の浅い谷部などに位置し、非番の馬を置く場所として用いたらしい。

馬込地名は時代的にも特定できないが、間米・真米・孫女など本来の字義を失って転化した用字ほど古く、駅との関係が認められることが多い。

【まつぎ・まつき（松木）】

古代駅伝制による駅家は、ヤクカ・ウマヤと称したが、これを馬継《まつぎ》と呼び、それが転化して松木になったとして、これを古代駅関係地名とする説が、特に山陽道・南海道に多い。

例えば、岡山県赤磐市松木を山陽道備前国珂磨《かま》駅に、愛媛県川之江市妻鳥《めんどり》町松木を南海道伊予国大岡駅に、新居浜市中村字松木を同国新居駅に、また今治市松木は同国越智《おち》駅に、それぞれ比定する説がある。

この中で、熊山町の松木には馬次《まつぎ》という小字地名もあって、まさに松木が馬継に基づいたことを示すと思われるが、律令期に駅家をマツギと呼んだかどうかは疑問で、特に今治市松木は主要交通路には沿うものの、想定駅路から離れることは確実なので、あるいはマツギは駅伝制衰退後の、古代末または中世の駅に対する呼称であったとも考えられよう。

【みさか（御坂）】

神坂・三坂・見坂とも。古くは峠のことを坂といったが、峠は交通の難所であり、地域の境界にもなるので、特に主要な峠では神を祀って、別地に入る旅の安全を祈願したので、畏敬の念をこめて御坂と称し、祭祀遺跡が残るところも多い。

東山道が美濃（岐阜県）と信濃（長野県）国境の木曽山脈を越える神坂峠《みさかとうげ》は難所として知られるが、古墳時代以来の祭祀遺跡がある。『日本書紀』には日本武尊《やまとたけるのみこと》が信濃坂（神坂峠）を越えた際に山神の妨害を受けたことが記され、またこれを越える人は神の気に触れて病を得ることが多いが、蒜《ひる》を嚙むとその禍を避けることができるとしている。

また、山梨県の甲府盆地と川口湖の間にある御坂峠も、『古事記』で倭建命《やまとたける》（日本武尊）が相模から甲斐に入った際に越えた道とされ、『延喜式』駅路もここを通る。東海道随一の難所であった足柄峠も、『万葉集』では「神の御坂」と歌われている。また、『出雲国風土記』には、飯石《いいし》郡と備後国三次《みよし》郡の境に三坂《みさか》があり、ここを通る経《みち》に剗《せき》が置かれたことを記している。

ミサカの地名によって、古来の主要交通路の通過路線を知ることができる。

【みつけ（見附）】

近世、城下町の城門や木戸などで番人が見張るところをいい、江戸では赤坂見附・四谷見附・牛込見附など、三十六見附が城門の舛型《ますがた》の外側にあった。

新潟県見附市は戦国時代、静岡県磐田市見付は鎌倉時代にその名が見え、江戸時代とは異なる意味があった可能性がある。磐田市の見付は、今の浦に面する入《いり》海月《うみつき》ということから起こった地名というが、鎌倉時代に同じ駿河国の富士川と浮島ヶ原の間に見付宿があったというので、やはり交通に関した地名とも思われる。

【やくか（駅家）】

駅《えき》地名は、近代の鉄道駅に因むものが多いが、広島県福山市に合併した駅家《えきや》町は、古代山陽道の備後国品治《ほんじ》駅に因む地名で、備中の駅の所在地を江木《えぎ》地名に比定する説がある。しかし、中国地方では小さい谷を峪・溢《えき》というので、注意を要する。

また、古代は駅家をやくか・うまや、といった。佐賀県神埼市駅ヶ里《やつがり》は『延喜式』に見えないが、『肥前国風土記』神埼郡の条に「駅一所」と見えるものに当たり、大分県宇佐市の駅館《やつかん》川は『延喜式』豊前国宇佐駅に因むので、これらが本来の読み方であろう。

【よこおおじ（横大路）】

横は東西方向を意味し、東西に通る大路をいう。

最もよく知られるのは、奈良盆地を東西に横切るもので、東は伊勢・伊賀に通じ、西は二上山を越えて河内から難波に通じていた。また横大路は、これに直交する下ツ道と共に、大和国条里の基準線になっていた。

京都盆地の横大路も、長岡から桃山丘陵に向かうが、平安京開設以前から通っていたと考えられる。また、佐賀県神埼市の横大路は、吉野ヶ里遺跡などで発掘確認された、佐賀平野を東西に通る西海道駅路の一部に当たる。

中世の鎌倉でも、鶴岡八幡宮の社前を、若宮大路に直交して東西に通る道を、横大路といった。

【わたり（渡・曰理・亘理）】

渡河点を意味する地名。主要道路の渡河点は地形的にきわめて限定されるので、橋と同様に両岸の交通路が集束し、また水陸交通の接点として渡津集落が発達した。古代郷名・駅名に各地の曰理があり、それぞれ主要河川の渡河点に位置している。

陸奥国曰理郡曰理郷の名を継ぐ、宮城県亘理《わたり》町は阿武隈川の渡河点に当たるが、郡名にもなっていることは、渡河点の重要性を示すものと言える。信濃国には曰理駅が二ヶ所あり、東山道本道の千曲《ちくま》川と北陸連絡支道の犀《さい》川の、それぞれ渡河点に位置しているが、同名にもかかわらず共に曰理の駅名を付けているのは、渡河点を重視した結果であろう。

〈木下良〉

交通

荘園地名の来歴

【一色《いっしき》】

荘園内部の地目《ちもく》に由来する地名。荘園領主に対して一種類の課役のみを負う田地のことで、普通は公事《くじ》が免除され年貢だけを負担した。一色田ともいった。一方、新たな開発地に対しても公事が免除され、年貢だけ納入すればよいという特権が与えられたから、これら開発地も一色といわれるようになり、それが地名化していったと考えられる。室町時代の有力守護大名である一色氏は三河国吉良荘一色から出たのでその名がある。

【院《いん》】

中世の行政領域ないし所領を示す単位に由来する地名。古代、国衙《こくが》や郡衙の正式な倉庫を正倉といい、それらが「かき」で囲まれていたことからその一区画を院と呼んだが（正倉院など）、平安時代中期の郡郷制の再編の過程で、その正倉を中心とする領域が郡や郷などとならぶ行政領域の単位となり、～院と称せられるようになった。永承四年（一〇四九）の紀伊国郡許院、天喜五年（一〇五七）の同国美乃《みの》院が早い例に属する。そして治暦五年（一〇六九）には、大隅国で禰寝《ねじめ》・小川・吉田の三院が現れる。その後九州地方南部の日向・大隅・薩摩の諸国に多くみられるようになり、建久八年（一一九七）の「薩摩国図田帳」には郡や荘とともに山門院・入来《いりき》院・牛屎《うしくそ》院（「ねぼりいん」とも）・満家《まんけ》院などの院が一〇所確認できる。また同年の「大隅国図田帳」にも郡・荘など二〇所の行政区が確認できるが、そのうち院地名をもつものは小河《おがわ》院・蒲生院・吉田院など半数の一〇所にも及ぶ。現在も伊集院・祁答《けどう》院（ともに鹿児島県）などとして残っている。

【垣内《かいと》（かいち）】

垣根の内を意味する「かきつ」「かきと」から変化した呼称。古代から確認でき、もとは垣によって囲まれた耕地を意味したが、一一～一二世紀にかけて農民的な開発の進展のなかで、屋敷を中心として田・畠・林、さらに荒地を含んだ垣内が出現する。また開発予定地を垣で囲み、それを垣内と呼んだ例もある。どちらの例にしろ単なる居住空間としてよりも、荒地などの開発をともなう場合が多く、したがってその領域に対して非常に強い所有権をもっていたから、地名として残存していったと考えられる。また、中世後期には数軒の家を含む一まとまりの集落を意味するようになり、集落という意味で現在の地名として残っている例も多い。

【加納《かのう》】

平安時代に荘園の本免田に付け加えられた荘田のこと、ないし付加を実現しようとする行為のこと。本免田以外に開発や買得によって獲得した田地は不輸権がなかったから、地主権に基づく得分はあったが官物や公事は負担しなければならなかった。そこで領主は封戸《ふこ》（国家が寺社や貴族に給付した租税）の代替などを口実として国衙にそれらの田地の不輸権を認めさせた。その田地を加納といった。さらに領主や有力な名主たちはその加納を前提にその周囲の公田までも加納と称して荘園に取り込もうとした。平安後期の荘園整理令（延久と保元の荘園整理令）は、加納や出作によって生じた新立荘園を整理することに主な狙いがあったという。永禄十年（一五六七）織田信長が楽市の制札を出したことで有名な美濃国加納（岐阜市南部）は、東大寺領茜部《あかねべ》荘の加納の地であった。

【神田《かんだ》】

神社に与えられた田地に由来すると考えられる地名。神社を維持・運営するための費用として神戸などが給されたが、そのほかに特定の田地が与えられ、その収益を費用にあてることもあった。それが神田《しんでん》で、国家から与えられたものと、荘園領主などから認められたものとがある。その神田の所在した地域に神田という地名が残されていると考えられる。東京都千代田区の神田は、伊勢神宮の神田が所在したことに由来するという伝承をもつが、詳細は不詳である。

【神戸《かんべ》（こうべ）】

神社に与えられた封戸に由来する地名。古代において神社は国家が直接管轄するところであったから、その活動は制限されたが、その代わりに神社を維持・運営するための費用が国家から給付された。その一つが神戸で、これは律令制下の戸が本来国家に納めるべき租・調・庸・雑役を神社の費用として与える制度である。一般的には封戸といったが、神社の場合は神戸といった。各地に残る神戸という地名は、その神戸の所在地に由来すると考えられる。因みに兵庫県の神戸市は古代の神戸郷に始まるが、それは生田《いくた》神社（神戸市）の神戸のあった郷に由来するといわれる。

【公文《くもん》】

中世荘園の荘官ないしそれが給与された田地に由来する地名。公文は荘園の荘官の一つで、本来は支配・収取関係の文書＝公文を扱ったが、鎌倉時代以降本来的任務は漸次薄くなり、下司《げし》・田所などの他の荘官とともに一般的な意味での荘官として位置づけられるようになった。彼らは荘園領主の命をうけて荘園の管理を行い、年貢・公事の徴収と上納にあたった。その職務に対して給田（年貢・公事分が自分の収入となる）が与えられ、それを公文給といったが、現在各地に残る公文・公文給という地名は、その公文給の所在した地域に由来するものと考えられる。他に同様な性格の地名として下司《げし》免や田所・散仕《さんし》給などがある。

【倉敷《くらしき》】

蔵敷とも書き、荘園の年貢などを本家・領家へ送るまでに、一時的に納めておく建物ないしそれが建てられていた場所のこと。港湾沿いに多く、内陸交通と海運との結節点に設置されることが多かった。例えば備後国太田荘は現在の広島県世羅郡甲山町（現世羅町）一帯に所在したため、川を下った瀬戸内海沿岸の御調郡尾道（現尾道市）に田二町、畠三町の倉敷地を設定し、京へ運送する中継地として利用している。また厳島《いつくしま》社領志道原荘《しじわらのしょう》の倉敷は佐東郡伊福郷（広島市）にあり、畠が二町六段、在家が十六軒も所在した。そしてその在家には、京都祇園の八坂神社＝「感神院」の神人も含まれていたから、倉敷は一つの荘園のためではなく、多くの荘園領主の共同の年貢輸送の中継地であったといえそうである。現在の岡山県倉敷市は中世以降に高梁《たかはし》川の河口の港として発展した都市である。倉敷という地名は残存していないが、中世に港湾都市としての機能を果たした地域はこれと同じような役割をになっていたと考えられる。

【在家《ざいけ》】

中世の農民の屋敷地ないしそれへの賦課に由来する地名。平安時代後期に荘園公領制が展開するなかで、公事負担者として国衙や荘園領主から把握された一般農民、ないしその屋敷地のことを在家《ざいけ》といった。水田を中心とする耕地（名田）を媒介とした支配以外の諸生産活動（手工業や漁業・林業など）に対する支配と、他の領主と人格的な従属関係を結び名田支配から離脱していく者への対応として、居住していることを根拠にして在家として掌握し、雑公事を賦課した。その賦課を在家役という。非農業民としての在家は一一世紀中頃に現れるが、国衙が在家役の対象として公郷在家を掌握するのは一一世紀末から一二世紀初頭にかけてである。荘園公領制が成熟するにともない、畿内とその周辺では、年貢と公事の収取を統一的に実現できる名田支配が優位となり、在家支配は副次的な意味しか持たなくなるが、非農業的側面が強い市・津・宿・漁村などや、名田支配があまり進行しなかった東国や九州地域では在家支配が持続された。現在も居在家《いざいけ》とか〜軒在家・〜在家という地名で残っている。

【正作《しょうさく》・佃《つくだ》】

領主の直営地に由来する地名。「正」には「かなめ」「主となるもの」の意味があるから、正作は、荘園領主あるいは在地領主の経営の要になる作田という意味があると考えられる。したがって所領のうちでももっとも地味のよい田地が選ばれるのが常であった。それに対して佃は「田つくる」に起因する用語で、正作が所領内の位置を示したのに対して「直営」であることを表現した呼称であるという。ともに種子農料を百姓に与えて耕作させ、全収穫は領主に収奪されるという経営形態＝直営であった。このように領主の支配権の根幹を占めていたために、地名として残ったのであろう。なお、正作が東日本に比較的多いのに対して、西日本、なかでも九州地方では用作《ようさく》という呼称が見られるという。

【薗《その》（園）】

中世の百姓の屋敷地に由来する地名。南九州地域に多い。律令制下では公民の屋敷地に付随する菜園や、果樹を栽培する耕地を園といったが、中世の南九州地域では、在家と同様の構成を指して薗（園）と呼んだ。その要因は確定できないが、この地域はシラス台地という耕地の性質上畠作が優位で、かつ荒野を含む広大な領域を屋敷とか在家という用語では表示できず、畠地の意味をもっていた薗という呼称が用いられたといわれている。薗は住民・家屋・屋敷地・畠地の統一体として、在地領主の支配の基礎単位となった。一方、領主や土豪の屋敷地を薗という場合もあり、その時は居薗《いその》といった。薗は同じく南九州に存在する門地名と密接な関連がある。

【田代《たしろ》】

耕地一般を示すこともあるが、水田予定耕地、とくに条里制内部の開発予定地を指す言葉である。同じ開発予定地でも荒野とは区別されており、すでにある程度労働力が投下されるなどして、開発権が優先的に承認されていた耕地を意味していたと考えられる。

【府中《ふちゅう》】

古代の国衙ないし中世の守護所に由来する地名。律令政府は各国を支配する官衙として全国に国衙を設置したが、それを国府とも称したので、国府の中という意味で府中といわれるようになったという説と、府中という語句が鎌倉時代後半にしか現れず、頻繁に使用されるのは南北朝期になってからであることや、古代の国衙の位置と違う場所に府中という地名が残っていることから、鎌倉時代以降全国に配置され、国司の権限も兼ねるようになった守護の支配拠点＝守護所を指して府中といったという説がある。東京都府中市や広島県府中市は国府と同一地域に所在しているが、福井県の若狭府中や新潟県の越後府中は、国府とは別の地域に所在するという。しかし、相模国の国府のように数度にわたって移動する場合があるので、由来については慎重な検討が必要である。関連する地名に千葉県市川市の国府台《こうのだい》や、相模国府の港（津）があったと推定される神奈川県小田原市の国府津《こうづ》などがある。

【別府《べっぷ》（別符）】

平安時代後期以降の国衙領内部の所領に由来をもつ地名。一一世紀以降に現れ、通例の符（徴符＝租税の上納を命ずる文書）ではなく、特別の符によって官物・公事が徴納される国衙領内部の所領のことを別符といった。それが名の場合は別名、保の場合は別保といった。多くは新たな開発を契機に成立し、それまでの国―郡―郷という徴税のルートによらず、国衙に直接上納する点に特徴があった。したがって別符（名・保）が成立すればするほど郡や郷という律令に基づく行政区分は解体されていった。別名は国衙の在庁官人の所領となる場合が多かったが、九州地方では寺社の所領としても認められていた。大分県の別府市はその一例で、宇佐八幡宮領石垣別符に由来するといわれている。

【北条《ほうじょう》・南条《なんじょう》・東条《とうじょう》・西条《さいじょう》】

平安中期以降、郡や荘園の内部区分として用いられた呼称に由来する地名。条は、本来平城京や平安京など条坊制（碁盤目状の都市区画）を敷く都で南北を区切る街路に用いられたり、同じく耕地を碁盤目状に区切る条里制の基準として用いられたが、平安時代中期頃に生じた郡郷制の再編にともない、郡内部が郷に基づかず新たに条という単位に区分されることがあった。その時、東条・西条・南条・北条というように方位によって呼ぶ場合と、村などを単位とする場合があった。例えば、摂津国では河辺南条・武庫東条などと郡を東西に区分した呼称が見え、伊賀国では中村条・矢川条・夏見条など別史料では村と呼ばれている地名に条が付されているのがそれである。現在の愛媛県西条市は新居《にい》郡（旧神野《かんの》郡）の西条に由来するといわれるし、鎌倉幕府の執権家である北条氏の氏名も田方郡の北条に由来すると考えられている。

【本郷《ほんごう》】

一一世紀以降起こった郡郷制の再編の結果生じた地名。開発と収取体系の変更にともない郡が細分され、律令などに規定された郷名と異なった新たな東郷・西郷などという行政区分が行われるようになった。平安時代後期の大和国では、城上北郷・同南郷、城下西郷・同東郷とあり、さらに添上《そえかみ》郡の場合は添上北郷・同中郷・同西郷・同東郷が確認できるから、中郷を中心に東西南北の五郷に区分されたと推測される。この中郷のように、本来の郡の中心があり、細分されずに残った地域を他と区別して本郷と呼ぶようになったと考えられる。また、本郷のこのようなあり方を受けて、荘園の中心的な地域、たとえば支配のための拠点である荘政所《まんどころ》が所在した地域を本郷というようになった。

【本荘《ほんじょう》・新荘《しんじょう》（新城）】

もとの荘園の隣接地が寄進などを通じて新たに領有が認められた荘園のこと。もとの荘園を本荘というのに対して新荘という。一二世紀より現れ始め、東大寺領黒田荘の新荘（三重県名張市）は、封戸の代替として承安四年（一一七四）宇陀川対岸の公領の領有が認められたものであるが、本荘は二五町余の規模であったのに対して新荘は四七町余にも及んでいる。多くの場合はすでに出作や加納などによって、その地域に対して何らかの既得権を有しており、それを梃子《てこ》に新荘の立券を獲得したと考えられる。山形県新庄市は東根市域にあった小田島荘の新荘にあたるといわれ、川崎市高津区の新城《しんじょう》は、摂関家領稲毛荘の新荘であろうといわれる。ただ山形県新庄市の場合、以前からあった鮭延城《さけのべ》（最上郡真《ま》室川町《むろがわ》）に対する新しい城の意味であるともいわれているから、一概に「新しい荘園」と決めつけることはできないかもしれない。

【政所《まんどころ》】

中世の荘園の支配機構に由来する地名。荘園領主は荘園を支配するために現地の在地領主層を荘官に任命するとともに、中央からも代官（預所など）を派遣し、共同で荘園を運営させた。その荘園運営のための施設を政所、荘政所と呼んだ。その政所が所在した地域が後世このように呼ばれるようになったと考えられる。

【御厨《みくりや》】

天皇家や伊勢神宮・賀茂神社などの所領に由来する地名。天皇家や伊勢神宮・賀茂神社などに供物・供祭物などの食料や魚介類を貢進する所領を御厨といった。九世紀初頭に現れる近江国筑摩御厨が初見であるが、一一世紀中頃以降荘園制の展開にともなって拡大した。その中心は伊勢神宮領で、伊勢・志摩両国を中心に現在のところ全国に約六〇〇に及ぶ御厨が所在したことが確認できる。静岡県御殿場市にある御厨《みくりや》町は伊勢神宮領大沼鮎沢御厨に、同県磐田市の御厨も同神宮領鎌田御厨に由来するという。

【門《もん》】

中世の在地領主、土豪、百姓などの屋敷地に由来する地名。本来は家の周囲にめぐらした囲いの出入口を指したが、出入口が聖なる場所として理解されていたため、その近辺に所在した耕地をも意味するようになった。平安時代にその初期の形態は見られるが、より明確な形態を現すのは中世在地領主の屋敷（堀の内・土居など）の門前に設定された門田・門畠である。これは領主の直営地であったため、国衙や荘園領主の検注権（賦課のための土地調査）も及ばないほどの、強い所有権をもっていた。この門を基準に百姓を収取体系に編成したのが南九州に見られる門制で、これは薗の制度を前提に、広義の屋敷地（薗）とその周囲に広がる耕地を一つの収取単位として掌握しようとしたとき、薗の出入口に広がる耕地、すなわち門を指標として編成したほうが便利であるため、このような制度が出現したと考えられている。この制度は江戸時代の薩摩藩で実施された門割《かどわり》制度に受け継がれ、現在も多くの門地名を残している。

【領家《りょうけ》方《かた》・地頭《じとう》方《かた》】

中世の荘園制支配に由来する地名。完成した荘園は本家―領家―荘官という支配構造をもっていたが、文治元年（一一八五）に源頼朝が全国の荘園に地頭を設置する権限を得、さらに承久の乱（一二二一年）で鎌倉幕府が朝廷側に勝利して、新補《しんぽ》地頭が設置されると、荘園の支配構造も大きく変化した。特に地頭の荘園経営と収取機構に対する介入は激しく、ついに荘園領主は荘園を領家側と地頭側とに二分してお互いに干渉し合わないという契約を結ぶにいたった。それを下地《したじ》中分《ちゅうぶん》といったが、その結果、荘園が領家方と地頭方に領域的に区分されることとなり、このような地名が残ることとなった。

〈木村茂光〉

城と城下の地名来歴

【オオテ（大手）】

城の正面で表門のあるところを大手あるいは追手ともいい、普通この表門を「大手門」と称する。城の大手門の前にある町を「大手町」といい、東京の大手町（千代田区）がよく知られている。大手に対する城の裏手は搦手《からめて》である。

【カイト（垣内）】

三重県・奈良県・兵庫県など近畿地方に集中する地名である。語源は垣内《かきうち》でカキウツからカキツ→カイツ→カイトに変わったものであろうとされる（『大言海』）。垣で囲まれた豪族屋敷または集落が「垣内」と呼ばれる場所であったと思われる。その表記法にも「垣内」の外に「垣外」「垣戸」「海渡」「海外」「開渡」「開外」「貝渡」「貝戸」などがあって、極めて多様である。「垣内」は「堀の内」や「土居」と発生史的に近親関係にあり、またカイトは屋敷まわりの耕地を意味する方言として山梨・静岡・三重あたりで使用されていることから見て、「土居垣内」などという地名は領主の直営田をさすのかとも考えられる。

【キ（城）】

古くは城はキと呼称していた。『古事記』垂仁天皇の項に、沙本毗古《さほひこ》王の乱の記事があり、このとき王は「稲城《いなぎ》」を作って戦備を整えたと記し、『日本書紀』同天皇条にも稲を積んで城を作るとあるが、地名として出てくるのは『和名抄』の出羽国河辺郡稲城郷のみである。また「茨城」は常陸国の現在の県名であり、『和名抄』には茨城郡と茨城郷の名が見える。『常陸国風土記』には、「山の佐伯・野の佐伯が国中を横行して掠《かす》め盗んだので、黒坂《くろさか》命がその留守の間に住いの窟を茨棘で塞いで滅したため」とも、「この賊を滅すために茨で城をつくったところから」郡の名としたとも記している。なお『和名抄』には伊豆国田方郡に「茨城郷」を載せているが、由来は不明である。

「磯城《しき》」は大和国磯城郡が一番有名である。『古事記』『日本書紀』の神武天皇条に、「倭国磯城邑」「兄磯城《えしき》・弟磯城《おとしき》」「磯城彦」「磯城県主」などが見える。大和にかかる枕言葉の「敷島」はこの磯城郡に由来する。『和名抄』にはこの外に畿内の志紀郷、熊本の志記郷を載せる。シキは朝鮮語で城や砦を意味し、沖縄のグスク・グシクのスク・シキも同語源であるという（奥野将建『地名の語源』）。しかし「上代に石で堅固に築いた城」とする説（『日本国語大辞典』）もあり、この場合、シ（磯・石）キ（城・柵）と考えられる。「高城《たかき》」は『和名抄』には薩摩国高城郡、『風土記』には肥前国高来郡があり、これも高台に設けられた柵《き》の意味かと考えられる。薩摩の高城郡は、現薩摩川内《せんだい》市高城町に比定されるが、ここには妹背《いもせ》城《じょう》跡が残っている。このほかに高城の地名は宮城県遠田《とおだ》郡と宮城郡松島町にあり、埼玉県熊谷市には高城神社が祀られている。

【グスク（城）】

琉球弧に属する奄美諸島・沖縄諸島・石垣諸島に分布する城の呼び名。その総数は二〇〇から三〇〇といわれる。グスク・グシクともいわれるのは本来石囲いの神のいる聖地で、琉球の祖霊神ニライカナイの拝所であった。城としてのグスクの築城は一二～一五世紀の間の按司《あんじ》時代のことで、沖縄本島では伊祖の浦添《うらそえ》城、北部の今帰仁《なきじん》城、中部の首里《しゅり》城、南部の南山《なんざん》城がその代表である。石灰岩の山上に石積の城壁をめぐらしており、城門は拱《きょう》門で昔の拝所の入口としての遺構を残している。一五世紀以降の琉球王国の時代には首里城が最も栄えた。

【クルワ（曲輪・郭）】

城郭の中の一定の区域を示す名称。城の中核部分を取り巻いて外側へ防衛線を輪のように設営したことによってつけられた。「曲輪」という総括的な地名も稀に存在するが（埼玉県川口市「赤山城」）、普通は位置を示す内郭・中郭・外郭とか、方向を示す東郭・西郭などと表現され、時には御前曲輪・米曲輪などと名詞と接続して使用された。但し、近世城郭の場合は曲輪（郭）の代りに「丸」を使用する例が多い。しかし明治になって武家屋敷町と町屋の区別を廃止するようになると、武家屋敷地の旧城内を「郭町」と称するところがいくつも見えてくる（前橋・川越・大垣）。

【コウジ（小路）】

近世城下町における武家屋敷町の名称。藩主およびその一族や大身の武家たちの居住地は広大であり、元々の地名なども存在して、例えば「桜馬場の堀」（細川藩）といえばそれで通用するが、下級武士たちになると同職の者が長屋に集団で住居しており、その居住地は「小路」と呼ばれていたが、単に「小路」では他の小路と区別がつかない。そこで職業集団の名称を頭につけるか、または旧来の地名を頭につけた。例えば「歩《かち》小路」とか「長《なが》柄《えの》小路」と呼ぶようになり、下級武士たちの住居表示が定まっていった。江戸で有名な御数寄屋《おすきや》坊主の河内山宗春は「練《ねり》塀《べい》小路」の住人であった。江戸ではコウジと発声するのが普通であるが、地方では「ショウジ」または「シュウジ」と発音するところが多い。これは熊本の例であるが、関ヶ原の役の後、加藤清正が宇土の小西行長の家臣を召し抱えて住まわせたところを「宇土小路」と呼び、柳川の立花宗茂の家臣たちを宗茂改易後預って住まわせたところを「柳川小路」と呼んでいる。

【コグチ（虎口）】

虎口とは城郭の要所に当る部位の名称で、城門などで枡形をつくり敵勢が一時に攻めこめないように通路を狭くし曲折させてあるところをいう。『運歩《うんぽ》色葉《いろは》集』には、味方の方では「虎口」と書いてその防御の堅さを誇示し、敵の方では「小口」「一口」と書いてこれを軽視する態度を取るという意味の解説を加えている。虎口という地名は熊本県菊池市に南北朝初期の建武三年（一三三六）に「虎口《こく》城」があって北朝軍に攻撃された文書があり、この地は現在も「虎口」と称している。しかしこのような出入口は、通常は「小口」または「――口」と地名を上に付して称え、また「――門」と称したり、さらに「見附」「――見附」（江戸の四谷見附・赤坂見附など）や「城戸」と称せられることが多い。「城戸《きど》」は中世城郭においては一の木戸・二の木戸・三の木戸を設けており、既に『平家物語』や『源平盛衰記』にその称が見えている。しかし、現存地名では一の木戸が三条市（新潟県）にあるにすぎない。なお「見附」は見張りの番兵を常置した城門のことである。

【サンゲ（山下・山花・産下）】

戦国時代に中国・四国で多く使用された中世の城下集落をさす地名である。文字の通り山城の麓に発展した集落であるが、『元親一代記』などを見ると、「山下の家を焼き小屋を破り」などとあることから、士の家と民家との混在していた様が推察できる。但し『歴史地理用語辞典』では「山麓の武士集落であり、平山城・平城でも城郭の部分域をいう」としており、民家の存在に言及していない。

現存する山下地名は岡山・津山・高梁《たかはし》にあり、中世の山下が近世城下町にそのまま移行したものであろう。なお、山下は南九州では「ヤマゲ」と呼ばれた例もあると『地名の語源』が記しているが、その説を採用できるとすると、大分県の杵築市山香町、福岡県遠賀郡芦屋町山鹿などはヤマゲ→ヤマガと転じた可能性も考えられる。

【シロ・ジョウ（城）】

城をキと呼ぶ時代より後の呼称である。城の存在を示す「古城」「新城」「今城」「城山」などの地名、城の所在と形や機能を示す「本城」「中城」「下城」「平城」「付城」などの地名があり、そのほかにも「城ヶ峰」「城ノ原」「城ノ越（腰）」「城ノ迫《さこ》」「城ノ平」「城ノ尾」など城の一部地形を示す地名もある。「古城」は普通フルシロであり、「新城」が作られた後に前代の城をそう呼んでいる。城山にはシロヤマと呼ぶ熊本のような例と、ジョウヤマと呼ぶ鹿児島のような例とがある。また「城ノ越」のコシは麓または峠の意味で使われることが多く、「城ノ迫」のサコは九州での用法であり、東北地方ではハザマというが、ともに山間の狭い平地のことである。

【ジン（陣）】

中世前期に、合戦の際に臨時に構築される城郭のことを「陣」と称した。源平合戦の際にこのような臨時の城が築かれたことは『平家物語』『源平盛衰記』『吾妻鏡』などに見えているが、『太平記』には敵城を攻撃するために設営する「向《むかい》陣《じん》」という言葉が出てきている。臨時に構築されたこういう城郭名が、地名として各地に定着しているということは、やはり地形的に再々利用されたか、または陣地に利用しやすい場所であるか、どちらかの理由によるものと思われる。中世城近くに見られる「陣場」「陣野」「陣ノ上」などの地名は右との関連を思わせる。

但し「陣内」は「陣屋の内」「陣営の内」の意で、中世豪族屋敷村に関連するか（『地名用語語源辞典』）とも言われており、熊本県で例をあげると、立田の陳内（熊本市）は中世立田城の城士の居住地と伝えられ、健軍の陣内（同上）は中世健宮陣内城の城地に接し、水俣市の陣内は中世の水俣城に隣接している。

【ジンヤ（陣屋）】

近世江戸の幕藩体制の下で、城を持たない万石以上の大名の居所、あるいは天領の代官など、幕府の役人の駐在するところを陣屋と称した。城とまではいかないが、一般の武家屋敷に比べれば、土居・堀・塀などの防衛設備を厳重にしており、その格式を誇示していた。神奈川県の永井監物陣屋跡の「陣屋」の例がある。

【タテ・タチ（館）】

タチは動詞タツ（立）の連用形で「高くなった所」を意味し、タテも同じくタツの連体形で同じ意味である（柳田國男『地名の研究』）。従って本来は低地に臨んだ丘陵の先端の地形をさす語であるが、東北地方には館《たち》と呼ばれる独特の城郭形態がある。これはタテ・タチ地形の上に設けられた城砦が、楯《たて》または館《たち》という言葉を連想し、それに館《たて》という文字が当てられたものと推定できる。

東北地方独特の館《たて》の呼称は鎌倉時代後期からであると思われるが、それ以前にも城柵のことを「楯」と称したことがあり、『今昔物語集』に「鳥海柵《とのみのさく》」を「鳥ノ海ノ楯」と記しており、有名な安倍貞《さだ》任《とう》に詠みかけたという八幡太郎義家の歌の下の句も「衣の楯はほころびにけり」であったと伝えられる。

城郭としての館《たて》の特徴は、最近の調査によると砦に近いもので、複数の郭を持ち、館《やかた》と呼ばれる中世の領主の邸宅とは違って、集落を内に抱え込んだ城郭という特異な形式を持っていたようである。

有名な館《たて》では、室町時代に構えられた北海道南部の「道南十二館《だて》」（大館・志海《しの》苔《り》館・花沢館・茂《も》別《べつ》館など）や、東北地方の尻八館・石川館・鹿島館《かしま》（北上市）・鹿《か》角《づの》四十八館などが挙げられる。なお、現存する館《たて》地名は東北・関東地方に集中する。

しかしそのほかに北陸・中部地方にもかなりの分布を見、西日本にも散見するのは中世領主の館《たち》に由来するものであろう。館《たち》というのは古くは貴人・官人の宿泊する官舎のことで、国司の役宅を示す語であったが、平安時代の後期からは武家領主の住むところをも館《たち》と称するようになり、室町時代になって屋形《やかた》という呼び方がはじまると、これにも館という文字を当ててヤカタと読むようになったものである。

福井の一乗谷の朝倉氏館《やかた》跡、山梨の勝沼氏館跡などの発掘で、遺構の状態がかなり明らかになり、栃木の足利氏館跡は寺城となって現在も残っている。

【チャシ（砦）】

アイヌ語で砦・囲い・陣屋・柵を意味する。地形的には河岸丘陵、沼沢または海岸に近い丘陵などの要害の地に堀をめぐらし、内側に土塁をつくる。北海道を中心に樺太や東北地方に分布する。その数は四〇〇から一〇〇〇を数えるともいわれ、岬先式・丘頂式・孤島式などの形式に分類される。用途は要塞としての使用、祭事の場所としての使用、談判の場としての使用などがあり、沖縄のグスクと同じような変化を遂げて要塞の要素が強くなったものと考えられる。チャシの歴史は古く縄文時代にはじまり近世に至っている。網走の桂ヶ岡チャシ、釧路のトミカラアイノ築城と伝えるモシリアチャシなどが著名であるが、静内《しずない》のシベチャリチャシは寛文九年（一六六九）の「シャクシャインの乱」の舞台となったチャシとして特に名高い。

【ドイ（土居）】

中世の領主屋敷を起原とする地名で、館《やかた》・堀の内と同起原である。屋形の周辺に堀を掘りめぐらすときに、掘った土を盛り上げて土塁を築くことで、屋形の防衛力は一段と高まる。従って領主の屋敷を守る土塁は、「土居」と呼ばれて領主の屋敷を示す呼称となった。この地名は西日本に多く見かけられ、東日本の「堀の内」とは対照的である。上・中・下を土居の上下につけて呼ぶ地名が多いが、方角や個有名詞のついた土居も多く、「土佐国検地帳」に見える「掃部助《かもんのすけ》土居」、肥後国の「源七戸井」などの例もある。

【トリデ（取出・砦）】

城郭のトリデは普通「砦」と書くが、もともと「取り出して築いた小城」のことなので、後には「本城の外の要所に設けた小規模な城で木柵などで囲って内に営兵を置く出城」の意味に取られてきた。しかし、本来の取り出して築かれたという気持から、中・近世の文献にはほとんど「取出」の文字が使われている。そのため、地名となる場合も「取出」または

「取手」であり、稀に「鳥手」（鳥出）が見られる。「取手」の例として茨城県の取手市がよく知られている。

【ネゴヤ（根小屋）】

山の根元（＝麓）に設けられた小屋とか、寝小屋の意味で名づけられた。中世山城の下に半ば人為的に設営された豪族屋敷村で、東日本における城下町の初期の形態である。こうした根小屋集落を備えている城郭をさして「根小屋式山城」という城郭史上の区分も行われている。

根小屋の文書登場は永正九年（一五一二）の『美作伊達文書』中の「禰小屋」を初見とし（『日本城郭大系』別巻Ⅱ）、以後、今川・武田・上杉・後北条氏に関連して散見する。従ってその勢力範囲の接点である関東地方北・西縁一帯に使用された名称で、今日その地名を残している地域とおおよそ一致する。

【フモト（麓）】

南九州に多い「麓」地名は、東国の「根小屋」、中国の「山下」に対応するもので、山城の城下に当たる。城の麓に設けられたことからフモトと呼ばれ、それに「麓」「府本」「府元」などの文字が当てられた。この「麓」制度は薩摩藩によってはじめられたものである。島津氏の九州征覇が豊臣秀吉の九州仕置《しおき》によって失敗に帰し、島津氏は薩摩・大隅と日向の一部にとじこめられたため、領外から引き揚げた数万の士卒の処置に苦しんだ。そこで藩内の各郷に外城《とじょう》を設け、そこに士卒を配置して土着させ、半士半農の明治初年の屯田兵制度と同じ形をとって軍備・行政・生産に当たらせたものである。

元和元年（一六一五）に幕府が一国一城令を発布した後は、旧山城跡や丘を城山としてその麓を称した。天明四年（一七八四）以降は各郷の行政庁を地頭館または仮屋と呼んだが、麓は仮屋の所在地で郷士の居住区城をさし、町人・農民の居住区と区別した。麓の数は寛永十六年（一六三九）には地頭所九二、私領二一の計一一三ヶ所で、麓居住の郷士数は宝暦六年（一七五六）には約二万人であった。

この麓の制度は佐土原藩内にも行われ、また肥後球磨郡の相良《さがら》藩でも実施されており、麓地名が昭和六年当時、佐土原藩領に六ヶ所、相良藩領に五ヶ所残っていた（太田喜久雄『薩藩領麓之研究』）という。佐土原藩領の麓も相良藩領の麓も、ともに薩摩藩に倣ったもので、制度も組織も同じであった。

【ホリ（堀）】

中世城でも空堀や水濠をめぐらす例がほとんどであるが、近世城になると鉄砲の普及によって堀が拡幅・強化されてきたため、堀が地名として定着したものが多い。内堀・中堀・外堀（大坂城の場合の総堀）、あるいは東堀・西堀など城全体の中での位置を示す命名のほかにも、古《ふる》城《しろ》堀、新《しん》堀（熊本城）、大《おお》堀（福岡城では大濠）、堀端《ほりばた》（江戸・名古屋・福井・鳥取・

熊本等）などがある。有名な江戸の八丁堀もこの部類であるが、百間堀（上田・大坂）などと同様に堀の幅や長さで命名されている。熊本城には備前堀という名の堀があるが、これは佐々備前の邸の前の堀という意味で名づけられたと伝えている。

【ホリノウチ（堀の内）】

中世の領主屋敷を起原とする地名で、館《やかた》（屋形）・土居と同起原である。平安中期以降に出現した在地領主たちは、領地の侵奪に備えて武装するとともに、己の居所も万一に備えて屋敷の周囲を土居で囲んで堀をめぐらした。こうした居館の特色である堀をめぐらすということが象徴となって、領主の屋形を「堀の内」と呼ぶようになった。この地名は関東地方、とりわけ旧武蔵国（埼玉・東京）にきわだって多く、しかも中世城との関連が密である。その他の地域にも「堀の内」地名はかなりあるものの、近世城あるいは用水・寺院などの堀であることが多いので注意を要する。

【マル（丸）】

近世城郭における郭の名。中世・戦国期には城は中心部から周辺に丸く小さく縄張りするのを理想としたため、この防衛線を曲輪と呼んだところから、曲輪が丸と呼びかえられた。一般的な「本丸」「二の丸」「三の丸」の外に「西ノ出丸」「西の丸」「北の丸」などの例もあり、後に城全体をまとめた地名表現としては「丸の内」「丸之内」「丸内」などがあり、これは東京など多くの実例が見られる。また三重県の津市では現在城内の町名に「丸之内」がある。

さらに本丸の内を区分して守備担当者の名を付した「平左衛門丸」「飯田丸」、その位置地形によって名付けた「東岳の丸」「岳の丸」などの地名（いずれも熊本城本丸）もある。

〈鈴木喬〉

小集落地名の来歴

【ウイ】

宇井・生・初などと表記される小地名であり、和歌山県南部に特に多い。

『綜合日本民俗語彙』に「和歌山県熊野地方で山合の一区の田地を云う」とある。『紀伊続風土記』所載の「土俗山間の田地一区づつ何ういと呼ぶ人家ある。一谷又其辺の田地を何垣内と呼ぶごとし」という記事によったものであろう。

桑原康弘の報告によれば、紀州南部にはカイト・ウイの地名が多く、その分布を見るにカイト地名の少ないところにウイ地名が集中しているとのこと。即ち紀州南部ではカイトと同様のものをウイと呼んでいるものの如きである。形態からいえばカイトと同様「何かに囲繞された空間」を指すものといえよう。

ウイの語源には①地形説、②新開地新田説、③熊野三苗の一つ宇井氏の所領・居住地説、④転音説、⑤牛牧説等々あるが、今のところは不明である。

串本の陸繋砂洲上には三四にも及ぶ多数の「生《うい》」が存在するが、これらは堀とか寒竹の植込みに囲まれた一区をそれぞれ何生《うい》と呼んでいるものである。山間部では谷間の小さな沖積地上に、曲流する河川に区切られたり石垣に囲まれたりする小平担地にウイが存在する。例えば、西牟婁《にしむろ》郡すさみ町の「長ウイ」、東牟婁郡串本町古座町上田原の「ウイ」など。

ウイ地名は紀伊半島南部以外には奈良県と高知県に多く、九州では宮崎県にウイに似たオイが二ヶ所ある。『綜合日本民俗語彙』では「福井県遠敷郡奥名田村にも、納田《のた》追《おい》という村の名があるから、もとは相当に広く知られていた名詞のようである」としている。

【カイト】

主に垣内と書き、海道《かいと》や垣内《かきうち》とも表現された。『中世荘園絵図』によると、垣内にはほぼ一反前後の屋敷地と畠を含み、条里制でいう坪（六〇歩四方＝一〇反）より狭い土地をいった。後世、村落の形態変化もあり、その実態は一様ではないが、多くの屋敷の集まった集落地をカイトと呼ぶようになった。

〈この項、編集部〉

【カド】

住居を中心とする一区画の屋敷地のことを古くカドと呼び、それが部落など小地域結合の名称として拡大したものと思われる。福岡・佐賀・鹿児島県の各一部で、部落の小組合のことをカドと呼んでいる。

福岡県北九州市小倉南区三谷地区で、組内とくに親しい近所の家をカドグチといい、佐賀県唐津市厳木《いつき》町付近では、小さい集落が集まっている集団をカドと呼ぶ。愛媛県宇和島市御槇・福岡県久留米市田主丸町や甘木市・大分市一尺屋（佐賀関所）等でも近隣のことをカドウチ、佐賀県神埼市付近で組に相当するものをカドウチ、滋賀県高島市深清水で吉凶の時に寄る仲間をオミキのカドという（以上松永美吉『民俗地名語彙事典』）。

鹿児島県地方では、江戸時代薩摩藩によってとられた門割《かどわり》制度による小集落をカドと呼んでいる。門割制度とは、村の中を二〇から五〇程度の数の門《かど》に分け、門ごとに土地の割当を行い、耕作と貢租の連帯責任を負わせた制度で、藩が上からつくった強制的組合といえよう。

小野重朗によれば、近世の門割が上からの制度とはいえ、その実施の土台には古い時代からの在来の社会組織が据えられていたと見られる。即ち門は本来同族関係を基本としたものであった。乙名《おつな》あるいは名頭《みょうず》と呼ばれる家を中心に、名子《なご》と呼ばれる従属小農民の家が集合し、共同で耕作し、共同で神を祀った。それを近世に入って藩が支配制度に取りこんだのが門割制度ということである。薩摩では人配《にんべ》（門の維持のために他所から人を移すこと）ということが行われたので、血縁関係は時代を追ってさらに崩れたものと思われる。

門割制度の下における一つの門の規模は大体五戸～一五戸程度、石高は一〇石～四〇石程度という。門は土塁や溝川で囲まれた敷地内に名頭と名子の家々が集合する。門の内部には家々を仕切る境界がないのが普通。門の中ではウッガンサー（内神様）、モイドン（森殿）、チガンサー（地神様）が共同で祀られた。門は耕地を共有し、そのほかに山野・馬牧も共有した。

【コウジ】

山陰地方に主として用いられる村区分の最小単位のこと。

島根県松江市鹿島町恵《え》曇町《ともまち》では、各コウジに葬式組があり、神社も月経小屋（タヤ）も一つずつあった。隠岐の島町久見では、村が六つのコウジに分かれている。カイトに関係ある語とされる（以上『綜合日本民俗語彙』）。

小路、すなわち小さい道の意から発した語と思われ、小さい道に囲まれた小さい地域の呼称となったものであろう。

町場で多く用いられ、安永年間（一七七二～八一）の『物類呼称』によれば「小路コウジは京、江戸では横丁、大坂・伊勢松坂ではショウジ」とある。

【シマ】

シマという語は本来「他から隔離された所」という意味を持つものらしい。島《とう》嶼《しょ》や岩礁を指すシマは、その意を端的に表わしていると思われる。

一方、地名の上では島嶼を表わす以外

のシマが用いられている。それは部落またはその内の小区画（人の居住する）の呼称としてであり、土地利用上、他の部分と異なる範囲を表わしていると思われる。『綜合日本民俗語彙』によれば、新潟県岩船郡朝日村布部《ぬのべ》では、部落を七つのシマに分け、与兵衛ジマ・文九郎ジマなどの小字がある。またシマヨリアイも催されている。岐阜県旧土岐《とき》郡でも部落をシマといい、路傍の石塔などに「島内《しまうち》安全」と刻したものをみかける。鹿児島市付近にもシマを部落というところがあり、沖縄でもシマは村落を意味し、島嶼の方はハナレと呼んでいる。現在の沖縄の口語や琉歌ではシマは郷里の意味に用いられている。

一方、氾濫原の中の自然堤防上の微高地をシマと呼び、そこに成立した集落を何々シマと呼ぶ例は各地に多く、それぞれ地名となっている。川崎市宿河原では多摩川の氾濫原に舟島・宿ノ島などの集落があり、神奈川県南足柄市や開成町など酒匂《さかわ》川流域に、千津島・金井島・吉田島があり、これらは村名になっていた。付近には牛島・下島など小さい集落がさらに数多く存在する。

【ズシ（ヅシ）】

荒川・多摩川下流の沖積低地の農村で、集落の小区画すなわち小組のことをズシと呼んでいる。東京都足立区梅田などでは組のことをズシといい、それぞれ何々ズシの名がある。葬式の穴掘り、婚礼の手伝いもズシ仲間で行った。川崎市小田・渡田あたりでは、村の中のいくつかの集落をズシと呼ぶ。竹内清の報告によると、低湿地に道がめぐらされ、道によって囲まれた集落単位で、講中とも呼ばれ、かつての開発単位であったかもしれない。その集落内の土地は「耕地」と呼ばれる。例えば「原ズシ」に住む農民が耕す土地は「原耕地」と呼ばれるなどである。一方、『新編武蔵国風土記稿』によれば、現在の東京北部にあたる地域の農村では、ズシは村内耕地の小区画名になっているという。

では一体ズシとは本来どういうものなのか。表記は辻子・厨子・途子・図子などいろいろに変化して用いられているが、もとは京都などの都市内の街路・町通りに対する呼び名の一つと考えられる。一町程度の短い道に名づけられており、袋小路の場合もある。京都には一〇〇を越える数の辻子があり、奈良・宇治・大津・坂本・敦賀・兵庫・博多そして鎌倉などに分布する。これらはいずれも京都にまねて町づくりをしたり、京都と特に密接な関係を保った都市であるので、おそらく京都からこの呼称が波及したものと推測される。

町通りの発展に伴い、やがて町通りの脇道・枝道に対して辻子の呼び名が広がっていったと考えられる。『綜合日本民俗語彙』によれば、滋賀県や福井県南条・旧敦賀両郡などで路地または小路の称。関東でも群馬県桐生では横町をズシという。群馬県旧山田郡の機織唄に「桐生名物三つある。ダッソウメシに空っ風、なぜか横町をズシという」とある。他の地方ではこれをロジまたはショウジというものが多いと記している。

ここから転じて小さな道によって囲まれた区画をズシと呼ぶようになり、市街地以外では集落を、さらには村組を指すようになったものであろう。

神奈川県逗子市の逗子も、もとは辻子ではなかったかの説がある。一方、東京都町田市図師町のズシは辻子とは異なるものかもしれない。即ち荘園制下、荘内の田畑図作成者＝図師の居住に因むものかもしれない。ここは古い歴史をもつ小山田の荘に含まれる地域である。

【ニワ】

東京都西部の多摩川上流域や神奈川県中部西部、秦野盆地や酒匂《さかわ》川流域では、部落内の小区画をニワ（庭）あるいはニワバ（庭場）と呼んでいる。『新編相模国風土記稿』には、これらの地域で村内の小名として庭名がずらりと記載されている。例えば、上庭・中庭・下庭・寺庭などという形である。村内の最小単位の集落という意味で、秦野盆地や酒匂川支流域の山村部では一つの庭は平均五戸内外で構成されており、足柄平野の沖積低地の村では平均一〇戸程度である。もと一つの井戸を共用する地縁的まとまりという伝えもあり、ニワ内では小さな神社を共同でまつり、冠婚葬祭の手伝い、農作業の労働力交換などを行ったという。これらの中心になるものとしてニワバオヤがあり、これがこの小地域社会の指揮者ということになろうか。

ニワとは本来、平なところを指す語で、特に収穫のための仕事場としての意味が強い。さらにニハノアヒ、ニハナヘなどの古語にみるように、収穫後に稲を捧げて神をまつる野外の祭場という意味にもなるであろう。このような古くからの「労働と祭りの共同の場」という意味が、最小地域共同体の呼び名になっていることは興味深い。

上記の神奈川県西部の地域にはカイト地名も存在し、ニワと同様に用いられているが、数の上ではニワが圧倒的に多い。

現在はニワは限られた一戸を指すようになったり（かつてのニワバオヤの家か）、限定された場所を指す語として縮小化して存在するのみになり、かつての上庭・中庭・下庭の呼称に代わって上組・中組・下組などのように、組と呼ばれるようになっている例が多い。

【フモト】

鹿児島県の各地で士族集落をいう。近世の薩摩藩において在郷の武士団の居住集落として形成された。鹿児島県・宮崎県の旧島津領内に百余ヶ所あるという。

薩摩藩では領内各地に一種の出城である外城《とじょう》を設け、そこに外城士（郷士《ごうし》）を住まわせた。外城士は鹿児島に住む城下士とは区別され、外城周辺で半士半農の生活を営み、有事には武装するもので郷士と呼ばれた。

その外城集落がフモトであり麓あるいは府下と表記され、その支配範囲が「郷」という単位で呼ばれた。フモトには特に城郭はなく、士族屋敷・馬場・射場があり、道路形態もカギの手の道など遠見をさえぎる軍事的配慮がほどこされていた。

フモトには武士のみが住み、それに続いて野町と呼ばれる商業区があり、その周辺が在と呼ばれる農村となる。海岸地域の場合はこのほかに浦町と呼ばれる漁村・商業区が存在することになる。

【フレ】

村落内の小区画をいい、漢字では「触」の字を当てる。

フレが最も密集して存在するのは長崎県壱岐島であり、ここには触のつくところが九九もあるという。東触・西触・南触・北触・中触など、方向に関係する名称が多い。

江戸時代には村々の庄屋の下にフレごとに枌頭《さすがしら》があり、百姓と庄屋の間の連絡にあたった。フレは三〇～五〇戸程度の部落をつくっていたという。

柳田國男はこのフレを、朝鮮語のプル（Purr＝村落）と共通の語源をもつものと推定している。フル・フレ地名は朝鮮全域にわたって分布し、南部には特に多いという。

壱岐のほかに松浦市や、平戸島西北の生月島《いきつき》の一部にもフレがある。かつては福岡周辺でも「触」の呼称は行われていたらしく、福岡県筑紫郡那珂川町本町の現人神社《あらひと》にある嘉永六年（一八五三）奉納の絵馬に「三宅触中奉納」の文字があるという。

関東の神奈川県足柄上郡山北町に湯触《ゆふれ》があり、群馬県佐波郡赤堀村（現伊勢崎市）に下触《しもふれ》があるが、壱岐などの触と同系のものかどうかは不明である。

【ホラ】

ホラと称する地形は、短小な渓谷で、谷頭が閉塞されていて、谷底が緩傾斜で水田や湿地を伴うような形のもので、山村では集落の好立地条件を提供し、集落の発達をみたもの、とされる。自然地名として発生し集落地名となったと考えてよかろう。関東のヤツ・ヤトに類似する。

ホラは「洞」と表記され、これのつく地名は岐阜県に集中的に分布しており、平地よりも山地に多い。この地方を中心に中部地方より東側に多くみられるが、西側でも奈良県には二八のホラが数えられる。

洞一字の部落もあるが、西洞・中洞・大洞・小洞などという類が多い。しかも谷地形から離れて山腹の緩斜面や峠道、あるいは各務《かがみ》ヶ原などの平な台地にもホラは存在するので、洞地名は集落を指すものと見てよさそうである。

ホラがムラ（小集落）を指すのは福島県郡山市中田町、埼玉県戸田市、千葉県印旛郡宗像村《むなかた》（現印西市）、岐阜県各地など、東北南部から関東・中部地方にかけて広く存在する。そしてこれら各地ともホラ単位で冠婚葬祭や作業の互助・協力を行っているという。

【ヤシキ】

本来屋敷・屋敷地の意であるが、個々の宅地以外に次のような地域結合を指してヤシキと呼ぶ事例がある。

松永美吉の『民俗地名語彙事典』によれば、

①宮城県気仙沼市唐桑町所在の安永九年（一七八一）の文書によれば、六六〇軒の漁民住居・農家をすべて「屋敷」という語であらわしている。

②部落内の地縁集団。五〜六戸の単位。共同の地神をもつことがある（福島県常葉町山根、奈良県添上郡月瀬村〈現奈良市〉、徳島県木頭地方）。

③一族の居住地。同族集合体も指している（宮城県北部、鹿児島県指宿市、出水《いずみ》郡大川内村〈現出水市〉、肝属《きもつき》郡佐多村〈現南大隅町〉）。

④村内の小区画（岐阜県揖斐郡春日村〈現揖斐川町〉、愛知県西春日井郡西春村〈現北名古屋市〉、熊本県八代市鏡町）。

個々のヤシキ内には屋敷神・ウチガミを祀るものもあり、山口県長門市ではこれをモリサン（森神様）とかオムロ（お室）とかいっている。

篠田通弘の報告によれば、岐阜県揖斐《いび》郡ではヤシキ地名は一九八採集されたという。ほとんどが平野部に存在し、その六八パーセントが字名となっているという。上に何々がつく「〜ヤシキ」がほとんどで、方角・位置関係・人名などがヤシキの上について呼ばれているという。

高浜幸敏の報告では、熊本県ではヤシキ地名は三七一数えられ、現熊本市域を中心に玉名・鹿本《かもと》などに分布するという。居屋敷・古屋敷等の名が多く、村の中心集落を示す例であろうとされる。多数の屋敷地名が「下《さ》ゲ名《な》」としてあらわれるのは江戸中期以降のことであるとされ、開墾・開拓の進行、分村・枝村の派生等に応じて集落地名として常用されるに至った様子がうかがえるという。

【ヤ・ヤツ・ヤト】

漢字ではいずれも「谷」と当てる。台地・丘陵面を侵食した浅い湿った小さい谷をいう語である。「湿地」を意味するヤチ（谷地・萢）と同系列の語と思われるが、関東ではそこからやや離れて「小谷」の意で広く用いられている。

本来自然地名であるが、その湿った小谷が早くから開発され水田化し、台地や丘陵の裾に集落が成長すると、その谷内の集落の呼び名、小集落地名となる。

ヤ・ヤツ・ヤトは関東に密集しているところからみて、東国方言と何らかの関係があるとみられる。

古くは『常陸国風土記』行方《なめかた》郡の条に夜刀《やつ・やと》の神の話が記されている。継体朝に箭筈《やはず》の氏麻多智《またち》が、谷の葦原を開墾しようとすると、夜刀の神＝蛇がたくさんあらわれて妨害する。マタチは神と人との境域をはっきりさせ、夜刀の神を社にまつり自らはその祝《はふり》となって敬いまつったので葦原が開拓できた。だから今に至るまで夜刀の神を祀っている、という話である。常陸太田市玉造町新田に現在も夜刀神社がある。これによれば、湿地のある谷が、ヤツあるいはヤトと呼ばれ、早くから開墾が進められた様子がうかがえる。

ヤ・ヤツ・ヤトは同じようなところを指すものであるが、どうして呼び分けられているのか、その由縁はわからない。

アイヌ語地名の権威山田秀三に、このヤ・ヤツ・ヤトの分布についての丹念な調査がある。

それによれば、

①ヤ……これは関東各都県にまんべんなく分布する。

②ヤツ……これは千葉県、特に房総半島中部地域に密に分布し、神奈川県鎌倉周辺まで及ぶ。さらに西にもひろがって静岡県西部あたりが西限となる。

③ヤト……これは東京・神奈川が中心でここに密集する。その流れは埼玉県に続く。

④群馬県に入ると、表記は「谷戸」とされるが、これをほとんどの地域でカイトと呼んでいる。西国の垣内系のカイトとごっちゃになっている、と報告されている。

『新編武蔵国風土記稿』を見ると武蔵はヤトだらけといってよいほどである。特に多摩丘陵地域の川崎市北部や町田市周辺では、村内小名として例えば、大ヶ谷《ヤト》・日吉谷《ヤト》・鍛冶谷《ヤト》などという形でずらりと並ぶように挙げられており、古くから集落名となっていた様子がうかがえる。

〈金子欣三〉

開拓地名の来歴

【アラキ】

アラキは新墾《あらき》のことで、新しく開墾した土の粗い地をいい、アラク・アラコと同様、焼畑開墾地をいう名彙ともなっている。荒木・荒木田・荒城・新木・安楽城・荒久・新久・新久田・荒子の地名が全国各地にある。ただし、焼畑開墾地をいうのは東北・関東・中部地方が中心をなしている。これらの地方の焼畑地名は、カノ・サシ・ナギハタなどで、特に開墾地初年目をアラキ・アラク・アラコあるいはアラジ・アラマクリなどという。ちなみに四国・九州の焼畑開墾地名はコバである。

なお、アラキは、アラキハリに基因しているという一説がある。これを文字にうつせば新木開（墾）となり、新木を伐採して墾耕することを意味しよう。

焼畑農耕は輪作が重視されていて、初年には春蒔きならヒエ、秋蒔きならソバとなっている。次年以後アワ・マメなどを栽培するが、場合によっては同一作物を再び作付けすることをクナ・コナといい、これには古畑という意味もある。クナは久那・久名と書き字名にもなっている。

伊勢皇太神宮の神主家荒木田氏は『皇太神宮禰宜譜図帳』によると、その最上《いとかみ》が成務天皇のとき、大神の神饌料田三千代《しろ》を新墾した功により荒木田の姓を賜わったとある。石川県小松市の荒木田は荒木田氏の所領であったともいわれ、同様に荒木田氏の所領に基因するものが他にもあろうかと推量される。

【一《いっ》色《しき》】

一色の地名は東海地方を中心に関東南部から中部地方にかけてかなりの分布をみている。山梨県西八代郡下部町（現南巨摩郡身延町）一色は一色別納、静岡県磐田郡浅羽町（現袋井市）一色は公事免除地、同県沼津市岡一色は岡宮神社の所領に属する免除地などに由来する地名とあり、いずれも荘園制の一色田が地名化したもの。

名田が公田の系譜をひくため年貢・雑公事の双方を賦課されるのに対して、一色田は年貢だけを賦課され、雑公事を免除された田地をいう。

荘園制の土地制度には一色田・名田以外に散田・間田と呼ばれる田地があった。

別府・一色・名・加納・公文（名）と荘園制の土地制度に基因する開拓地名は数多くみられる。

【オノ】

オノは小野をあて、またコノに小野をあてている例もかなりある。オノは山腹など小高い場所の緩やかな斜面をいい、字義通り小さな野原である。ほぼ全国的に広く濃く分布をみている。なお、まれにオーノと延ばして大野としている土地もある。

小野はそうした地による小野氏の氏族ともかかわっている。小野氏は古代の有力氏族で、全国各地の小野に支族が居住したことを伝える。その本拠地は山城国愛宕《おたぎ》郡小野郷・宇治郡小野郷である。『古事記』の系譜では、孝昭天皇の皇子天押《あめおし》帯日子命《たらしひこのみこと》を祖とする和珥《わに》の一族で山城国の小野郷に勢力をもった。『新撰姓氏録』では近江国滋賀郡小野村を小野妹子の本貫としてい、式内名神大社・小野神社が鎮座している。かくして小野氏は大いに繁栄し、全国各地にその余韻をとどめている。

秋田県雄勝郡雄勝町（現湯沢市）小野は小野小町の本貫と伝え小町の宮があり、群馬県富岡市小野にも塩薬師・化粧井戸・小野塚と小町伝説がある。

福島県南会津郡下郷町小野は標高一三八三メートルの天目茶碗を伏せたような山容の小野岳の中腹緩斜面に位置する小集落で、集落地に朝日長者屋敷、また小野岳山頂に小野猿丸太夫勧請とする小野明神を祀っている。この地では仮名縁起系「日光山縁起」同様の伝説を伝承している。縁起の骨子は弓箭《きゅうせん》の達者猿麻呂が日光（二荒）山神に請われて加勢し、大蛇と化した日光山神と大ムカデと化した赤城山との神戦に際して大ムカデの眼を弓箭で射抜き退却せしめたので、その功により猟運を授かったというものであり、小野氏の勢力が日光信仰とかかわり、さらにその奥地にも及んでいたことを教えている。

小野氏の居住地とされるオノは素地名と氏族名とが重複していて、いずれが先か後か、にわかに断じ難いところがある。

【カノ・ナギ】

カノ・カノウ・カノハタ・カンノウは主に北関東から東北・北越地方において焼畑をいう。

「地方凡例録」に「鹿野畑と言は重に奥州にて唱極山中に有之切替畑焼畑同様」とあるのがそれである。地名には鹿野（畑）・狩野・勧農などの文字をあてる。鹿野の地名は岐阜・京都・兵庫の府県にもみえる。

焼畑造成にあたっては山林原野の草木を刈り払い、一定の乾燥期間を経てから火入れして草木を焼く。語源は「刈野」にあるという。刈るも薙《な》ぐもほぼ同様の行為である。

ナギ・ナギハタは主に中部地方北部から中越地方にかけて焼畑をいう。当地域では焼畑造成にあたって原野草叢を薙ぐ。ナギ・ナギノ・ナグの地名には荒生・名木（野）・薙野・泙野・那久などの文字をあて、全国をみわたしてわずかにその地名を散見するのみである。山形県に草薙、静岡県に草薙・薙畑の古地名がある。

静岡県の草薙は有渡《うど》山（日本平）の北麓、静岡市清水区に属している。この地は日本武尊《やまとたけるのみこと》の伝説地と目され、尊を祭る草薙《くさなぎ》神社が鎮座している。『日本書紀』景行天皇四十年十月の条に日本武尊が東征の途次駿河の国において、当地の賊の謀《はかりごと》により野に入って鹿狩りをしているとき、賊が野火を放った。ただちに燧《ひうち》でもって火を打ち出すと腰につけていた剣で薙ぎ払った草に火を移して向かい火をつけ、からくも生還することができたとある。ところで『古事記』はこの出来事を相武国《さがむのくに》のこととし、さらに走水海《はしりみずのうみ》（今の浦賀水道）を船で渡ろうとしたときに海が荒れたので尊の后・弟橘比売命《おとたちばなのひめのみこと》が海神の怒りを鎮めるために犠牲となって入水する折に「さねさし相武の小野に燃ゆる火の火中《ほなか》に立ちて問ひし君はも」と歌を詠んだと続けている。

この説話にある向かい火は先方から焼けてくる火に向かってこちらから火を放って焼き退かせ、火勢を弱めることであり、焼畑造成時の火入れの際などに延焼をくいとめるために焼畑農民がとる手段である。草薙の地名と焼畑とは一体的なものである。

【キョウデン・コウヤ】

京田・経田の文字をあてたキョウデンの地名が、山形・千葉・新潟・愛知・富山・福井・高知の各県にある。またこれから変化したキョウダ（京田・鏡田）・ギョウダ（行田）などの地名がある。

山形県酒田市から鶴岡市にかけての庄内平野、特に平野の中央部赤川左岸一帯の平坦部に、京田はじめ平安京田・中野京田・幡磨京田・六田京田など京田が集中分布をみせ、これらの京田は慶長期以前の開拓とされている。また富山県魚津市から小矢部市にかけての富山・砺波両平野にも京田・経田の地名が数多くある。このほか、千葉・新潟・福井・高知の諸県にも当地名がみえる。

キョウデンには諸説があって、第一には私営田・墾田が錯綜して所属不明瞭または境界交錯の対象となった競田の意とする説、第二には給田の訛とする説、第三には読経料として寺に寄進された田すなわち経田とする説、第四には京都辺からの資本導入によって開拓された田とする説などがある。

京田にはまれに給田に基因し、一方の経田にはまれに供養田に基因するものもあるが、中世・近世にあっては京田を経田、経田を京田とも書いたという経緯があって、判然としないものがある。

高野・興野・興屋・荒野・幸谷をあてたコウヤの地名が東京以北の地方に多く分布をみている。特に庄内平野の平坦部には京田との混在をみている。コウヤは荒野あるいは曠野というべき荒地を指す素地名で、この地名は近世の開拓地名として興っている。因みに庄内平野における京田と興屋との分布状況からみて、両地名の間になんらかの関連があろうと推量される。

【サス】

関東地方では焼畑をサスと呼んでいる。佐須の文字をあてた地名は東京都はじめ宮崎・福島・兵庫・長崎などの諸県にみられる。『新編武蔵国風土記稿』には猟佐須・熊指・高指など指の文字をあてた地名が数多くみえ、大滝村（現秩父市）の条に「此村かかる山谷の間にも畑も少なければ嵯峨たる高処に火耕の地を開き是をサスと言ひ、或は焼畑といへり」とある。

日本武尊説話にある弟橘比売命の歌は、当説話とはあまり関係なく、相模国の若い男女が野焼きに際して、身を没する草間から互いに呼び交わした愛の掛合いと解釈することができよう。

代表的な焼畑地名ないし名彙にカノ・ナギ・サスのほか、山梨・三重・鳥取などの諸県のカジウ（バタ）、四国・九州のコバがある。

【新庄《しんじょう》】

新庄は荘園・古庄に対する新開拓の荘園であり、新城ともつくり、全国的に広く分布をみている。新庄は特に近畿・中国両地方に多い。山形県新庄市の新庄は庄内平野の中央部、最上川の左岸にあった小田島荘に対する新しい荘園とも、また当地方の旧城鮭延城あるいは清水城に対する新城の意ともいわれている。

近世に入っての本郷に対する新郷・枝郷にはさまざまな地名があるが、新田・新町・荒町・新出などのほかに荒屋・新屋・荒屋敷・新屋敷・荒屋新の地名がある。

【新田《しんでん》】

一般的には新たに開拓された耕地（田畑とも）を新田といい、歴史的には中世の終わり頃から近世初期にかけて大規模な土功を伴った新田開発が集中的に行われ、それによって生じた開発地をいう。それらの地の多くは新田または何々新田と名づけられた。

それらの新田名には源助新田・太田屋新田・小林村新田のように人名・屋号・親村の名を冠したものから、長十郎請新田・御請新田のように請新田というもの、庚新田・子新田・丑新田のように干支を冠したもの、鶴・亀の賀名を冠したもの、一色村古新田・新町村古新田のように古新田というもの、地方によっては新屋新・貝田新・桜田・鶴田のように「新」または「田」を付すものなど類型が多い。

これらの地名は新田開発主導者はじめ開発の形態・開発時期・新田群に対する名づけの地域性など、いろいろの要因を宿している。新田地名とその要因との関連は大略次のようなものである。

新田開発は中世戦国時代から織豊時代を近世にいたるまで主に領主によって推進され、治水と河川灌漑などを前提とした大規模な土功を実施し、築堤および水路開削によって平野の水田化が推進された。近世初期には土豪による開発が行われる一方、農民も個人または集団で開発に従事し、中期には町人たちがみずから開発経営に乗り出した。

人名を冠した新田は百姓が個々に開発したもので、これには農間に所持地の本田畑の地先にある未耕地を開墾した切添《きりぞえ》新田がある。屋号を冠した新田は資力のある町人が資金を投じて開発したもの、また親村の名を冠した新田は村が集団で開発したもので、ともに百姓個人・村または町人が領主に申請して新田開発を請負ったところから請（受とも）新田の地名がある。村請新田は村単位で開発したもので、小前百姓が割当反別に応じて開田し、年貢負担者となり、町人請新田は資本家たる商人が開発したもので、請負人が耕作人から小作料を取って領主に年貢を納めた。そのほか百姓や町人が共同開発を行った百姓寄合新田がある。

近世初頭における本田畑・屋敷総検地以後に開発された切添新田については、その年次ごとに新田検地を受け、その石高は順次村高に繰り入れられる仕組みになっていた。新田名に干支を冠してあるのはここに基因している。

近世中期の享保十一年（一七二六）に、江戸幕府が新田検地条目を制定した際に元禄以後享保までの田を古新田、享保以後のものを新田と称した。古新田はこの法制に則った地名である。

何々新という地名は富山県下の黒部川・神通川両扇状地間の地帯に集中的に分布をみている地名である。このように地域的な類型の発現がいくつかあって、秋田県庄内平野に集中的な分布をみている曽根・京田・興野は富山県のそれと同様の現象を呈している。

なお、新田開発をあらわす地名には、新田のほか開発・開田・開作などがあるが、青森県津軽平野北部におけるハダチ（派）には特異なものがあろう。ハダツは北関東から東北地方にかけては「物事が起ろうとする気配がある」「物事が始動する」などの意をあらわすことばとして通用しているが、津軽平野北部の開発にあたっては「派」が新田開発の同義語として用いられた。近世中期の開発にあたり、藩直営の「御《お》蔵派《くらはだち》」と少禄の藩士による「小知行派」とを併用した。因みに当地域はサルケと呼ぶ泥炭地帯で開発には幾多の困難が伴ったという。

【ソリ・アラシ】

ソリ・アラシは焼畑をいうとともに焼畑後地ならびに山の急斜面または崩壊地をも意味する。ソリ・ソウリ・ゾウリ・ゾウレの地名には反・曽利・草里・沢里・蔵連などの文字をあて、東北地方から中国地方にかけて分布をみている。

アラシの地名には嵐の文字をあて神奈川・山梨・長野・静岡諸県にまたがる山地に多く分布をみている。

焼畑用語としてのソラス・アラスまた

はソラシ畑・アラシ畑は耕作ないし焼畑を放棄して自然に返すこと、またその後地をいう。素地が急斜面であったりするのと、後地が荒れて崩壊することとは、焼畑の両側面である。静岡県磐田郡水窪町（現浜松市）地頭方の大嵐《おおぞれ》という開拓集落はかつて大崩壊を経験している。領家方にも大嵐があり、ゾウレとアラシとの関連がうかがわれる。

【ハリ・ハル】

ハリは治・墾・榛、ハルは治・墾・春などとつくる。治・墾は未墾地を切り開く開墾をあらわし、新治・今治・今張・尾張・小張・小針・治田・春田・針間などの地名がある。またハルは「開く」や「掘る」にも通じ、今開・今堀・堀田の地名がある。一方、榛はハンノキという木の植生地に基因し、榛原《はいばら》・榛名《はるな》・榛《はり》谷《がや》・幡多《はた》・幡磨《はりま》の地名と関連している。

ハリ・ハルの当て字は数多くある。

茨城県の新治《にいはり》は古代地名で、『古事記』『日本書紀』および景行天皇条に日本武尊が蝦夷平定の帰途、甲斐国酒折宮《さかおりのみや》において尊が「新治筑波を過ぎて幾夜か寝つる」と侍者たちに歌で問うたところ誰も答えられなかったが、秉燭者《ひともせるもの》（『記』には「御火焼之老人《おひたきのおきな》」とある）が尊の歌の末に続けて、「日日《かが》並べて夜には九夜日には十日を」と詠んだという説話がみえる。また『常陸国風土記』には崇神天皇の詔により東夷を平定した新治の国造《くにのみやつこ》が帰還後、新しい井を治ったことにより新治と号したとあり、まさに開拓地名そのものである。なお、風土記新治郡条の記事によると、古代領域は今の新治郡と異なり真壁郡東部地域と比定され、協和町（現筑西市）古郡を郡衙所在地とする説と一致する。

静岡県榛原郡、奈良県宇陀郡榛原は、ともに古くはハリハラとも訓じた。また、古書に前者は蓁原、後者は萩原とつくってある。蓁は萩と同じく、榛の異木とする説もある。兵庫県多紀郡榛原郷はハリハラともハシバミとも訓じ、ハシバミも榛の異木とする。

福島県南会津郡田島町（現南会津町）針生、静岡県磐田郡水窪町（現浜松市）針間野はともに山中の緩やかな高原で、榛の植生に基因する地名であろう。

兵庫県の旧国名・播磨は『播磨国風土記』揖保郡条下にみえる萩原里・針間井の地名とかかわりがあるとすれば、榛原との関連もうかがえよう。

針・針畑・播磨田は開墾をあらわす地名であると推定される。

その他、植物を素地名とするものに萱野・菅原・菅生・柏原の類がある。

【別府《べっぷ》】

別府の地名は四国・九州地方に分布をみている。別府と書いて高知県ではベフ、宮崎県ではベップまたはビュウと読む。大分県別府市の別府は中世から江戸初期にかけて別符とも書き、旧来の荘園に対して別の免符によって開拓した荘園を意味するという。その起源は別符にあり、別府はそれが地名となったものである。

高知県物部村（現香美《かみ》市）に別府・別《べっ》役《ちゃく》、同県安芸市に同じく別役、安芸郡安田町に別所の字があり、物部村別府・別役は鎌倉期、他は織豊期から見える地名とあり、それらは成立時期からみて別符や別名・別所から出て地名化したものであるらしい。

【ヤチ・ヌタ・ムタ】

水稲栽培は開始以来、産業・経済ならびに食料の多分野にわたり一途にその重要度を増大させつつ、開拓により水田面積を拡大してきた。水田開発の最適とされてきたのは湿地・沼地であった。開拓地の多くは地形・地貌による素地名を、開拓後も引継がれ、原地名あるいはバリエーションをともないつつ定着をみている。

湿地・沼地名彙は代表的なものだけでも五指にあまり、それぞれの地名はかなり広域にわたって分布をみているけれども、おのずと地域的な濃淡がみられる。

ヤチは谷地が一般的であるが、谷内・野地・屋地などとも書き、主に群馬・富山両県以北の東国・北国に、同系のヤツは谷津と書いて埼玉・千葉・神奈川・静岡の諸県に、ヤタ・ヤダは水田を指す地名として、谷田・矢田と書き、主に群馬県から和歌山県にかけての太平洋沿岸の地域に分布をみている。

ヌタは怒田・垈・沼田とつくり、怒田は千葉県以西の関東・甲信・東海地方に、沼田は近畿・中国・山陰地方に広く分布をみている。なお、山梨県下には垈をあてている例がかなりある。ヌタと同じニタは二田・仁田・仁井田などと書き各地に分布している。なお、ヌタ・ニタ・ノタはともに泥土をいう。

因みに、山中にも地方によってヌタ・ニタ・ノタと呼ばれる小さな水溜りがあって、イノシシの泥浴び場になっている。

ムタは牟田・無田とつくり、主に福岡・佐賀・熊本・宮崎の各県に分布し、谷間の湿田地帯をいう。

他に湿地帯や湿田をいう名彙にクテ・タニ・フケ・ヤトなどがあり、これらの古くから開拓され、素地名を伝承してきたことが知られる。

〈石川純一郎〉

宗教ゆかりの地名

神道地名の来歴
仏教地名の来歴
民俗信仰地名の来歴

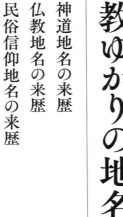

神道地名の来歴

【安曇《あずみ》】

古代において、宗像氏とならぶ海人集団である安（阿）曇氏に因む地名とされ、『和名抄』に信濃国安曇郡、伯耆国会見郡安曇郷、筑前国糟屋郡阿曇郷などがみられる。現在も長野県に南安曇郡・北安曇郡、米子市に安曇《あずま》、滋賀県湖西に安曇《あど》川・安曇《あど》川町をはじめとして各地に同系の地名が残されている。特に筑前国糟屋郡阿曇郷は安曇氏の本拠地とされたところである。

安曇氏は、『古事記』によると伊耶那《いざな》岐《き》神が黄泉《よみ》国から逃げかえり、筑紫の日向の橘の小門の阿波岐原《あわぎはら》で禊祓したさいに生まれた綿津見《わたつみ》神を祖神としている。また、「応神紀」三年十一月条には、阿曇連の祖の大浜宿禰が「海人の宰」になったとあり、早くより海人集団の長として活動していたことがうかがわれる。

しかし、この地名が内陸部にもあるところから、すべて安曇氏と関係づけることは問題があるともいわれている。例えば、信濃国の安曇郡はまったくの内陸部であり、北アルプスの断層崖の地形が発達している。信濃国の場合には、安曇氏との関係をいうよりも、「崖・傾斜地」の意味である「アズ」に関連した地名であろうともいわれており、検討の余地が残されている。

【伊勢《いせ》】

伊勢という国名は『記・紀』にもよくみられる。いうまでもなくここには伊勢神宮があり、のちには伊勢というと伊勢神宮を指すというほどにまでなった。このように伊勢と伊勢神宮との関係は深く、例えば、「垂仁紀」二十五年三月条をみると、そこには伊勢神宮の鎮座のことが記されている。そして、そのなかで天《あま》照大神《てらすおおみかみ》が倭姫命《やまとひめ》に「是の神風の伊勢国は、常世《とこよ》の浪の重波《しきなみ》帰《よ》する国なり。傍国《かたくに》の可怜《うま》し国なり。是の国に居らむと欲《おも》ふ」と語っている。さらに、この天照大神の神語《かむがたり》に続けて、「其の祠を伊勢国に立てたまふ。因りて斎宮《いつきのみや》を五十鈴《いすず》の川上に興《た》つ。是を磯宮と謂ふ」と記されており、内宮と斎宮の創祠が述べられている。

伊勢と常世国との関係については、『伊勢国風土記』逸文の伊勢国号の条にもみられる。それによると、神武天皇が日向より大和へ東征したとき、天皇に従っていた天日別命《あめのひわけ》に伊勢平定を命じたとある。ところが、この地は伊勢津彦が支配していて容易に服従しなかったので、天日別命は武力をもって伊勢津彦を殺そうとした。ここにいたって、ついに伊勢津彦も降服し、夜中に大風を起こして海水をふき上げて波に乗り、太陽のように照り輝きながら東方へ去ったというのである。そして、「古語に、神風の伊勢国、常世の浪寄する国と云へるは、蓋しくは此れ、これを謂ふなり」と記している。さらに、天日別命がこのことを神武天皇に報告したところ、天皇は大変喜んでこの国の名は伊勢津彦の名をとって伊勢となづけよ、といって天日別命の封地としたとしている。

伊勢の語源については古くから諸説がみられる。大和国の背の国とか山を背にしている国とかといった『古事類苑』の説や、伊勢津彦が石で城を造ったことによるとして石城《いしき》がイセに転訛したとする『伊勢国風土記』逸文の説などもあるが、多くは伊勢神宮の付近にその語源を求めようとしている。例えば、谷川士清《ことすが》は、伊勢を「五十瀬《いそせ》」の転訛とし、「川瀬の多きよりの名なるべし」と述べており、五十鈴川による地名としている。因みに、『伊勢国風土記』逸文の五十鈴の条には、「是の日、八小男・八小女等、此に迺《こぞ》り逢ひて、惣樹接《いすすきまし》はりき」と記し、気持がはやって落ち着かぬといった意味の「惣樹接はりき」が五十鈴川の語源としている。このほかにも、磯または石の転訛とみなし、度会《わたらい》郡の伊蘇郷に語源を求める説もみられる。また、あふれやすい瀬といった意味である「沃《い》瀬」を語源とする説も一方ではみられ、いまだに定説と呼ばれるものはでていない。

【出雲《いずも》】

旧国名であり、『出雲国風土記』には、郡名・郷名としてもみられる。また、山城国愛宕《おたぎ》郡にも出雲郷がみられる。

地名の語源としては、記紀神話のスサノオ神の言葉がよく知られている。『古事記』によってみるならば、八俣遠呂智《やまたのおろち》を切り殺した須佐之男命が宮を作る場所を出雲国に求め、須賀の地に鎮坐したところ、その地より雲が立ちのぼったとある。そこで、須佐之男命が「八雲立つ出雲八重垣、妻籠みに、八重垣作るその八重垣を」という歌をよんだのが地名の由来というのである。つまり、出雲は雲が多いところから、雲の湧き出る国という意味ということになる。

この「八雲立つ出雲」という説は、『出雲国風土記』にもみられる。すなわち、その総記条には、「出雲と号くる所以は、八《や》束水臣津野《つかみずおみつぬ》命、詔りたまひしく、八雲立つと詔りたまひき。故、八雲立出雲といふ」と記されている。しかし、ここで注意しなければならないことは、「八雲立つ出雲」という由来のもととなった「八雲立つ」という言葉を発したのは須佐之男命ではなくて八束水臣津野命であるということである。八束水臣津野命は、『出雲国風土記』において出雲の国土創生神話ともいうべき国引き神話の主人公として知られる神ではあるが、記・紀神話にはほとんどその姿をみせていない。それに対して、須佐之男命は『出雲国風土記』のなかにも主要な神として姿をあらわしている。したがって、『出雲国風土記』のなかにおいても、須佐之男命が「八雲立つ」という言葉を発しても少しも不自然ではない。しかし、それにもかかわらず、『出雲国風土記』においては八束水臣津野命が神語を発している。このことはとりもなおさず、『出雲国風土記』が記・紀神話とは異なる神話体系を形成しているといえよう。

こうした湧き出る雲に語源を求める説に対して、藻に出雲の由来を求める説もみられる。これは、水野祐博士によって提唱されたものであり、「八雲立つ出雲」は原初的には「夜都米佐須伊豆毛《やつめさすいづも》」であるから、この「ヤツメサスイヅモ」の原義を考えるべきであるというものである。まず、水野氏は「夜都米」の「米」に注目され、「米」は乙類の「メ」であり、この音には雲を意味する語はないとして「夜都米」が雲を指す言葉ではないとされた。そして、「伊豆毛」の「伊豆」は「厳《いつ》」の音を移したものであり、「毛」は「藻」のことであるとしている。それは、「崇神紀」六十年条に「萎。此を毛と云ふ」とある注記に注目され、萎は水草や海藻の総称で藻・母・海布・海蓴・米・藻・毛波・藻葉などと書かれているものであるとされた。その上で、海藻は「メ」とも呼ばれ、「モ」と「メ」は同一のものであるから、「夜都米」の「メ」も「伊豆毛」の「モ」と同一の藻をさしているということになる。すなわち、「夜都米」は「彌津米《いやつめ》」であり、その全体的な意味は、たくさんの藻と解釈でき、「伊豆毛」は「厳藻」であって神聖な藻という意味になる。そして、古代出雲には藻を神聖視する呪的信仰があったことを述べられ、その上でこうした「厳藻」が出雲の語源とするならば、その地名はどこから発生したものであろうかとして、出雲国と出雲郡・出雲郷との関係を検討されている。その結果、出雲国という地名の発生と出雲郡・出雲郷のそれとは地名の発生の経路が異なるとしている。すなわち、出雲郡・出雲郷の地名は、「厳藻」、つまり藻の産地であることに由来するものであるとされた。それに対して、出雲国という国名は、一族の信仰形態が「厳藻」に深く関わっていたことから「厳藻」を自らの氏名とした出雲氏が出雲国全域を支配下におさめた段階で出雲氏の国ということで出雲国としたとされる。すなわち、国名は、藻を信仰の対象とする氏名から発生したものとするわけである。

以上が水野氏の厳藻説である。このほかにもさまざまな説がみられるが、そのなかには、出雲国に出雲郡出雲郷があるのであるから、この地域を中心に語源を求めようというものもみられる。この立場からは、「イ」は接頭語であり、「ツモ」は「ツマ」の転訛で「端」の意味であるとする説や出雲を「厳面」として、「崖地に臨む地」とする説などが出されている。

【大三島《おおみしま》】

愛媛県今治市の島名であり、大山祇《おおやまつみ》神社が鎮座する島として知られる。大山祇神社は、俗に三島大明神といい、伊予国の一宮であった。創始の年代は仁徳朝のほか諸説あって詳細は不明であるが、『大鏡』に三蹟の一人である藤原佐理が三島大明神の所望で扁額を書いて無事、航海したという説話があるように、古くから海上安全の神として信仰された神であった。

【香椎《かしい》】

『和名抄』に筑前国糟屋郡の郷名としてみられる。現在の福岡県東区香椎《かしい》にあたる。香椎宮で知られる。古くは、博多湾を香椎潟ともいっており、香椎はこのあたり一帯の総称名として使われていたといわれている。

香椎宮は、神功皇后・仲哀天皇を祭神としている。伝承によると、仲哀天皇と神功皇后が筑紫に行幸して橿日《かしい》宮で熊襲征討を計画したとき、皇后は神教に依ってまず新羅を討つことを進言したが、天皇はこれをきかず熊襲征討を強行して途中で亡くなってしまう。そこで皇后は、この地で軍議をひらき新羅を討ったというのである。香椎宮は、古くは香椎廟といわれ、他の神社とは区別された扱いを受けていた。そのことは、たとえば『万葉集』巻六の神亀五年条に、「冬十一月、大宰の官人等、香椎廟を拝みまつる時に、帥大伴卿の作る歌一首」として、「いざ子ども香椎潟に白たへの袖さへ濡れて朝菜摘みてむ」とあることからもうかがいしれる。

地名の語源としては、「樫の生えるところ」という説もみられるが、地形的な面からの説の方が自然と思われる。それは、「カシ」は「傾《かし》ぐ」ととらえ、「傾斜地・崖」とする説であり、「カシ」は糟屋の「カス」と同じであり「カス」「カセ」「カテ」はいずれも「崖」の意味であるとする説もみられる。

【鹿島《かしま》（香島）】

『常陸国風土記』の香島郡の条に、古老の伝承として、孝徳天皇の時代である大化五年（六四九）に、中臣部兎子《うのこ》らが惣領である高向《たかむこ》大夫に願い出て、下総国の海上《うなかみ》国造の支配地のなかから軽野より南の一里と那賀国造の支配地のなかから寒田より北の五里とを分割して神郡を設置したことが記されている。さらに、その記事に続けて、「其処《そこ》に有《い》ませる天大神《あめのおおかみ》社《しゃ》・坂戸社・沼尾社の三処を合せて、惣《す》べて香島の天大神と称ふ。因りて郡に名づく」と記し、最後に割注として、「風《くに》俗《ぶり》の説《ことば》に、霰零《あられふ》る香島国といふ」と記載している。

これによると、天大神社をはじめとする三社があわさって香島の天大神となったとあり、郡名は神名によると記されている。これが現在の鹿島神宮の由来である。香島は鹿島の旧用字である。割注に注目すると「霰零る香島国」とある。これは、霰の降る音の「カシマシ」というかかりであるともいわれている。また、霰の降る音の「キシム」という意味から肥前国の杵《き》島に冠した称辞の転用ともいわれている。肥前国の杵島については、『肥前国風土記』の逸文として杵島山の条が残されており、そのなかに「あられふる杵島が岳を峻《さか》しみと草採りかねて妹が手を執る」という歌謡がみられる。

『和名抄』には、常陸国に鹿島郡・鹿島郷・那珂郡鹿島郷のほかに能登国能登郡加島郷などがみられる。現在も茨城県鹿島郡をはじめとして、佐賀県鹿島市など各地に地名が残されている。

語源としては、ほかに「神島」もしくは「神栖間」の意味とする説がみられる。また、「カシ」「マ」ととらえ、神社関係とは切りはなして、「上の場所」「堅い土地」といった意味や「痩せた土地」「傾いた場所」という意味にとる説もみられる。

【香取《かとり》】

『和名抄』に下総国の郡名・郷名としてみられる。香取神宮で知られ、現在も千葉県の郡名として地名が残されている。

香取神宮は、伊波比主《いわいぬし》命を祭神とし、下総国の一宮であった。伊波比主命は経《ふ》津《つ》主《ぬし》神ともいい、天孫降臨神話では高天《たかまの》原《はら》の命を受けて鹿島神である武甕槌《たけみかづち》命と共に出雲に降って大国主《おおくにぬし》命に国譲りを迫り、その子の建御名方《たけみなかた》命を服従させた神である。これらのことから、鹿島神と共に武神としてたたえられた。

語源としては、「揖取《かじとり》」の転訛ととらえ、舟運との関係を説くものや「堅織《かたおり》」の産地からきているとする説がみられる。また、地名に語源を求める説もある。すなわち「カト」を「崖・自然堤防」の意味とし、「リ」を接尾語とするものや、「カ」「トリ」として「トリ」を「崖・自然堤防」とするのがそれであり、これらはいずれも利根川の流域となっている香取浦の沿岸の自然堤防となっている崖からの連想である。

【賀茂《かも》】

山城国愛宕郡賀茂郷をはじめとして、『和名抄』にも多くみられる。現在も上賀茂社・下鴨社の所在地である京都市北区上賀茂・左京区下鴨をはじめとして各地に地名が残されている。

地名の語源としては、鳥の鴨に因むという説や「上」または「神」が転訛したものとする説がある。賀茂神社の分布は、東海地方から瀬戸内海沿岸にかけてみられることから、これらの地域については、賀茂神社の分祀による伝播地名も多いといわれている。因みに、『山背国風土記』逸文の賀茂社の条には、日向の曾の峯に天降りした賀茂建角身《たけつのみ》命が神武天皇の大和平定の先導をして大倭《やまと》の葛木山に宿り、さらにそこから山代国の岡田の賀茂に至ったとある。そして、葛野河と賀茂河の合流地点にきて賀茂川をみわたして「狭《さ》小くあれども、石川の清川なり」といい、その川上の久我《くが》国の北の山基に鎮まったので賀茂というと記されている。

【熊野《くまの》】

紀伊国牟婁《むろ》郡の一帯を指す地名であり、『和名抄』には、丹後国の郡名・郷名、但馬国二方《ふたかた》郡の郷名などにもみることができる。地名の由来は、一般に熊野三山と結びつけて考えられがちであるが、これには問題がある。というのは、一〇世紀の初めに完成した『延喜式』の神名帳には、「熊野早玉《はやたま》神社」と「熊野坐《にます》神社」の二社しかみられず、この段階で三山の体制はできあがっていなかったと思われる。さらに、『延喜式』の神名帳には、出雲国・丹後国・近江国・越中国などにも熊野神社がみられる。また、『伊予国風土記』逸文には熊野岑が地名としてみることができ、熊野の語源を考えるさいに参考となる。

従来、熊野の語源については、『紀伊続風土記』の説が一般的であり、熊は隈《くま》であり、古茂累《こもる》という意味で山川幽深であるところからつけられた地名であるとされている。しかし、この解釈には「野」への注意がまったくなされていない。そこで、あらためて古代において熊野という名称をもつ地域の地形を全体的にながめると一つのパターンともいうべきものが想定される。それは何かというと、まず海が近くにあり、その海岸線はリアス式などの複雑な様子をみせており、そこから平野になっていてその背後には山がある、というものである。また、常世国をはじめとする神仙思想とも関係がみられる。

これらのことをふまえて、熊野の語源をとらえるならば、熊は隈とするのがもっとも妥当であり、奥まったところと解釈するのが一番ふさわしい。つまり、熊野は奥まったところの野ということができる。それでは何に対して奥まっているのかというと、それは海に対して奥ということであり、言葉を変えるならば、海のかなたにあると認識される常世国からみての奥ということにほかならない。

【気多《けた》】

『和名抄』には但馬国と因幡国の郡名としてみえるほか、遠江国山香《やまか》郡の郷名としてもみられる。また、神社としては、石川県の気多神社が知られるが、同名の神社が兵庫県、富山県をはじめとして各地にみられる。社名の由来については、「ケタ」は「ケタカ」が転訛したものであり、「ケタカ」は気高であるとされている。気は風のことであり、古代では風が強いことを風が高いと表現したことから、気高神とは強い風の神のことといわれる。この気高神が転訛したものが気多神ということになる。

また、気多という地名がみられる地域の地形から、崖を意味する「ケタ」が語源とする説もみられる。断崖を「ケタ」というのは伊豆の方言であり、これは刻むを意味する「キダ」「キタ」の転訛といわれている。

【気比《けひ》（飼飯）】

現在、兵庫県の豊岡市などに気比の地名がみられるが、一般には福井県敦賀市に鎮座している気比神宮で知られる。

気比神宮は、伊奢沙別《いざさわけ》命を主神として日本武《やまとたける》命・仲哀天皇・神功皇后・応神天皇・豊姫命・武内宿禰《たけしうちのすくね》命を祀る。『延喜式』で名神大社とされ、のち越前国の一宮となった。伊奢沙別命は気比大神ともいわれ、御食津《みけつ》神とも称される。『古事記』の仲哀天皇の段によると、建内宿禰命が皇太子をつれて若狭国などをめぐっていたとき、角鹿《つぬが》に仮宮を造ったところ夢に伊奢沙和気大神命があらわれて、「吾が名を御子の御名に易へまく欲し」といい、さらに、「明日の旦、浜に幸ますべし。名を易へし幣献らむ」といった。そのとおりにすると、鼻の傷ついた入鹿魚《いるか》が浜にうちあげられていた。そこで御子は「我に御食《みけ》の魚を給へり」と喜び、神をたたえて御食津大神と名づけたと記されている。

語源としては、本居宣長の『古事記伝』には気比の「ケ」は食であり、「ヒ」は霊であるとしている。また、敦賀が西北風の強い地域であることと、古代において強い風を「深《ふか》し」といったことに注目してフカシ→フケシ→フケヒ→ケヒと転訛したとして、気比の語源は「強風」とする説もある。

【住吉《すみよし》】

『和名抄』にみられる摂津国の郡名であり、他にも摂津国兎原《うはら》郡、播磨国明石郡・賀古《かこ》郡・賀茂郡、長門国阿武《おう》郡などの郷名としてみられる。現在も大阪市住吉区をはじめとして各地に地名として残されている。この地名の語源は大阪の住吉神社からきている。航海安全の神とされるこの神は、各地の海や河湖の岸に祭られることが多く、したがってこれらの神社とともに地名も各地に分布している。住吉は、「すみのえ」というのがもともとの読みとされ、「隅《すみ》」に助詞である「の」と「江《え》」がついたものともいわれるが、語源については諸説みられる。

『摂津国風土記』逸文の住吉の条をみると、神功皇后の時代に住吉大神が住むべき国を求めて巡行して、現在の住吉神社の社地である沼名椋《ぬなくら》の長岡の前《さき》にやってきて、「斯は実に住むべき国なり」といい、さらに、「真《ま》住《す》み吉《え》し、住吉《すみのえ》の国」とほめたたえて神社を造ったとある。

現在みられる各地の住吉という地名は、基本的には住吉神社に因むものと思われるが、なかには「住みよい町」という意味で住吉とつけられたものもあり、この場合は当然のことながら住吉神社とは関係がみられない。

【諏訪《すわ》】

長野県諏訪郡に鎮座する諏訪大社に因む地名といわれる。諏訪大社は上社と下社とからなり、上社は建御名方富《たけみなかたとみ》命、下社は八坂刀売《やさかとめ》命をそれぞれ祭神としている。

『和名抄』には、信濃国の郡名・郷名としてみられる。現在、長野県諏訪市をはじめとして各地に多数の地名が残されている。地名の語源としては、古くは本居宣長がスブ（隘）まったところという意味であるとしている。また、佐渡の方言で「湿地・谷」を意味する言葉として「スワ」があるところから、湿地説も説かれている。長野県の諏訪湖・諏訪郡・上諏訪・下諏訪などは低湿地の地形であり、この湿地説によくあてはまるといわれている。

しかし、一方では、南西諸島の諏訪ノ瀬島をはじめとする南九州各地の「スワ」に関係のある地名をみると、湿地といえない場合も多いといわれている。これらのことから、諏訪は「山地の崖側・山の斜面」を意味するソハ（岨）の転訛であるという説もみられる。したがって諏訪という地名には、神社名による伝播のほか、いくつかの語源をケースに合わせて考えてみなくてはならないであろう。

【多《おお》】

奈良県磯城郡にあった村名（現田原本町）で、俗に多《おお》神社といわれる多坐弥志理都比古《おおにますみしりつひこ》神社が鎮座している。この地域は『和名抄』にいう十市郡飫富《おふ》郷にあたるとされており、古代豪族の多氏の本拠地といわれている。多神社は『延喜式』には大社・太社・意富社とも記され、多氏によって奉斎されていた。『古事記』を筆録した太安万侶《おおのやすまろ》は多（太）氏の出身である。

【龍田《たつた》】

奈良県三郷《さんごう》町から斑鳩《いかるが》町にかけての地名。三郷町立野に龍田大社があり、その西方に龍田山がある。大和と河内とを結ぶ交通の要地であり、「神武即位前紀」条に「龍田」の地名がみられるほか、「履中即位前紀」条には天皇が住吉仲皇子の反乱にあい、難波から龍田山を越えて大和へ入ったとある。龍田大社は、天武紀四年条に、「風神を龍田の立野に祀らしむ」とみえるように風雨鎮圧の神である。

【日吉《ひえ》（比叡）】

近江・山城の国境の山名であり、『古事記』に「日枝山」とあり、『懐風藻』にも「稗叡山」としてその名がみられる。最澄によって延暦寺が開かれて以来、よく知られるようになる。延暦寺の鎮守として日吉（山王）社が鎮座している。

地名の語源は、「冷《ひ》え」で寒冷地の意味という説や「ソビエ」が略されて「ヒエ」となったとして高くそびえた地とする説、「ヒエ」は崖を意味するといった説がみられる。

【宗像《むなかた》】

『和名抄』に筑前国宗像郡、筑前国遠賀《おんが》郡宗像郷がみえる。現在、福岡県に宗像市などの地名が残されている。地名の由来は、福岡県宗像市に鎮座している宗像神社によっている。宗像神社は、『記・紀』などにみられるように、天照大神と須佐之男命とのウケイによって生まれた宗像三女神を祭神としており、宗像氏によって奉斎された神社である。

名の語源は、神の形代である「身の形」を納めたことから身形郡といったという説がある。これは、『筑前国風土記』逸文の宗像郡の条にみえる説であり、それによると、宗像大神が天降りして埼門《さきと》山《やま》にいるとき、青蕤《あおに》の玉を奥津宮の表《しるし》として置き、八《や》尺蕤《さかに》の紫玉を中津宮の表に置き、八《や》咫《た》の鏡を以ちて辺津宮の表に置いたとある。さらにこの三つの表《しるし》を宗像大神の身の形と成して三つの宮に納め、大神は姿を消したので、この地域を身形郡といったのを後に宗像郡と改めたと記している。

また、宗像三女神は航海の安全を守護する神であり、海と関の深い神であることに注目して、「海方《うなかた》」に語源を求める説やムナをムネの古形ととらえて「高地」の意味とし、カタを場所や方向を示す接尾語とする説もある。

〈瀧音能之〉

仏教地名の来歴

【経塚《きょうづか》】

経典を書写し、陶器・銅・鉄・石などで作った経筒に入れ埋納した塚をいう。釈迦没後、正法五百年、像法千年の後には仏法が衰退するといわれる「末法の世」の意識が平安時代に強まり、衆生の救済に現われるという弥勒菩薩の出現までの間の「無仏の時代」への恐れから、貴族の間に写経供養と埋経が救いへの祈願となった。その源は中国で、入唐して密教を学んだ円仁《えんにん》により伝えられたといわれている。

最も早い例は、寛弘四年（一〇〇七）に金峰山《きんぷせん》（奈良・吉野）に藤原道長が埋納した記録があり、経巻、経筒ともに発見されている。

貴族の間に広がった埋経は、一一世紀になると急速に庶民の間に広まり江戸時代まで続けられた。その場所は各時代を通じて社寺の境内やその周辺、霊山に埋納され、経典に供えて鏡、合子《ごうす》、銭貨、仏像、仏具なども埋められた。

その地域は全国各地に及ぶが、「経塚」地名は、富山県南砺市、長野県駒ヶ根市、沖縄県浦添市の町名や、山形県鮭川村に地名として残っている。また経塚山（島根・岩手・福井・滋賀・新潟の各県）、経ヶ岳（滋賀・佐賀県ほか）、経田などの地名が今に残っている。

【権現《ごんげん》】

平安中期（十世紀）頃から見られる「本地垂迹説《ほんちすいじゃくせつ》」では、仏・菩薩が衆生を救うために、方便としてこの世に「神」と化身して現われる、つまり権《かり》に神となって現われるというのである。

天照大神《あまてらすおおみかみ》の本地は大日如来、八幡神は阿弥陀如来、または観世音菩薩というように、神々それぞれに仏・菩薩をあて、熊野権現、春日権現、蔵王権現、山王権現の称号で呼ばれた。また、神社の建築に寺の様式を取り入れた「権現造」がある。日光東照宮、北野天満宮、大崎八幡神社などがそれである。

横浜市の権現山は、戦国期に「相州権現堂」（『鎌倉大草紙』）と見え、権現山城が築かれた合戦跡であるが、江戸後期から明治へかけて埋め立てによる土取場となり、現在は公園となっている。

松山市権現《ごんげ》町は、神亀五年（七二八）八坂権現を勧請したことによるという。

「権現」は、山、岳、堂、崎、森の名となり、東北から九州まで全国各地に見える地名となっている。

【金剛《こんごう》山《ざん》】

「金剛」は堅固で容易に破壊されない意味の例えとして使われた言葉であるが、空海により中国から密教が将来されるなかで、仏典の漢訳中に多く用いられた語である。

大和盆地の西側、河内との境に南北に連なる山地一帯を古くは〝かづらき山〟と呼んだ。その峰々は大和に住む人々にとっては、田の水をもたらす「水分《みくまり》の神」(葛城水分神社)の坐すところであり、「葛城の一言主」(『雄略記』)の鎮座する山である。その主峰、葛城山(一一一二メートル)は現在の金剛山である。

奈良時代後期、葛城菅原の村に生まれた役小角《えんのおづぬ》は、この山中で修行し鬼神を使って〝吉野の金峰山《きんぷせん》との間に橋を架けさせた〟などの伝説が広められ、金峰山とともに修験の霊山とされた。主峰近くには役小角開創と伝わる金剛山転法輪寺がある。

仏教の広がるなかで「金剛」は寺名に多くつけられ、修験の山々に名づけられ(新潟・兵庫・高知・山形等の各県)、山や寺にゆかりの深い村、町、橋(滋賀)、坂(三重・東京)、峠等の地名になっていった。

【蔵《ざ》王《おう》山《さん》】

山の名称は、平安中期以後、吉野の金峰山で崇拝された修験道独自の神である「蔵王権現」が祀られたことに由来する。

この権現は役行者が金峰山頂で衆生《しゅじょう》済度《さいど》の祈りにより感得したと伝えられる神である。

鎌倉初期の修験道の拠点は熊野・金峰山であったが、末期には中央の有力寺院の後楯をもとに修験教団を形成していった。また、諸国の山岳に依拠した修験者(山伏)たちは、それぞれ独自の宗派を形成した。

宮城、山形の両県に跨がる蔵王連峰も、かつては女人禁制の修験道場であり、出羽三山に対し「西のお山」と呼ばれた。「蔵王山」という単独峰はなく、旧くは苅田《かった》嶺《みね》といわれた。連峰中最高峰は熊野岳、その南尾根続きの山頂に「苅田《かりた》嶺《みね》神」(『続日本後紀』)の坐す刈田岳がある。

新潟県黒川村蔵王は中世の土着武士黒川氏の崇敬をうけ、村の東南山中にある社には元徳三年(一三三一)以降の遺物や、同権現の山下には前立堂・行者松の遺跡、付近に経塚、宮田、金剛山、飯塚の地名があるという。

長岡市蔵王町も南北朝期以前に遡る北国第一級の霊所であり修験道場であった蔵王権現堂の歴史をもつ地である。

宮城・山形県にみえる蔵王は近代の合併により名づけられた地名が多い。

【地《じ》蔵《ぞう》ヶ岳《たけ》】

一般に「地蔵ヶ岳」といわれている山梨県韮崎《にらさき》市の西方に屹立する花崗岩の特異な景観は県内各地から望まれる。岩峰の下の砂礫の台地には地蔵尊の石仏が多く「賽《さい》の河原」と呼ばれ、子のない夫婦がその一体を借り家に祀ると子供に恵まれるといい、そのお礼に二体にして返すという風習が江戸期から続いているといわれる（尾根続きの観音・薬師岳とで鳳凰三山と呼ぶ）。

柳田國男は、地蔵に関する一連の著作で、『地蔵と子供と賽の河原』の話は、能登、信州その他の地方にもあり、身代わり地蔵型の信仰の大部分は、地蔵と子供との密接な関係を示すものがある。

また『賽』は『道祖《さえ》』と同じ起源をもち、道祖神は道や村の境を護るとともに永久に人の親の憂愁を救う役目を掌っていた」と述べている。

サエノカミの信仰が基礎となって、仏教の冥界と現実界との境界にたって護ってくれる地蔵信仰が習合したともいう。

一五世紀末に始まった地蔵盆、その後六ヶ所を廻る六地蔵詣りが盛んとなった。地蔵を背負って講中をまわる「廻り地蔵」も戦前まで行われていた。

笠懸け地蔵、延命地蔵、水子供養の地蔵尊等子供との縁は深い。「地蔵」地名は新潟、富山、三重、滋賀の各県に、「地蔵堂」は新潟、福井、山梨、静岡、長野、神奈川の各県に、森、川、久保の名などに数えきれない程の広がりをみせる。

【帝釈山《たいしゃくさん》】

帝釈天は、インドの神話やヒンドゥー教においてインド民族に親しまれていたインドラ神が仏教に取り入れられ同化した後の呼称。ヒンドゥー教の武神がそのまま仏教守護の神となった。須弥《しゅみ》山《せん》山頂に住み阿修羅《あしゅら》と戦って降り、天下に使臣を使わして万民の悪業を懲らしめるといわれ、日本伝来は奈良時代。

東京柴又の帝釈天は庶民信仰の寺として有名である。

広島県にある「帝釈峡」は上流地の旧村末渡《みど》にある真言宗永明寺の本尊帝釈天に因む。明治から大正初期にかけて帝釈天信仰が盛んとなり賑わったという。

兵庫県神戸市の帝釈山《ざん》は丹生山明要寺の奥の院として梵天帝釈を祀ったという伝承による。

福島・栃木県境には帝釈山地がある。

【大日《だいにち》】

大日如来、サンスクリット語の漢訳は毘盧遮那《びるしゃな》如来。「大日」はインドの密教者善無畏《ぜんむい》とその弟子の案出といわれる。

真言密教の根本仏であり、如来の広大無辺の慈悲は万物の上をあまねく照らすといわれる。本地垂迹説では、天照大神の本地にあてられた。

大日岳（二四九八メートル）は、富山県東南部立山連峰の一峰。その東に奥大日、前大日をひかえ大日三山という。立山への根拠地、芦峅寺《あしくらじ》からは立山の前山と見え大日如来の聖地とされた。尾根筋には花崗岩の大岩盤がかぶさる行者岩屋があり、南側には大日小屋がある。

静岡県島田市の大日山は山頂付近に真言宗の名刹金剛院の杉並木がある。

大日堂があったことにより、その名を

受けて、静岡県袋井市、吉田町、富山県滑川市、名古屋市など、近世の村名に、峠・橋・坂などの地名となった。

【大菩薩峠《だいぼさつとうげ》（嶺）】

菩薩は「悟りを目指す人」の意味があり、悟り（仏）の世界から人間界におりてきて、人と共に歓び共に苦しみながら衆生の救済に努める存在ということから、観世音菩薩、地蔵菩薩、八幡大菩薩などと呼ばれ信仰された。大菩薩と名乗る山は全国唯一つ。塩山市と丹波山村の境にある標高二〇〇〇メートル余のこの山は、旧くは萩原山に含まれた。その東南鞍部は旧萩原村、小菅村境となり、峠には二村それぞれに「明見大菩薩」を祀る二社があった（『甲斐国志』）。

この峠は、青梅（東京都）から国中（甲府盆地）への交通路、甲州街道の裏街道として往来も多かったが、難所だったため明治十一年、現在の柳沢峠越えの青梅街道を開いた。

大菩薩峠は大正初年から昭和二十九年まで続いた中里介山の長編小説により有名な峠となり、文学碑がたてられた。

なお、妙見菩薩は北極星を神格化したものとされ、北斗七星も含まれていた。国土を守護し災厄を除き人の寿福を増益するといわれ、奈良時代から信仰されたという。

【白山《はくさん》】

養老二年（七一八）泰澄《たいちょう》（越前越知山の修験者、呪験力に勝れていたという）が山を開き神を明らかにしたと伝えられている。白山三峰といわれる高さ二七〇〇メートル級の御前・大汝・剣ヶ峰やその南方に連なる峰の総称。御前ヶ峰の神は白山妙理大菩薩と号し本地は十一面観音等々、吉野・熊野と相対比してその霊験を説いた。

平安中期の文学に「金の御岳、越の白山」等とある。

この山を水源とする加賀の手取、越前の九頭竜、美濃の長良の三流にそれぞれ白山寺（本堂）・平泉寺（中堂）・長滝寺（本寺中堂）の三馬場が開かれ白山登山の起点となり、すべて泰澄によって開かれたという縁起が成立、修験集団形成の拠点となった。明治の神仏分離により三峰の仏像は下され、白山比咩《しらやまひめ》神社、白山神社となった。

四季を通し山頂が白く、その山並みは豊饒をもたらす女神の座と仰がれ、加賀の海に生きる人々の〝やまあて〟の主峰として「しらやま」と呼ばれ、白き神々の座を仰ぐ信仰が生まれた。

全国二七〇〇余りに分祠され、祭神に因む地名も関東をはじめ、福岡、熊本等九州などにおよんでいる。

【毘沙門《びしゃもん》】

毘沙門天はヒンドゥー教における財宝の神。仏教に取り入れられ、仏法を守り福徳を与えるとされる四天王の随一として北方守護の武神と尊重された。

岩手県にある成島（花巻市）、藤里（江刺市）、立花（北上市）の毘沙門天は北方の武神であり、地天女に支えられている藤里の兜跋《とばつ》毘沙門天は、第一の傑作といわれている。

平安京北方の鞍馬寺や、志貴山の毘沙門は有名で、平安中期以後から中世にかけて信仰が全国的に広がり、霊験説話が諸書（『古今著聞集』『沙石集』ほか）に書かれた。

毘沙門堂があったことに由来する地名に青森県五所川原市・神奈川県三浦市・京都市上京区、京都府亀岡市・兵庫県三木市吉川《よかわ》町等の近世の村名、また大字名にみえる。

毘沙門岳（福井・岐阜県）、毘沙門山（栃木・福岡県）のほか、沢、滝、橋名などに信仰の跡を地名に残している。

【不《ふ》動《どう》明《みょう》王《おう》】

「成田不動」の名で知られる成田山明王院神護新勝寺は天慶三年（九四〇）開基と伝えられる寺である。当時、平将門の乱を鎮定するための祈願をし、調伏の護摩を修した。のち、伽藍を建立し、尊像を安置し、東国鎮護の道場としたといわれている。

当寺への信仰が江戸庶民に広がっていった理由は出開帳であった。第一回の元禄十六年（一七〇三）以後、明治三十一年まで一五回を数え、江戸庶民と成田山を結びつけ、不動信仰の拠点となっている。

目黒不動（東京都）は、円仁が下野から比叡山に赴く途中、この地で不動明王を夢中に見、その像を刻んで安置したと伝える寺で、目白（豊島区）、目青（世田谷区）、目赤（文京区）、目黄（江戸川区）とともに「江戸五色不動」と呼ばれ信仰された。

不動は花巻市・二本松市の町名に、不動堂は宮城・九十九里・五泉市の村名となり、不動滝・不動岳・不動峠名は青森から九州・四国まで広がっている。

【弁《べん》才《ざい》（財）天《てん》】

「べんてん」とも「べざいさん」とも呼ばれている。

インド最古の経典『リグ・ヴェーダー』のなかにあらわれる河川の神。水や豊饒の女神である。

日本の市杵《いちき》島姫《しまひめ》神と習合して水神としての神格を持つことから、湖や、海など水辺に祀られることが多い。中世には七福神の一つとして琵琶を持つ姿に表現された。江戸時代には「弁財天」と記され蓄財の神となり、「銭洗い弁天」など町人、庶民の間に広く信仰された。

江ノ島（藤沢）、竹生島（琵琶湖）、厳島（安芸）の弁才天は、「三弁天」として名高い。

江ノ島弁才天は、奥州の藤原秀衡を調伏するため、高雄（京都）の文覚《もんがく》上人に大弁才天を勧請させたのが始まりと伝えられ、以降、鎌倉武士の間に江ノ島神社信仰が広まったといわれている。

厳島（広島県廿日市市）は『日本後紀』に「伊都岐島《いつきしま》神」と見え、島そのものが神として信仰された。

香川県小豆島町の弁天島は二つの島に弁才天社と市杵島姫神をそれぞれ祀り、漁業者の信仰を集めているという。

弁天は島、岬、中州、浜、湖など水辺に多い地名となっている。

【文殊山《もんじゅざん》】

知恵第一の文殊菩薩といわれ、衆生に楽を与えるともいわれる。普賢菩薩と一対で釈迦如来の脇侍である。平安初期、天台僧円仁が入唐し、五台山の文殊信仰の影響を受けて帰国、貞観三年（八六一）比叡山に文殊楼を営み獅子の背に乗る文殊像を安置した。

文殊は貧窮孤独な衆生の姿をして現れるといわれ、貧病者に布施をする法会が盛んに行われ、信仰が庶民層に広がった。

修行僧泰澄は、養老元年（七一七）福井・鯖井両市の境に連なる三峰を開き、中央の本堂山頂に文殊菩薩を祀った。北から小文殊（室堂）大文殊（本堂）・大汝《おおなんじ》（奥の院）と呼ばれ、胎内潜り、新宮松、経ヶ岩など修験の跡が見られる。

京都府宮津市文殊は江戸期の文殊門前村で、日本三文殊の一つ、「切り戸の文殊堂」で有名な五台山知恩寺の門前村によりつけられた村名である。

奈良県桜井市にある阿倍の文殊院は、阿倍氏の氏寺崇敬寺の本尊を文殊師利《しゅり》としたことにはじまる。幾度も兵火を被り現在の堂宇は寛文二年（一六六二）の建造にかかるという。

ほかに立山修行によって開かれた富山市文珠寺（富山県）、静岡県の文殊岳、山口・大分両県に文殊山がある。

【薬師《やくし》】

薬師瑠璃光如来は、衆生の病苦を除き、現世の利益をもたらすといわれる仏である。日光・月光菩薩を脇侍（薬師三尊）とし、十二神将を従える。その左手に薬壺を持つ像が平安時代以降多く作られた。

古く法隆寺創建時の本尊とされ、天武天皇が皇后の病気平癒を祈願して薬師寺の建立を発願したのは知られている。七世紀末頃には薬師堂を本堂とする寺院も建立された。

島根県の一畑《いちはた》薬師は寛平六年（八九四）島根半島で薬師如来像が漁師によって発見され祀られたと伝えられている。それ以前、島根半島の日本海にのぞむ地には「酒《くし》の司《かみ》」スクナヒコナ（『古事記』）への信仰があり、その上に後から仏教が被さって薬師信仰へ変貌した（『出雲の神々』）という。「酒」は「薬《くす》」とも考えられ、薬師への信仰が庶民の生活に広がる素地もここにある。薬師は眼病を治す仏とも信ぜられ、「め」の絵馬が多く奉納されている。

「薬師」地名は全国各地に見ることができ、福島県二本松市・金沢市・静岡市・浜松市（村）・鹿児島市（町）・福井県等、「薬師堂」は、弘前市・金沢市・京都市・

大阪市・奈良市等にあり、明治二十二年以前の村名を数えればもっと広がる。

【竜《りゅう》（龍）王《おう》】

インド神話の人面蛇身の半身、「ナーガ」の崇拝が仏教に取り入れられ、中国において四神の一つ龍神信仰と混交したといわれる。古代から龍は降雨を招き豊饒をもたらす水の神として信仰され、蛇行している川そのものをもいった。

福井県最大の川、九頭竜川はその代表例（永正三年『朝倉始末記』、それ以前は「崩河」）。

遠州灘に流れ入る天竜川（静岡県）の下流部は古代から洪水の記録が多く、流路をしばしば変えた。天竜市、磐田市の町名となった。

山梨県甲斐市竜王町は釜無川が北西から南へ流れを変える曲節点にあり、荒々しくふかい急流がぶつかる岸は大雨のたびに大氾濫を繰り返し、釜無川は竜王と呼ばれ恐れられていた。一三世紀中期、武田信玄はここに「雁行式築堤」と呼ばれる独特な工法による堤を築き治水対策を行った。これを信玄堤という。この堤の完成により、永禄年間（一五五八～七〇）には竜王川原宿が立村、江戸期には竜王村となり現在の町に継がれてきている。

滋賀県蒲生郡日野川左岸の竜王町、滋賀県塩田川左岸有明町の旧村名、海竜神社の鎮座する竜王崎、東京都世田谷区の小字名など、滝・岬・山・淵等水に因む地名に多い。

〈鈴木茂子〉

民俗信仰地名の来歴

【アイノカミ】

饗《あい》の神・相之神・相ノ上・間の神・愛神・愛野神などと書き、福井・石川・滋賀・京都に分布する。アイノカミとは饗《あえ》の事《こと》の神、すなわち田の神で、春秋二季（二月・十二月五日）の田の神祭りに豊作を祈り、収穫を祝って祀られる。奥能登のアエノコトにおいては田の神の祭場は屋内に設けられるが、福井の越前地方ではアイノカミ・アイバサマと呼ばれる小祠が田の畔や氏神の境内に末社として祀られており、アイノキ（相ノ木・合の木・逢の木・相ノ森など）と呼ぶ榎や欅の神木が傍にはえている。いわば田の神の依代《よりしろ》として、アイノキは杜神の形態を残しており、モリさんとも別称される山の神と田の神の去来伝承、山の神から田の神への派生過程を跡づける資料として注目されよう。ほかに関連地名として、相田・合田・相戸・相堂ヶ市・相垣内・相ノ町・合ヶ町・相之事・アエ田・藍田・相神小路などがあり、また、湖北から京都にかけて、「アイ（アエ）」地名の転訛と思われる綾田・綾ノ神・綾の木・綾の森・綾場・綾堂（戸）などのアヤ地名が多数分布する。アヘバ（饗庭）について、柳田國男は『地名の研究』のなかで邪神祭却の道饗《みちあえ》祭の祭場と述べているが、福井の坂井平野ではアイバサマといえば田の神を指し、十二月五日に稲株のうえにボタモチを供えてアイバマツリを行う。坂井郡一帯に田の神をまつる相葉神社（祭神曾保登）・曾保道神社・稲葉神社・田上神社が点在する。

【アオノキ】

「青の木」と書き、福井県金津町（現あわら市）青の木、同芦原町（現あわら市）北潟にアオノキサンという小祠がある。また、鳥取県に小字「青ノ木」が多く分布する。「樹木に関する因伯の民談」（四）のなかで、田中新次郎は「たも（青木と云ふ）」について「墓地の標示として植えたので、屋敷に植えるのを忌む」と述べている。福井県美浜町河原市には金吾株で祀る青森さんと呼ぶ稲荷と祖先神ダイジョコのタモ（タブ）の森が畑の一角にあり、小祠と石仏が祀られている。仲松弥秀・谷川健一説によれば「青」は古代の葬所という。

【アゲタ】

和歌山県日高郡上山路村（現田辺市）では神饌田をアゲタともオンダともいう（『分類祭祀習俗語彙』）。ほかに神饌を供する田の呼称に、神田・宮田・講田・祭田・産土《うぶすな》田・丸田・初穂田・内田、神事を行う月の名をとり、四月田《しんがつでん》、十二月田《みそかだ》などがある。アゲ、アンダは「土地が高く乾いており、したがって水害の憂いなく米の質のよい所」、一方、アガリダ、アガリチは、江戸時代に「百姓がなんらかの罪科により、没収された土地や田畑」をいい、揚田・上田・挙田・明田と書いたという（松永美吉『民俗地名語彙事典』）。

【アフリヤマ】

神奈川県の丹沢山地の一角にある大山《おおやま》（一二五二メートル）は、阿夫利《あふり》山、雨降《あめふり》山とも呼び、阿夫利《あふり》神社を祀る。雨乞い信仰の山で、祭神は石尊《せきそん》大権現ともいう。例祭は七月二十七日〜八月十七日。山口県大島郡東和町にも雨降《あめふり》がある。和歌山県伊都郡の雨引山は雨舞具山・南美壺山ともいい、旱天続きで用水が不足すると、山へ登り雨乞い神事を行う。また、鹿児島県に天降川、奄美大島に阿室・阿室川、加計呂、府島に西阿室、請島に請阿室、沖永良部《おきのえらぶ》島に阿茂留があり、天降れ乙女《あもおなぐ》（天女）の伝説がある。

【イヤヤマ・イヤダニ】

徳島県の祖谷《いや》をはじめ、射矢谷・居屋ノ谷・伊弥谷・弥ノ谷・居屋森・伊屋橋・伊屋ヶ谷・伊天谷・伊夜山などと宛字。ほかにイヤン谷・イヤノ谷・イイヤ谷・イヤ尻など各地に関連地名がある。いずれも谷奥の山地で、ふだん人が近づかず、畏怖感を与えるようなところをいう。「イヨ（愈）はイヤ（弥、最）の母音交替形である。『弥、最』はますます、最も、非常なという意味から発展してイヨヨカ（森、巍）のイヨで、樹木が高いさま、そびえるさま」と『民俗地名語彙事典』にある。しかし、古葬地の伝承があるように、イヤヤマ・イヤダニのイヤは、単純に人のいやがる山地と解したい。福井県小浜市飯盛の小字居屋森は現在田になっているが、黒駒神社の祭神が波の音がいやでいやでかなわず、谷奥の現社地に移ったとの伝説がある。若狭では葬式を出すことを「ヤマを出す」とも、火葬場へ行くことを「ヤマへ行く」ともいうが、敦賀では「イヤマへ行く」というういまわしがある。山中他界観を裏づける言葉である。また、イヤジといえば、作物の連作をきらうこと。

【イイモリヤマ】

高盛飯の形状をした山容から名づけられた山で、各地に飯盛山・飯野山・飯岳山・飯守山・飯域《いいもり》垣・飯盛塚がある。「いもり山いもり山の裾でこそ、芋食って酒飲んであわせて鍬でさんぶりさんぶりと」（天竜市神沢のおくない、田打ち）と田遊びの詞章にあるように、豊作を祈る予祝儀礼のなかにもその名が登場する。山中襄太は『稲そのものを穀神とした信仰から、飯盛形の山や森に穀神を祭った』（『地名語源辞典』）と説く。福岡市西区にある飯盛山（三八五メートル）の東麓には伊弉諾《いざなぎ》尊を祭神とする飯盛《いいもり》神社があり、毎年二月十四日から三月一日の間に粥《かゆ》占いが行われる。

「高盛飯型の山に飯盛山と命名し、その山を祭る神社を設け、その神々で盛飯（粥）による占いを続けたという民俗の根底には、『盛飯高かれ』という願望がこめられており、山を高盛めしと見立てて拝することによって米の豊作を得ようとした信仰心意が働いていたのである」（野本寛一『稲作民俗文化論』）。『播磨国風土記』揖保郡の条に「讃伎の国宇達の郡の飯の神の妾《め》、名は飯盛の大刀自といふ、此の神度《わた》り来て、此の山を占めて居りき。故、飯盛山と名づく」とある。

【イナバ】

稲干し場・稲架《はさ》場を意味し、稲場・稲葉と書く。福井県坂井町大味には稲葉神社があり、曾保登之神、すなわち田の神を祀る。柳田國男は「稲場といふ語からも推測せられるのは、是が苅稲を積んで置く場所だったことで、以前は或期間稲を家に持込むことを物忌とし、同時に又ニホの祭といふものがそこで行なはれたのかと思はれる」と「田の神の祭り方」のなかで述べているように、イナバは田の神の祭場でもあった。

【イワイガミ】

ふつう祝神・斎い神と書くが、地名としては倉吉市津原と鳥取県大栄町（現北栄町）亀谷の小字に岩井神がある。播磨から中国地方にかけて、株（同族組織）の先祖をいわいこめたイワイガミの祭りが行われている。宍粟《しそう》市千種町河見では墓地にイワイガミを祀る株がある。広島県比婆郡一帯では外道の活動を封じこめるために裏山にイワイガミとして祀る。甲斐のイエエジン・イワイデンも同姓のマキの神である。

【ウブスナ】

一般的に村の氏神をウブスナとかウブシナ・オボスナと呼び、産土・本居・生土と書く。愛知県に宇夫須奈《うぶすな》神社、香川県に宇夫志奈《うぶしな》神を祀る神社がある。また、地名としては、滋賀県浅井町（現長浜市）高畑の小字に上産宮《かみうぶすな》・下産宮《しもうぶすな》がある。ウブス（産）ナ（土）を語源とする説があるが、谷川健一は敦賀半島の産小屋調査の折、常宮《じょうぐう》の古老から産屋の土間に敷く砂利をウブスナとする伝承を聞き、産屋の砂をウブスナとする説を提起している（「若狭の産屋」「産屋の砂」など）。神社の砂を安産のお守りとする習俗も各地に見られる。

【ウマタテバ】

ウマタチバといえば馬の放牧地をいう。一方、ウマタテバは馬をつれて山の神を迎えると安産をするとの東北の伝承に注目して、松永美吉は「山神迎えにここまで馬を引いて来たことによる名残りの地名」（『民俗地名語彙事典』）とする。ウマタテバには十二様（山の神）や馬頭観音が祀られる。

【ウンナンサマ】

雲南・宇南・雲奈・宇南田・海上・宇奈根などと書き、岩手・宮城両県に分布する水神・作物の神。三度落雷すると湧水地や田の畦に小祠をたて、雲南社を祀った。ウンナンサマの本地を虚空蔵菩薩として、ウナギをお使いとする伝承がある。

【オトナシガワ】

若狭から奈良東大寺の修二会にアカ水を届ける、神宮寺のお水送りは毎年三月二日に根来川の鵜の瀬で行われる。この頃、渓谷を岩ばしる水量豊かな清流は、中流の遠敷《おにゅう》川のあたりで伏流水となり涸川になるが、これは二月堂の若狭井へ水の流れが変わるからとされ、音無川と呼んでいる。また、水無川（ミズナシガワ・ミナセガワ）はいわゆる弘法水の伝説に由来する川の名で、大師廻国の際、水を所望したが、村びとがことわったところ、弘法大師が杖を立てると川の水がとだえたという。

【鬼《おに》】

鬼のつく地名は多い。アイヌ語を起源にもつもの、鬼にまつわる伝説があるもの、また、浅間山の鬼押出《おにおしだし》にみられるように岩や洞窟など奇観を呈するところなどが挙げられる。長野県の鬼無里《きなさ》村は、もと水無瀬村と呼ばれていたが、鬼女を退治したため鬼無里にかわったと伝えられる。また、金ノ町、金山、鍛冶面《かじめん》など金属地名の近くに鬼地名があり、たたらを操る職人がその形相から鬼と呼ばれたことによるともいう。〈この項、編集部〉

【カギカケ】

一月二日、または四日、七日・九日の初山入りの際に、樫や椎・椿で作った鉤形の小枝を山の神や峠道の古木にかけ恵方を向いて、一年間の山仕事の無事を祈る行事で、鉤掛け・鉤引き・カイカケ・ハナタテともいい、神懸・寒霞渓《かんかけい》（小豆島）・鍵掛峠などの地名がある。鉤を木の枝にひっかけて神意を占ったり、カギマタの木を引きあって豊作を占う予祝儀礼も行われた。

【カンジョウノキ】

柳田國男は『神樹篇』所収の「勧請の木」のなかで、「中部日本の村々の小字名に、カンジャウの木と云ふのが多い」と述べ、近江野洲郡祇王村（現野洲市）富波・犬上郡河瀬村（現彦根市）金剛寺・坂田郡大原村（現米原市）村居田・若狭遠敷郡宮川村（現小浜市）加茂の勘定ノ木、同中名田村（現小浜市）下田の勘定ノ本、美作久米郡大垪和《おおはが》村（現美咲町）和田字勧請ノ木小字神上《かんじょう》ノ木、備中浅口郡六條院生石の勧請ノ木をあげている。このほかにも、かんじょう・かんじゃくの木（石川県）、クワンジョウノ辻子、鍛冶屋ノ木、勘定ヶ谷、勘定掛、神縄、神祥、神定木、かん上、勘丈、釛請、カン上ノ木（滋賀県）甘乗垣・勘定木、勧請木・灌浄木・古勘定（福井県）などの小地名が各地に分布する。「カンジヤウガケ・カンジヤウ下・カンジヤウ塚或は単にカンジヤウとのみ謂ふ地名も多く、之に宛てた漢字は加《か》定《じょう》・観常・観浄・神縄・神祥等さま〴〵であるが、結局は寺方などで常に用ゐ来つた勧請がもとで、即ち神を招き降して之を祀るのに、天然の木を用ゐたことを言い表はすものであらうと思ふ」と柳田は説いている。異論があるわけではないが、これらの地名は若狭から近畿一円にかけて正月に行われる、勧請吊し・蛇縄・蛇綱などと呼ぶ道切りの神事にもとづく呼称であろう。勧請吊しはオコナイ・村祈禱の行事として、村の入口や村境で行われ、ジャと呼ぶ藁綱をタモや椎の古木にかけ、災厄が侵入するのを防ぐ。

【キツネヅカ】

狐塚と称する小地名や墳丘は各地に多い。柳田國男は「塚と森の話」のなかで、「狐塚も亦自分の見る所では多くの他の塚と同じ様に、狐神といふ一種の神を祭る為に設けたる祭壇である。狐神は恐らくは今日の稲荷の前身である」と述べ、また「狐塚の話」では狐塚を田の神の祭場と推察し、屋内で行われる田の神祭りに移行する以前の古い形を伝えているとする。ただ中世においてはすでに狐神としての面影はなく、小名狂言の「狐塚」や「釣狐」では人間をだましだまされる悪獣として登場する。「いのうやれ、もどろうやれ、わが古塚へしゃならしゃならと」と退散するのである。もっとも小浜市和久里の壬生《みぶ》狂言の「狐釣り」では、人の背にまたがって御幣を振り、意気揚々と退場する姿はやはり狐神なのであろう。福井県三方町（現若狭町）倉見には狐塚古墳があり、また、大島半島の鋸崎には、折井某という武士が吉見狐という古狐を退治して葬ったという狐塚がある。柳田によれば、那須地方では近年まで塚のうえで祭りが行われていたという。

【クズリュウガワ】

岐阜県境に源を発し、福井平野を縦断して日本海にそそぐ九頭竜川は、「崩《クツレノ》渡《ワタリ》の名は盛衰記に見ゆ、されば崩川と曰へるを、九頭竜と改修したる也、本来は渡津の名なり」（『大日本地名辞書』）とあるように、かつてはたびたび流れをかえるあばれ川であった。また『越前地理指南』吉田郡八重巻の項に「宇多天皇御宇寛平の比平泉寺の神殿頻に鳴動の事あり　衆徒夢らく像を投して流れに任すへしと仍て彼尊像を新薦八重に纏して清冷の水に浮ふ　忽に一身九頭の那伽出て像を頂て大河に入速に下ル　其形勢頭は竜波の渕に臨て屋は廿四町の上に蟠ル　是より川を九頭竜川と号す」とその由来を記している（那伽《ナーガ》とは蛇のこと）。一方、信州の戸隠山の洞窟には大蛇が住んでおり、九頭竜権現として斎《いわ》いこめた。善通寺市にも九頭竜大権現がある（中山太郎『日本民俗学辞典』)。滋賀県竜王町をはじめ小字に点在する竜王は、八大竜王の略。「雨たんぶり(たもれ)竜王《りゅうごん》のう」ととなえて降水を祈る、雨乞い神事の水の神で、タツガミサンとも呼ばれ田の神になっているところもある。雨乞いに関連する地名としては、雨乞い(竹田市会々《あいあい》上鹿口)、雨乞嶽(大分県、沖縄県首里)、雨乞山(竜王山・大分県豊後大野市)、雨乞塚(別府市)、雩《あまごい》嶽(那覇市)、雨乞森(沖縄県南風原町)などがある。

【ケチバ・ケチヤマ】

福井県小浜市和久里・木崎・加茂に化知場と呼ばれる小字があり、サンマイ(埋葬墓)や寺院に隣接している。また、奈良県の柳生にはケチヤマと呼ばれる山林が数ヶ所存在する。古い寺跡や墓地、合戦場で石仏や五輪が出土したり病人が出たりすると、ふだんひとの入らない忌みきらわれた場所になり、山林の売買もむずかしくなるような山をいう。ケヤマも「何か理由があって伐採植樹の作業を忌む土地をいふ(駿河庵原)。ケは物恠《もののけ》のケであって、ケダイといふ語も起りは一つらしい」(『禁忌習俗語彙』)。耕作者に必ず凶事があるといって忌みきらわれるケチダも、同じ心意が背景にある。「今日標準語でケチが附くといふケチも、単なる恠事の音訛では無いやうである」と『禁忌習俗語彙』にある。他に忌まれる土地の名に、イセチ・イヤジ・コセジ・コサチ・コセヤマ・ノレチ・カンバタ・クセチ・ヤマイダ・ツマヅキタ・ブクダ・ゴケバタ・シツケチ・トシヤマ・イラズヤマ・イワイヤマ・バチヤマ・サンネンザカ・ミスマヤシキ・オサキ・ママコウネ・イケカガミ・オヤコロシヤマ・キショーヤマなどがある。

【ゴオウギ】

牛王木と書く。小字に牛王木《ごおき》(滋賀県びわ町〈現長浜市〉早崎)、郷の木(福井県小浜市太良庄)、郷ノ木(鳥取県岩美町谷などがある。牛王とは寺社が発行する厄除けと祈願の護符「牛王宝印《ごおうほういん》」(牛玉宝印・牛王宝命)のこと。神社の祈年祭やオコナイで授けられた牛王木は、豊作と虫除けを祈って田の水口や苗代にさす。樹種はユルダ(ヌルデ)・ヤナギ・ミズキなどのやわらかく工作しやすい木が多い。牛王木が根づいたという伝説もあり、地名になったのであろう。イワイギ・ゴヅエ(牛王杖)ともいい、若狭では一月十一日のツクリゾメに欠かせない祝い棒である。

【ゴショ】

貴種流離譚を秘めた隠里の伝承は各地に多い。いずれも敗残の天皇や皇子が逃げのびたとする伝説があり、御所の跡とされる場所に小祠が設けられていたりする。福井県おおい町大島の畑村には御所の杜と呼ばれる社地が村の一角にあり、現在関係者によってニソの杜の祭日に神饌を供えている。舞鶴市栃尾の西山の山中には御所ヶ谷があり、後醍醐天皇の一皇子が落人となって住んだところ、狐がついて発狂したため小正月の晩にキツネガエリをするようになったとの由来譚がある。

【コウシンヅカ】

干支の庚申《かのえさる》の日の夜は、人体にひそむ三尸《し》がひそかに体内をぬけだして、罪過を天帝に告げるため、庚申青面（青面金《しょうめんこん》剛《ごう》）の掛軸をかかげ身をつつしんで夜をあかす、道教の守庚申に由来する庚申待ち・庚申講・庚申会が行われた。路傍や辻に青面金剛の庚申塚や庚申塔が祀られ地名となったもので、巣鴨の庚申塚はよく知られている。

【ゴリョウ】

福井県小浜市本保に小字五両、同中井に五両森、同奥田縄に五良があり、御霊《ごりょう》社が祀られている。また、大津市北大路には小字御霊社がある。いずれも厄神や非業の死者の怨霊を鎮め、祟りを封じるために平安時代以降御霊会が営まれ、各地に御霊社や御霊塚が築かれた。五郎塚も御霊の転訛とする説がある。

【コンセイトウゲ】

コンセイ（金精・金勢）サマは男根をご神体とする性神で、関東以北に分布する。妊娠・安産・子育て・縁むすび・夫婦和合の神として古来庶民の信仰を集めてきた。温泉地のご神体としても祀られ、秋田県鹿角市の八幡平の蒸の湯や、岩手県花巻市の大沢温泉では金勢祭りが行われている。金精峠は栃木・群馬県境の金精山（二二四四メートル）にある峠で、コンセイサマを祀る小祠がある。

【サイノカミ（サエノカミ）】

財ノ木・才ノ木・才ノ神・才ノ谷・才ノ鼻・才ノ気・最谷・才田・斎ノ神・妻ノ神・道祖神峰・才ノ前・才ノ木山・才ノ𡵅《たわ》・幸ノ神・妻ノ木・財ノ神・才境・妻ノ神峰……。例えば、このように任意に『鳥取県地名大辞典』の小字一覧からサイノカミの関連地名を引いても実にバラエティにとんだ表記がある。塞の神は道祖神・道陸神《どうろくじん》・フナドの神・クナドの神とも呼ばれ、悪霊や災厄の侵入を防ぐために境界や辻に祀られる。小正月の火祭、ドンド焼き（サギチョウ・サンクロウ）は道祖神の前で行われる。滋賀県余呉町（現長浜市）中河内には小字佐儀長がある。

【サイヤレ】

祭りの掛声といえば「ワッショイ、〳〵」と思いこんでいるが、京都から江州・若狭にかけて「サイヤレ」「サイヨーレ」「サンヨ〳〵」、または「チョーサイトー」と呼びあうところがある。京都の上賀茂神社や滋賀県草津市・今津町（現長浜市）にはサンヤレ祭りが行われる。信州の上伊那では十二月八日にサンヨリ送りという神送りの行事があり、「サンヨリ、サンヨリよう、トウドの神よ送れよう」とはやす。三社祭りの「サイヤ〳〵」

の掛声もサイヤレの転訛とも。災祓い・祭礼・山野霊・サアヤレ（催促）などの語源説があるが、「多賀大社儀軌」に「一里四方さいありとはやすなり」とあり、「幸在り」か。滋賀県石部町石部に小字祭遺礼《さいやれ》がある。

【シャグジ】

今井野菊の研究（『古代諏訪とミシャグジ祭政体の研究』）によると、シャグジ関連の神社は長野県に七八〇社、その他関東から近畿にかけて一三六三社をかぞえるという（もっとも滋賀の二二八社中には大将軍を多数含む）。分布上、長野に多数集中し、ついで周縁にある山梨、静岡、愛知県に多い。

オシャグジ・オシャゴジ・オミシャクジ・オシャマツ・ミシャグジ・シャゴジ・オシャモジ・シャクジン・オシャグ・オシャゴン・オサングウ・オサンコリ・オサゴツ・オサクジン・ミサクジン・シャゴなどの呼称があり、御社宮司・社久地・山護神・御射宮司・御尺地・お社口・社古地・石神・御左口・赤口・杓子神・社護神・三狐神・射軍神・祝郡地・佐軍神・斎宮神・三宮神・産宮神・幸宮司・山宮神・山口神・聖宮・赤子・遮軍神・釈護子・尺神・社具路・将軍地蔵・勝軍地蔵・遮氏神・釈氏神・蛇口神・尺司神・社郷神・作神など実に多彩な神名があてられている。

もっとも有名な地名としては東京の石神井がある。滋賀県の小字にも、石神・将軍地・社宮司・将権地・正五地・釈神などが分布する。柳田國男は「石神問答」のなかで、各地のサエノカミ・大将軍・十三塚などとともにシャグジの考察を行っている。石棒を神体とした石神の信仰はサエノカミとともに、日本の神信仰のなかでももっともプリミティブな信仰であろう。今井野菊は土地の開作の際に祀られたと結論づけている。塞神、すなわち道祖神の性格も秘めているものもある。

【センジキイワ】

福井県三方町（現若狭町）神子の村はずれの海岸に、センジキ岩と呼ぶ岩場がある。神子では毎年元日の朝、エビスを祀る浜宮の前で、カラスに餅を供えて大漁を占う神事が行われる。センジキと呼ばれる烏勧請の行事は、大飯郡高浜町上瀬・下・鎌倉、おおい町大島・小浜市平野・西小川（小字「カラス木」あり）・名田庄村（現おおい町）井上などで例祭や年中行事の大切なセレモニーとして伝承されている。もし、カラスが餅を食べないと、つきなおして再度神意を占った。今もなお毎日社殿の左脇にせんじき台を設けて、カラスに神饌を供えている多賀大社と胡宮《このみや》神社の古文書には、「先食」「御施食」「御饌食」「御せん食」とある。

【ダイジョコ】

陰陽道の方除の神大将軍は、中世以降、陰陽師の布教活動によって地方へ普及したが、その信仰の形跡が小地名となって各地に残存している。ここでは一例として、鳥取県と滋賀県のダイジョコ関連の小字を挙げよう。上大将軍・下大将軍・大将軍畑・大将軍・大蛇郷・大陀郷・大上軍（鳥取県）・大上後・西大将軍・大将河原・段上・弾正・下大将・大条・大浄宮・大上軍・大上権・大上言・大上宮・大上郷・大正権・大乗門・大成権・代浄権・大乗軍・大定権・大ジョウ・大上戸・大上根・大将宮・大上コン・大縄号・弾正郷・大縄宮・大乗グン・大正ゴン・大将権・大上皇・大正五（滋賀県）。

民俗信仰が習合と混淆をかさねて、どのように土着したか、多様な神名の宛字に常民の苦心の跡が反映している。

【テンパク】

天白・大天白・天博・天縛・大天獏・大電八公・天白天王・天獏魔王・手白・天魄・大天博・大天魔狗・大天馬などと表記する。シャグジ同様信州に多く、中部から関東・東北にかけて小祠・地名が分布している。名古屋市天白区は区名として有名。『倭訓栞《わくんのしおり》』に「てんぱく、伊勢国の諸社に、天白大明神といふもの多し、何神なるや知るべからず、恐くハ修験家に天獏あり、是れなるべし」、また『張州府志』に「手白作二天白一。祀二大白星一」とあり、何を祀るのか祭神は一定しない。土地を守り、雨乞い・腫もの平愈など諸願成就を祈る。

【トビノキ】

滋賀県多賀町栗栖にある小字飛の木には、多賀大社の奥宮調宮《ととのみや》があり、トビノキと呼ばれる桂の神木が生えている。伝承では多賀大社の祭神伊弉諾《いざなぎ》尊が、杉坂からひととびにとびおりて調宮に降臨されたのでトビノキという。トビノキは「富の木渡し」と呼ばれる多賀大社の春祭りの神事に、馬上で御使殿と馬頭人に授けられる。滋賀県朽木谷には、正月に氏神からうけてきた桂や杉の穂のトビを、豊作を祈って苗代にさす民俗がある。江州から山城にかけて桂まつりが分布するが、なかでも葵祭りにおける葵桂《あおいかつら》の神禄を勅使に授ける神事は、富の木渡し同様農耕儀礼の古い形を今に伝えている。トビについて柳田國男は「トビの餅・トビの米」のなかで「賜《た》び」と結論づけているが、稲の美称の「富草」に由来する言葉で、稲魂・年玉を意味している。

【モリ】

大森という地名や通称は、大社や氏神の社地・社叢を指す場合が多いが、単に森とか小森（コモリ・コーモリ）と呼ぶのは、ほとんどが地主神（地の神・地神）や荒神、イワイガミ・野神・山の神などの民俗神であろう。なかでも鹿児島のモイドンや対馬のシゲ、岩見の荒神プロ、若狭のニソの杜、ダイジョコ、ジノッサン、木曾谷のモロキなど、代表的な杜神である。ふだんはモリサンとかコーモリサンというように親しみを込めて呼ばれている。

社殿（ヤシロ）以前の、日本の神観念のプリミティブな形を伝えている。

【ヨメオドシ】

石川県加賀市奥谷に「よめおどし」、福井県金津町（現あわら市）嫁威がある。むかし山十楽という村に、清という大変信仰の厚い嫁がいた。毎夜、熱心に吉崎御坊へ説教を聞きに通いつめたので、心良く思わなかった姑が、般若の面をつけて山中で待ちぶせしておどしたところ、顔面にくっついてとれなくなった。姑を御坊につれていき、尊号を称えたところ、とたんに面がとれたという嫁威伝説に因む地名。

【ラントウ】

ダントウともいい、卵塔・乱塔と書く。両墓制地帯における詣墓の通称で、イシバカ・石塔墓・ヒキハカ・キヨバカ・マツリバカ・テラバカ・トリハカ・アゲハカ・ヨセハカ・ホンバカ・ハカともいう。

一方、埋め墓の方は、ミハマ・サンマイ・ムショー・イケバカ・ウメバカ・ステバカ・カリハカ・ヤマバカ・ノバカ・ソウバカ・サキバカ・土葬場などと呼び、いずれも小字（三昧谷・蘭塔・三墓・墓ノスなど）や通称として、近年各地で顕著に見られる墓地の移転後も小地名として残っている。

〈金田久璋〉

民俗信仰

地形・生物・鉱物ゆかりの地名

自然地名の来歴
沿岸地名の来歴
崩壊地名の来歴
動物・植物地名の来歴
鉱物・鍛冶地名の来歴
アイヌ語地名の来歴

自然地名の来歴

【アクツ】

アクタ、アクトも同系の地名で、アクツ、アクトは関東から東北にかけて分布している。川沿いの低湿地や川に面した畑などをいい、洪水のときに川水によって良質の土が堆積するため、畑としては肥沃で価値が高い。表記はアクツが阿久津、安久津、茨城県では圷の字をあてている。アクトは悪土、阿久戸、安久戸などをあてる。明津、明戸という表記もあるが、これは悪という字を嫌ったためであろう。

【アワラ】

関東から中国地方にかけて分布する地名で、湿地や沼池などをいう。表記は芦原、阿原など。開発されて水田になってからも湿田のため耕作に苦労することが多い。

【ウチコシ】

オッコシともいう。打越、打腰と表記する。山の鞍部や小高い丘陵の向こう側へ乗り越えられる場所をいう。道がそれらを乗り越える前後の集落にこの地名がついていることが多い。概念としてはトーゲと同じであるが、トーゲが主要な道が高い山地を越えるような場合にしか使われないのに対し、ウチコシ、オッコシは村内のちょっとした道であっても、また高い山でなくても使われるようである。中国地方に多いタワ、タオはウチコシ、オッコシとトーゲをあわせたような概念である。長野では高山の鞍部の峠にノッコシ（乗越）という地名がみられる。

【ウトウ】

有藤、宇頭、烏頭、善知鳥、烏通などさまざまに表記する。関東から東北地方にかけて多く分布する地名で、特にウトウ坂という坂の名になっていることが多い。これは両側が切り通しのようになっていて、坂の途中から見ると、道のところだけぽっかりと穴が開いているように見える坂である。このことから「からっぽ、空虚」を意味するウツから「ウトウ」が生じたのではないかと推定される。『菅江真澄遊覧記』には「陸奥の人、とくにこのあたりでは空洞（うつぼ）なものをさしてうとうといい、うつろになった木をうとう木という」という記述がある。中部地方では山地の獣の通路をウツというところがあるが、同じ地形であろう。ウツという地名は全国的にあり、宇津、内などの字をあてる。ウト、ウドなども同様の地名であろう。オツ、オトウということもある。

【エキ】

中国地方西部に分布する。地形的にみて谷になっているところについている地名であるが、同じ地域に分布してやはり谷を意味するタニ、サコとは使い分けがしてある。例えば、タニが大字程度の地域全体をあらわす総称で、その支谷でまとまった田を持ち、集落になっているところがエキ、その中のさらに小さな谷もしくは窪みをサコと区分しているところがある。迫浴（さこえき）のようにサコにエキがついたものもあり、サコよりもエキが広い範囲であることを示している。表記では浴、溢などの独特の字をあてる。浴は浴槽などの浴とは別の字で、「水のある谷」という意味でサンズイに谷の字を使っているのであろう。溢は形声で、偏のサンズイが水、旁《つくり》の益がエキという音をあらわすものと思われる。

【エゴ】

中国地方に多く見られる地名。表記は恵後、江湖、江古などがある。またイゴという例もあり、以後、已後と表記する。島根県美濃郡・鹿足《かのあし》郡では小さな谷、邑智《おおち》郡では深い谷をいうが、普通タニやサコよりも小さいことが多い。徳島県、福岡県朝倉郡、高知県では川の流れが曲がって淀んでいるところをいう。また、山梨県では水の浸食でできた穴をエゴといい、川の中の石の下で魚の住むようなところをやはりエゴという。地域によって意味はかなり異なっているが、谷、川などの一部が内側へやや入り込んだ場所で、窪んだところというのが一般的な概念であろう。また、掘割や灌漑用水のための溝などを指す場合もある。

【オキ】

沖、奥と表記する。現在、標準語ではオキは海についてのみ使う言葉であるが、もとは集落など中心になる場所から離れたところを指す語であった。谷の奥の方をオキといい、集落の前面に開けた広い田畑をオキというのは古い用法が地名や方言に残っているためである。オクとオキはしばしば混同して使われ、語源も同じであろう。ただしオクがやや入り込んだ、奥まったところに限定されて使われることが多いのに対し、オキはもとの意味をよく保っている。

【カマ】

全国的に分布する地名で、釜の字をあてることが多い。釜のように深く窪んだ地形一般を指す。谷川の崖の岩穴、火山の噴火口、滝壺などにつけられている。海岸にあるカマはかつて製塩が行われたことに由来する場合もある。

【カラ】

唐、柄という字をあてる。長野から関東、東北南部にかけて唐沢という地名が多い。これは水の乏しいサワを指す地名で、「涸《か》れた沢」の意であろう。西日本にはこれに対応して唐谷があるが数は少ない。各地にある唐川もふだんは水がなく、雨の時だけ水が流れる川の意味か。

【クシ】

串、櫛、久志などの表記がある。小さい山や丘もしくはそれを越えるところを意味し、コシと同系の地名とみられる。海岸では岬の意味に使われる。クジ、グシも同じような意味をもつ。クジは海食崖など崖を意味する場合があり、クジラ（鯨、久志良、櫛羅）もこれと同系と思われる。『常陸国風土記』には久慈郡について、鯨に似た丘があり、これによって久慈と名づけたとある。山の場合には鯨の形から命名されたものがあるかもしれない。

【クテ】

中部地方に多く分布し、山間の湿地を意味する。表記は久手、湫、大湫、長湫、広湫など愛知県に特に多い。クデ、グデ、クタも同系の地名である。

【クネ】

久根と表記することが多い。垣根、屋敷林、生垣などをあらわす語で、境界にたてる障壁を意味している。転じてクネに囲まれた集落全体をクネと呼ぶこともある。土手や山の根をいうのも、境界の意味からきているのであろう。集落名となっているところもあるが数は多くない。

【クボ】

窪、久保と表記する。地形的に窪んだ場所というのが一般的な概念である。山と山の間の窪んだ場所や山中の小さい平坦地、小さな谷など大小があり、その場所も山の上の方から平野部にいたるまでさまざまである。タニやサワと一緒に出てくるが、クボの方が小さく、耕地などに利用しやすいようである。島根県で水田一枚のことをクボというのもこれと関連があろう。全国的に分布する地名である。

【クラ】

全国的に分布する地名で、岩の露出した崖や断崖を意味し、岩場の多い高い山にしばしばみられる。カモシカのことをクラシシと呼ぶのは彼らがクラにすむためであろう。倉、鞍などのほか、嵓、喦の字をあてることもある。大倉山、倉沢などは岩のごつごつしているような山、谷であろう。

【クリ】

グリともいう。岩礁あるいは海の中にある隠れた岩を意味する地名で、日本海沿岸の広い範囲でみられる。繰、栗などの表記がある。クリ、グリは石ころを意味する方言としても広く使われている。転じてクロとなり、黒の字をあてることもある。内陸でも岩石の露出した場所についていうことがある。石などを一ヶ所に積み上げたものをいうグロ、あるいは山の岩場などをいうクラと関係のある言葉であろうか。

【ケナシ】

木のないハゲ山をいい、毛無山という山が各地にある。東北地方では毛無森となる。古語ではカムロヤマ（禿山、神室山）というのがこれに相当し、各地に山名として残っている。

【コシ】

越、腰と表記する。山や台地の麓あたりをいい、これが曲線を描いてぐるりとまわっているような場合にコシマキ（腰巻、越蒔、越巻）、低くなったところを道が越えていく場合にコシゴエ（腰越）という地名がみられる。城ノ腰、宮ノ腰といった地名もこの系統であろう。このほかコシには山などを越えるという意味もある。九州ではおもに峠を意味している。

【ゴーラ】

小石などがごろごろしているところをいい、ガーラ、ガラ、ゴーロ、コーロ、コロなども同系の地名である。岩石の露出したところを広島県・島根県でカガラというのもこの類であろう。表記は強羅、川原、合良、郷路、香路などさまざまで、五郎畑、宮五郎など人名のような地名もある。耕地にしにくい場所である。なお、福島県、岩手県、愛知県、長野県などでは洞穴を意味する。

【サキ】

海に突き出した陸地の先端部や、台地や山が平地に突き出した突端をいう。表記は崎が多いが、碕、埼も用いられる。

【サコ】

中部地方から四国、九州にかけて広く分布する。迫、廻ほか多数の表記がある。山と山の間の谷をいうが、タニよりも小さいものをこれと区別していう場合が多い。大きな谷をタニといい、その中にある支谷をサコと呼ぶこともある。奈良県や岐阜県郡上《ぐじょう》郡、岡山県、宮崎県椎葉では水の流れていない谷をいい、兵庫県美《み》方《かた》郡、鳥取県八頭《やず》郡、岡山県真庭郡などでは山あいの湿地であるという。同じサコでも細かいニュアンスが微妙に異なっているわけだが、最初に「タニより小さい谷」という一般的な概念があったあと、それぞれの地域における条件の違いによって意味が付け加わっていったためであろうか。

【サダ】

西日本で陸地が海に突き出した地形を意味する。鹿児島県の佐多岬、愛媛県の佐田岬などはその例である。また、内陸部にもあるが、これは山に挟まれたような狭い場所を意味するようである。島根半島の東部には古代に佐陀の国があり、出雲の三大神のひとつである佐太神社が祀られている。ここは海に突き出した陸、山に囲まれた平野の両方の解釈が可能である。

【サワ】

サワは東日本で谷、西日本で沼沢地を意味する。谷をあらわす地名としては西日本のタニと対立し、その境界は中部地方の飛騨山脈から伊勢湾へいたる線（親不知―桑名線という）となっている。歴史的に西日本が優位であったために、標準語としてはタニが渓谷をあらわす言葉として採用され、サワは西日本では意味が変化して定着したようである。東日本では、起伏の大きな山地にあるサワは一見して渓谷とわかるが、なかには関東平野の台地にあるサワのようにヤツ、ヤトなどと地形的な区別のむずかしいものもある。

【シマ】

標準語では水に囲まれた陸地である島の意味に使うが、地名や方言では意味がもっと広く、他から区別され、範囲を限定されたものを一般にシマといっている例がみられる。集落をシマというのは新潟県、岐阜県、鹿児島県、沖縄県などで見られ、海面に出ている岩礁や、暗礁をシマという例もある。平野にしばしばみられるシマが語尾につく地名は、低湿地の中に分布する自然堤防上の集落名であることが多い。

【スカ】

スカは砂地、砂丘をあらわす地名で、方言としても分布が広く、全国的に使用されている。須賀と表記する。海岸では砂丘地帯によくみられ、白須賀、横須賀、大須賀などの地名がある。また川沿いのものは自然堤防である場合が多い。濃尾平野の蜂須賀もこの例であろう。

【セト】

瀬戸と表記する。ふつう両側を陸に挟まれた狭い海、海峡をいうが、もとは海だけでなく両側が崖になって狭くなったところを広くセトといったようである。奈良県、鹿児島県、長野県などでは現在もこの意味で用いられている。関東以西に分布する。

【ゼンダナ】

膳棚と表記する。階段状の傾斜地をいい、膳棚田などの地名がある。規模は大きくなくてもよい。膳棚というのは膳や椀を置く戸棚のことで、現在では使われていない。ゼンダナやヤゲンのように地形をたとえるのに使う家具や道具は、その地名がつけられた時代にはごくありふれていて誰にもそれとわかるものが多い。かつて膳棚が広く使われた時代があったのだろう。全国的に分布している地名である。

【ソネ】

曽根と表記する。ウネ（畝）、オネ（尾

根）と同系の地名で、いずれも畑の畝のように長く伸びた高まりを意味している。平野部では自然堤防の高まりにつけられることがある。また、全国的に山の尾根筋や峰などをソネという地域が多い。中国地方ではソネとタニが対の概念になっている例もある。ソネがオネ、ウネと異なるのはソネが海にもあることで、九州から近畿にかけては海中の岩礁をソネといい、漁場として重要視されている。

【ソラ】

西日本に多い地名で、上の方、高いところを意味する。空山、空畑、家の空、宮の空など、他の地名についてあらわれる。集落や耕地など生活圏に近い範囲で使われ、人があまり行かないような場所や高い山などには使われないようである。天空を意味する空と同じ語であるが、意味は生活に密着しているといえる。

【ダイ】

台地を意味する地名で、全国的に分布する。表記は台で、デーと発音するところもある。周辺より一段高い平坦地をまわりと区別してつけられた地名で、広大な台地全体を指すことはない。そうした全体に対してはハラやノといった地名がつけられていることが多いようである。

【タケ】

ダケともいう。岳、嶽、嵩などの表記がある。乗鞍岳、白馬岳など高い山に多くみられ、飛騨山脈などは大半の山がタケである。ヤマが「樹木が茂っている所」という意味を含んでいるため、森林限界を越えた高山はヤマとはいわなかったためであろう。低い山でもタケのつく場合があるが、岩石が露出して樹木が生えないようなものを指すか。方言でもダケは崖、断崖をいう例がある。岳山や御岳山などのようにタケにヤマがつくものが各地にあるのは、ヤマが山岳をあらわす一般的な語として優勢になったため、後に山を追加したのであろう。

【ダバ】

山間の小平坦地を意味する地名で、タバともいう。ダバは駄馬、駄場と表記し、四国山地に集中して分布する。源氏駄場、大駄馬、岡駄馬などのほか、単にダバという地名も多い。

【タワ】

山の鞍部を意味する地名で、タオも同じ意味である。『古事記』にも「山のタワ」という表現がある。タワは地形的にたわんだ場所であることから生じたものであろう。表記は撓、乢、田和、田輪のほか、峠と書いてタワと読ませるものもある。転じて鞍部を道が越えることから峠《とうげ》を意味するようになったのであろう。峠は県境や町村の境など比較的大きな境界にあることが多いが、タワはごく小さな鞍部にもついている。中国地方にはタワ、タオが集中しているが、同じ集落の中で数

自然

軒先の家へ行くとき、高さ数メートルの起伏を越えるだけでタワという地名がついている例もある。

【ツル】

鶴、津留、都留、水流、釣、弦などと書く。動物の鶴に因む地名もあるが、川の曲流部につけられた地名も多く、弦の形などから転じたものと思われる。熊本県砥用《ともち》町の緑川筋の桑鶴のように何々ツルというタイプの地名もあり、ツル地名は九州が全体の九〇パーセントを占めるという。

〈この項、編集部〉

【ドウメキ】

滝、堰、瀬などで川の水が落ちて音をたてるところをいう。水の音をあらわす擬音語からきた地名である。ドロメキ、トドロキ（轟）、ザワメキ、ガラメキ、ドウドウ、ドンドンなど類似の地名が多い。ドウメキは百目鬼、道目木、銅目鬼、百目木などの表記があり、九州、東北に多くみられる。

【ドブ】

ダブともいう。現在では下水や下水溝を指す語であるが、もとは水が溜っているところや川沿いの淀み、沼などをあらわす言葉である。土浮、土腐などと表記する。軟らかくて体がずぶずぶもぐってしまうような湿田をドブッタという。

【ナダ】

海の一部を指す地名であるが、地域によって波打ち際からはるか沖合いまでのさまざまな範囲に使われる。宮崎県では砂浜、千葉県・鳥取県では海岸にごく近い海面をいい、島根県では海面から砂浜までの全体をあらわすのにも使われ、海岸よりの集落に～灘という名がみられる。海岸近くのナダに対し、遠い海面をオキといって区別している例も多い。宮城県、京都府、和歌山県では陸地に近い海上をいい、静岡県では船と陸地との間の海をいう。これに対し、静岡県志太《しだ》郡・田方郡、福岡県糸島郡などでは陸から遠く離れた海をいう。

【ナメラ】

ナメともいう。岩が露出しているところに水が流れ、苔や藻が生えて滑りやすくなっている場所をいう。ナメは方言で道が凍ったところを意味するが、やはり滑りやすいためであろう。

【ナル】

中国・四国地方に多くみられる地名で、平坦地または緩傾斜地を意味する。平坦地の貴重な山地にあることが多い。表記は平、成などで、ナラ（奈良）、ナロ（奈呂）という場合もある。鳥取県の成、愛媛県東部の平など、地域によって特定の表記が集中する傾向がある。土地を平らにならす、ということから生じた地名であろう。

自然

【ニタ】

湿地を意味する地名で、全国的に分布する。仁多、仁田と表記する。ヌタ（怒田、沼田）、ノタ（野田）と同系の地名である。山間の湿地を意味する方言としても使われており、猪が体についている虫をとるために、こうした湿地の泥の中をころげまわる。これをヌタウツ、ノタウツといい、猟師がニタに来る猪を待ちかまえることをニタマチという。なお、ノダは東北地方にも分布しているが、この地域に多いヤチとの関係を調べる必要があろう。

【ネ】

山や台地の麓を意味する地名で、根と表記する。山根、根下などの地名があり、屋号にも使われる。また、海中の暗礁をネといい、おもに太平洋側に分布する。とくに東日本に多い。

【ネグルミ】

ネガラミとなっている場合もある。川が激しく蛇行しているところにみられる地名で、大きな川ではなく水田の中を流れている小川などに多い。やや大きめの川では同じ地形でもオオマガリとかフクロといった地名になるようである。クルミは関東、中部、近畿の方言でくるぶしを意味し、群馬県では関節のことをクルマと呼ぶことから、ぐるりと川がまわっていることをクルミという語で表現したものと思われる。ネグルミのネは台地、丘陵の下ということであろうか。

【ノ】

ヌともいう。大野、小野、相模野《さがみの》、武蔵野というように地名の語尾にあらわれる。相模野、武蔵野のようなノは水が得にくいため開発が遅れ、近年まで林や草地が大半を占める原野であった。西日本ではタテノという地名があり、これは計画的に草地とした場所である。『出雲国風土記』では山がヤマとノ（ヌ）に分けてあり、虫野、菟原野といった山は樹木のない草山であった。焼畑のことをノヤキといい、薪や草をとる入会《いりあい》の山をノヤマという地域もある。こうした例からみて、樹木がなく草原になっていて、人があまり利用できないような場所がノであると考えられる。平坦地、緩傾斜地、あるいは山であってもノがつくのは、この地名が地形ではなく土地利用上の概念をもつためであろう。

【ハエ】

九州では山中の緩傾斜地や小平地のことをいう。宮崎県には八重と表記するハエが多い。ハイともいう。また、海の岩礁をハエといい、碆という字をあてる。海面にでた島のようなものから、ときどき海面にでる岩礁、海中の広い暗礁まで、地域によって意味内容が異なっている。

【ハケ】

柳田國男によると、谷川の両岸の山の

せばまっているところをホキ、ホケ、ハケという。ハケは峡、岨、坏などと書く。大岡昇平『武蔵野夫人』に出てくる「はけ」は、小川の割に「斜面が高い」ところと表現し、崖下から水が湧いているという。大規模な例では、四国吉野川の大《おお》歩危《ぼけ》・小歩危《こぼけ》が有名。　〈この項、編集部〉

【ハナ】

鼻と表記する。海に突き出した岬を意味する地名で、全国的に分布する。海岸部におけるサキと意味は同じであるが、長崎鼻、大崎鼻、黒崎鼻などサキにハナがつく例がたくさんあるのに対し、ハナにサキがつく例は数が少ない。ハナの方が時代が新しいためであろうか。あるいはサキの方が地域的に指し示す範囲が広く、ハナの方はその一部を指し示すということも考えられる。なお、内陸でも端、先端を意味することがある。

【ハラ】

ハラは広い平坦地を意味し、なんらかの理由で開発が進まず、草原になっているような土地であることが多い。この点ではノと同じであるが、傾斜地や山などには使われない点で異なっている。ノとハラが混在する相模野台地周辺について両者の使い分けを考察してみる。まず、ノがついているのは台地上に限定され、ひとつの大字もしくは複数の大字にまたがるような広い範囲を指すものが多い。これに対しハラは台地だけでなく川沿いの平坦地や海岸の砂丘地帯にもある。川沿いの場合は湿地のような低地ではなく、草が生い茂るような場所に限られている。また、地名の指し示す範囲はノに比べてかなり小さい。ひとつの大字の中に上の原、中の原といった区分がしばしばみられる。台地上の集落をハラといい、低地の集落をヤトといって対比する例も多い。しかし、ヤトとノが対比されることはない。こうしたことから、少なくともこの地域ではノよりもハラの方が一般的な地名となっているといえる。人口が少なく、台地の大部分が利用されなかった時代にはノの概念で一括して呼べば事足りたのであろう。その後、人口が増えて台地も畑として利用されるようになると、指し示す対象が広く、漠然とした感のあるノよりも、意味の明確なハラの方が使いやすくなったのではないだろうか。現在この地域では、ハラは日常生活でもよく使われるが、ノは地名以外ではあまり使われていない。

【ヒナ】

山の南向き斜面の麓などで日当りがよい場所をいう。表記は日南、日名などで岡山県、広島県、島根県に集中して分布する。また、四国にはヒウラ（日浦、日裏）という地名が集中しており、このほかの地域ではヒナタ（日向）が全国的に広く分布している。ヒナに対して日陰はオンジ（陰地、音地、穏地）といい、やはり広島県、岡山県、島根県に集中している。

これは奈良県、愛媛県などにもみられる。ヒウラに対してはカゲウラという地名が四国に分布している。これ以外の地域はヒカゲ（日陰、日影、日掛）が分布する。ひなた、ひかげは農業生産に影響を及ぼすため、山間ではとくに意識されたものであろう。

【フクロ】

川が大きく蛇行したため、川に囲まれて袋のようになったところをいう。川袋、池袋、沼袋などの例がある。

【ホラ】

岐阜県に多く分布し、谷を意味する。洞と表記する。タニよりも浅く、田畑を開くのに適しているため、集落ができる。そのため、集落名として多数分布する。東北地方でも同様の地形をホラという。ホラはまた集落の単位としても使われ、中部、関東、東北にその例がみられる。

【ミサキ】

海に突き出した陸地の先端部を意味する地名。岬、御崎と表記する。サキもミサキも地形的には同じ地名であるが、ミサキにミという敬称がついているのはなぜだろうか。ミサキは御先の意で、大きな神の先駆けとなる小さな神のことをいう。稲荷や烏がミサキであるとされている地域もある。また、水死した人の霊魂をミサキというところもあり、四国の七人ミサキは生きている人を引き込んでミサキとし、かわりに古いミサキが成仏するというものである。また、広島県の宮島では山上や海辺で人を呼ぶ声が聞こえるのをミサキという。ミサキは人にとり憑いたり祟ったりするため恐れられ、祀られる存在であった。海のミサキもこのような意識からつけられた地名と考えられる。

【ミネ】

峰、嶺、峯と表記する。大峰、三峯などの山の名として使われているが、もとは山全体ではなく山頂あるいは山頂以外の頂を指したものか。ミネが三つあるので三峰、三峰山となる例などはその典型で、富士山や御岳山の剣ヶ峰も山の一部である。

【ムタ】

牟田、無田などと書く。『大日本国語辞典』では「草の生い茂った沼」とある。一般には「湿地・湿田」と理解されている。九州に偏在する地名で、特に有明海と不知火《しらぬい》海を囲む佐賀・福岡・熊本県の平野部に見られ、湿地帯を開墾・開拓してできた集落も指した。〈この項、編集部〉

【モリ】

どこにでもありそうな地名だが、数はあまり多くない。モリは単に木のあるところではなく、神聖な森、すなわち神社の鎮守の森を指すことが多いためである。

木が生えている場所を指す語としてはヤマが広く用いられている。

もともと神社の社殿がない頃には、森そのものが信仰の対象だったのであろう。森の木々は神の宿る神聖なよりしろだったのである。なお、単に大森、森宮などという場合と、権現森、稲荷森、熊野森など祀られている神の名を冠した場合があり、地域的に両者の分布の違いがあるように思われる。

これとは別に、東北地方に多くみられる大森、黒森、笹森、高森、飯森（飯盛）などは山の名である。四国でもモリが山をあらわすことが多い。これは他の地域のモリが神聖なモリを指すのときわめて対照的である。四国・東北という離れた地域に分布していることから、かつて全国的に山をモリといったが、ヤマという語におされて一部地域に残存していると考えることもできる。東北には大森山、黒森山、高森山、飯森山など末尾に山がつくものも多いが、これはモリが山の意味であることがしだいに忘れられ、あらためて山をつけたためであろう。

【ヤチ】

関東北部から東北地方にかけて、水が湧いているようなじめじめしたところをヤチと呼んでいる。ふつう谷地と書くが、青森県では萢という字を用いている。発音が近いことからヤト、ヤツ、ヤチはしばしば一緒に扱われることが多いが、ヤト、ヤツが樹枝状の谷という特定の地形にしかつかないのに対し、ヤチは湿地一般につけられている。

【ヤツ】

房総半島に広がる丘陵に、ヤトと同じような地形が数多くあり、これをヤツという。谷津と表記する。ヤツはヤトと言葉の上でも地形的にも近く、おそらく同じ系統の地名であろう。神奈川県でも鎌倉市内（幕府のおかれた旧鎌倉）にはヤトではなくヤツが数多く分布する。こちらは谷の一字でヤツと読ませる。ここにだけヤツが多いのは、鎌倉幕府がおかれたことと関連があろう。また、同時にこの地域と房総半島との関係を示していると考えられる。

【ヤト】

神奈川県に集中的に分布する。谷戸またはたんに谷と表記する。相模野台地に多く、台地に入り込んだ樹枝状の細長い谷を指す。

こうしたヤトは幅に比べて奥行きが非常に長く、数キロにおよぶものもある。また途中で枝分かれをして支谷を出している場合が多い。ヤトの底は平坦で勾配はごくわずかであり、開発されていないヤトではなかば湿地のような状態になっている。そこには葦などが低地を埋めつくし、細い水流がそれらをぬって流れている。ヤトの多くは水田に開かれており、天水あるいはヤトの谷頭部にある池、ヤトの斜面下から湧き出す水などが利用されている。また、ヤトの低地と台地をむすぶ斜面の下には集落が立地していることが多い。この地域の大字にしばしばヤトという名が見られるのはそのためである。

【ヤナカ】

矢中、谷中と表記する。この地名のついているところは沖積低地の湿田が多い。こうした田は、現在では土地改良が行われて乾田化しているが、かつては体がずぶずぶと沈んでしまうようなどぶ田であった。そのため、田の中に丸太を埋め込んだりして足場とし、農作業を行ったところもある。東京の谷中はこの例であろう。

【ヤマ】

標準語では起伏の大きないわゆる山の地形を意味するが、全国的に屋敷林や雑木林、平地林の意味に用いられることが多い。もとは地形をあらわす語ではなく、木が生えている場所を広くヤマと呼んだものと考えられる。したがって、地形的にはタニとかクボがふさわしいような場所もヤマと呼ばれることがある。湿潤気候の日本では自然の状態でも木が茂るから、傾斜地が多く田畑に利用できない山地はだいたいヤマとなる。地形的に山であればまず間違いなくヤマであることから、山と同義に用いられるようになったのであろう。『出雲国風土記』では木の生えている山はヤマ、そうでない山はヌ（野）というふうに区別されている。また、畑のことをヤマと呼び、農作業をヤマシゴトという地域も多い。モリ、ハヤシは地名でみるかぎり、木の生えている場所をあらわす一般的な言葉ではない。

【ワダ】

表記は和田が多いが、曲の字をあてる例もある。海岸や川で入江などの屈曲した場所を意味する。兵庫の大輪田の泊《とまり》もこの例であろう。海岸部では集落名となることが多い。港に適しているためであろうか。

【ワンド】

全国的に分布する地名で、ワド、ワント、ワンドウ、ワンゴともいう。主に海岸などの入江を意味する。中国・九州地方では岩の洞穴などを意味する地域もある。湾処という字をあてている例からみて、湾曲しているところという意味であろう。

〈黒田祐一〉

自然

沿岸地名の来歴

【クシ】

串状の地形で半島や岬を指し、串・櫛・久志などの字を当てる。

九州や紀伊半島までの西日本に多く分布しているが、特に鹿児島県や長崎県に多い。鹿児島県には串木野・串間などがある。

朝鮮半島の西海岸、平壌の南に長く突き出た半島は、長山串と呼ばれる。串も朝鮮語の串《こす》から出たと考えられなくはない。

沖縄では前島《めーじま》・後島《くしじま》というように後をクシと呼ぶ。また、沖縄本島の東海岸に久志がある。この場合のクシは「越す」に関連があるかもしれない。

【クリ】

クリはグリともいい、一般に海中の岩礁や石を意味する。久里・久利・栗・具利・繰・礁などの字を当てる。

日本海側に多いとされ、マクリ・シワナグリ・イスズグリ・サバグリ・スズキグリ・トドグリなどの暗礁名があるという（『地名の研究』『日本地名学』）。

神奈川県の三浦半島にも久里浜、栗谷浜、大栗ヶ浜、小栗ヶ浜などの地名があるが、やはり海中から岩が見え隠れする暗礁地帯である。砂岩類の基盤岩が露出する丘が連なり、アシカ島などの岩礁もある。

柳田國男によれば、クリ、グリは、本来は単に地上の石を意味する方言であったといい、九州でみられた例を紹介している。

また、東京でも道路に敷く小さな割石をワリグリという。

岩を意味するクラと同源の言葉であるという説もある。

【サダ】

古い言葉で「突出物」を意味するといわれ、地名では岬のような地形に多い。

鹿児島県の佐多岬、愛媛県の佐田岬、高知県の蹉跎岬など。

サダはもと先立つ、つまり先頭に立つことをいう。沖縄ではサダユンといえば先導することであり、サダル神といえば先頭に立つ神のことである。サダルが音韻変化でサルタとなり、猿田彦が天孫一行を案内する説話のもとともなった。こうして、地形上突き出した岬にもサダの名をつけることになった。

静岡県静岡市の薩埵峠《さった》は日本海の親《おや》不知《しらず》・子不知と同じような断崖地形であ

るが、これも同類の地名か。

内陸にあるサタ地名は、狭い（サ）田（タ）、つまり狭田の意味であるともいう。

【スカ】

海岸、または河川の中にある砂の高まりをいう。横須賀・大須賀・白洲賀・高須賀・蜂須賀などのように多くは須賀の字を当てるが、房総半島には渚の字を当てる地名もある。

全国的に砂浜、海沿いの砂地、波打ち際に見られ、山口県では出っ張った砂地、静岡県・広島県・岡山県では砂丘、壱岐では砂が膨隆して浅くなったところ、長崎県宇久島では海底の砂地、大分県では岩があって満潮時には隠れ、干潮時には現れる場所などの例がある。遠州灘に面する村々では、砂丘をスカと呼ぶのが日常に使用されている。

内陸では一般に河川沿いに見られ、その多くは自然堤防を指す地名となっている。松尾俊郎によると、木曾川、長良《ながら》川、揖斐《いび》川の三川の自然堤防が発達する西美濃では、自然堤防を指す地名としてスカが多いという。

輪中で知られるこの地域は、水田の稲作はもちろん、住居が立地する場所まで洪水と無関係ではなかった。自然堤防のような微高地は、冠水することのない安全な居住地となり、道も自然堤防上に発達していった。スカの地名が多く見られるのも、こうした生活環境と無縁ではないだろう。

さらに、池田末則によると、奈良県に多いアスカ・カスガのスカも砂地の意味だという。飛鳥川沿いには砂地が多いが、アという接頭語がついたのはイスカという鳥の名前から転じたためだとする。

【瀬戸《せと》】

両側が切り立った崖に挟まれた狭い場所。長野では両側が岸壁で、左右両岸とも通行できない地形をいい、小谷《おたり》地方では第一の瀬戸・第二の瀬戸・第三の瀬戸などが谷間にみられるという。また、瀬戸岩・瀬戸の橋・瀬戸川など固有名詞になった例もある。

全国的に見られるが、特に西南日本に偏在する傾向がある。瀬戸のほかに〜瀬と称する地名もある。また、『記紀』に見られる早吸瀬戸のような海峡の古名であるともいうが、海でも土地でも、左右両側から迫った地形がセトらしい。

小野重朗は「鹿児島県の長島と本土を結ぶ黒の瀬戸は、中に海のある例であり、各地によくある塞ノ背と（サキンセト）は瀬戸を道が通っている難所なので塞《さい》の神という道の神を祭ってあるのでついた地名。背とは人工的にも作ることができ、山を切り開いて道を作るときは必ずといってよいほど背とができる。瀬戸口、瀬戸山はこの人工的背とで、こんな名の部落は山を背にした古い部落が多い」と鹿児島県での例を挙げている。

新潟県では川の水の浅い場所、奈良県吉野地方では奥まった場所、三重県では岸の意味でも使われるという。

【津《つ》】

川や河川、湖等の船着き場、あるいは渡し場。

『綜合日本民俗語彙』によると、津という言葉はもともと土地の交通の便・不便を表すもので、津が良い、津が悪いなどと使い、岡山・島根・山口・埼玉の秩父などにその例が見られるという。

単に海岸であることもかなりみうけられる。海岸に近い無人の島や岩礁を津島と呼ぶ例もあれば、船着き場とは関係のない海岸に津田があったりする（松尾俊郎『日本の地名』）。

現在では、船の発着所を普通「港」というが、古くは津を用いた。三重県津市の安濃津《あのつ》、福岡県博多市の娜津《なのつ》、鹿児島県薩摩半島の坊津《ぼうのつ》は日本三津と呼ばれ、いずれも良港として古くから栄えた。また、高知県の室戸市も、もともとは室津《むろのつ》であるとの説があり、市内には室津《むろつ》神社や室津港がある。

滋賀県大津市のように、「大津」という地名で呼ばれた港も各地にあった。博多の娜津が筑前大津などと呼ばれるように、港の意の普通名詞が固有名詞化する例である。大山や大川などと同じ地名といえる。

【泊《とまり》】

これも港を意味する古い地名。大泊・小泊・泊浦・寺泊・赤泊・京泊など。

鏡味完二『日本地名学』によると、泊のつく地名が沿海に分布する割合は、津などに比べると圧倒的な数値である。これは、泊が海の交通を原則とする地名であるのに対し、津が河川交通に重きを置く地名であるからだという。また、同書では、泊は全国的に見られる地名だが、名古屋と仙台の間はその分布が稀薄になっているとし、これは、船の停泊に適さない平滑な海岸線が多いためであると説明している。

九州の福岡県・熊本県・長崎県・鹿児島県などにある京泊という地名は、城下町の近くにあるので参勤交代や藩の蔵米、納屋物を積み出しした港で、京都によって代表される関西方面へ就航する船の停泊地とする説がある。これに対し、京泊の地名は、ほとんどが袋状の湾の出口付近に分布していることから、西風を避けるのに適した停泊地との説もある。つまり、京都へ向かう方向に西風の方向をなぞらえたもの。

このほかにも、島や半島などには南風泊、東風泊、西風泊、北泊など風の名を冠した泊地名が多く見られる。これらはすべて、その方角から吹く風を避けるのに都合のいい側の海岸に分布している。

【灘《なだ》】

海岸の意味を持つ地名であるが、特に房総半島では、沖に対して、岩も島もない全体に砂の沖に向かったところ、または荒い海をいう。

灘のほか、奈多・奈太・洋などの字を当てる。

松尾俊郎の『日本の地名』には「兵庫県の酒産地として有名な灘の他、宍道湖《しんじ》沿岸の低地には灘地名が非常に多く、浜・沖・洲・島などの地名と混在している。灘組み・灘分や鹿園寺・鹿園寺灘・多久谷・多久谷灘というように、内陸側の集落と湖岸寄りの集落とを区別していることなども、地名としての用法が浜や沖の場合とまったく同じである」とある。

鹿島灘、相模灘、熊野灘、播磨灘などがあり、全国に分布するが、日本海側と東北は比較的少ない。島の少ない海面につけられ、波音の止むことのない意味とする説もある。

和歌山県の紀南は、潮岬を中心に西側を「枯木灘」、東側を「熊野灘」に接している。風よけの港や地形にも恵まれていないため、風波の強い日の航海は命がけだったといわれ、特に潮岬と周参見《すさみ》の間は難所であった。この区間を地元で「枯木灘」と呼んでいる。

この「枯木灘」付近は江戸時代初期には「灘組」とも呼ばれている。海岸付近には磯や島や灘のつく地名が散見され、沖という地名と対応している。「沖の黒島」の陸側に「灘の黒島」があるように、陸地と灘の概念は現在でも見られ、一方では灘が難所の意味で使われる例もある。奄美大島と七島との間は七島灘と呼ばれ、黒潮が奔流し、古代の船の難所であった。

【根《ね》】

東北、関東、伊豆などで暗礁を意味する地名。

特に東京湾を中心とした地域に多く見られ、中根・沖根・横根・古根・大根・丸根・白根・鯨根などが見られる。

房総の千倉《ちくら》の海女たちは、海中の岩礁地帯を根という。中根や沖根は、釣りをする漁師が自分の村を中心にして、その位置から考えて命名したもの。古根や今根は、発見の時期の新旧。大根・白根・鯨根などはその色や形から命名したものであろう。また、人の名を冠するものは発見した人の名を付与したもので、カサゴ根・エビ根・メバル根などはそこで捕れる獲物をその名としたもの（桜田勝徳『漁撈の伝統』、松永美吉『民俗地名語彙事典』）。

神奈川県横須賀では、磯浜から沖の方に海面に隠れた岩礁を根またはセといっている。特に根は三浦半島にも多く、漁礁になっている場合が少なくない。ツブ根・コチ根・サバ根・細根・釜根・ホーロク根などが見られる。

【ハエ・バエ】

岩礁を意味する地名で、栄・生・這・八重・碏などの字が当てられている。分布は四国の東南岸から九州の東南岸にわたる地域で、局所的な分布傾向がある。

高知県では暗礁および水上岩をハエといい、水深の特に大きいものがシであるという。同じく高知県の烏帽子崎にある黒ハエは、高さ一八メートルの露出岩、室戸岬東方沖合の土佐ハエは洲や礁よりも深いところにある海中の凸所である。また、大分県元ノ鼻海面の松ハエはその上に松が多く生えているなど比較的大きな形状の例が多い。

ハエは暗礁名のほかに集落地名にもなっており、五島列島福江の白這、千葉県の黒生などがある。黒生の集落の全面には多くの岩礁があり、四国や九州に多い。

ハエの地名を使う地方では、しばしばハエとセが混在しているが、ハエが主として海岸に近い岩や沖合のものでも比較的範囲の広いものを意味するのに対し、セは沖合にある孤立した岩をいうとの説もある。

また、内陸部でもハエという地名が見られるが、これは山腹のやや平坦な部分を指すといわれている。

【ハナ・岬《みさき》・崎《さき》】

いずれも突き出た地形につく。ハナは四国や九州などに多く見られ、花・鼻・先・岬などの字を当てる。トカラ列島では、崖下が見通しのいい台地をハナべという。

関東や東北地方の内陸部には、山や台地の突き出たところにハナワという地名が見られる。塙・鼻和などの字が当てられている。地形の端を意味するのであれば、海岸で見られるハナと共通性があるかもしれない。

岬は全国的に見られる。ミサキは先に敬称のミがついた言葉と考えられる。御先であって、先導するという意味を持つ。サタという語ももともと同じであり、神の道案内の役である。

そのため、岬に神を祭る例は多く見られる。行き交う船は帆を下げて礼を払い、米や神酒、捕れた魚などを捧げて敬意を示したという。

崎は半島に見られる最も一般的な地名で、その分布も普遍的である。勿論、突き出た地形につくが、海岸だけに特徴的なものではなく、山崎や高崎など～崎と称する地名は内陸にも多い。また、神社の前を宮崎というように、丘や山の端を意味するほかに、地形とは無関係に、何かの前という意味で使われる場合もある。

トカラ列島ではハナも岬も見られるが、地形上の相違として、ハナがより高い場所につき、突き出る部分も短いという。

【日和山《ひよりやま》】

江戸時代、舟運が盛んとなり、港町が活発となった。舟の出発に当たっては、その日から数日先までの天気と風向きの見通しを立て、出帆の可否を判断しなければならず、これを「日和見《ひよりみ》」といい、港近くの見通しのよい小山に登って判断したため、この山を日和山と称した。全国に八三ヶ所の地名（伝承を含む）が残っているというが、その機能は忘れ去られるか、公園と化している。

〈この項、編集部〉

【フクラ】

福浦・吹浦・福良などの字が当てられる。分布は全国に及ぶが、内陸部にも多い。

柳田國男の『地名の研究』によると、この地名は「膨れる」という語に由来するとある。海岸線の湾曲した地形が、膨らんだ形状を示しているからである。こうした地形は、船が風を避けるための絶好の停泊地であった。

内陸にある場合は、曲流河川による氾濫原や河岸段丘に見られる。やはり川が膨らむような地形に基づいている。『地名の研究』には「山中に住む者とて猿でも山男でもない以上は、穀食を愛し耕作を欲せぬ者はないから、少々の平地を発見した時は物珍しくこれをフクラと名付け、やがてはその地の草を刈り木をきり邑居を構えたのであろう」とある。

袋状の地形に由来するという説もあるが、これも要するに膨れている地形に変わりはない。

【船《ふね》・船《ふな》入《いり》・船《ふな》越《こし》】

船越は、一般に陸繋島の頸部やリアス式海岸の岬の低く細くなった地形に多く見られる。砂州が低くて狭い場合は、海から海へ砂州を越えて船を引き動かした。小さい船ならば担いで運んだといい、交通に関係する社会的慣行を意味する地名といわれている。

類似の地名には、堀越・越ヶ浜・満越・通などがある。堀越は船越をできやすくするため、堀を設けた場所。満越は満ち潮を利用して船を越した場所で、三越もその転用だという説がある。

対馬の厳原《いずはら》港にある小船越は、飛鳥時代に積み荷を下ろして船を引き越えたところといわれている。また、三重県志摩半島の船越では、真珠採りの仕事が忙しくなると、表海にある大型船を浦海に移動させるため、町内の道路がこれに使用されたという。

しかし、鏡味完二は、全国に分布する船越の地名がすべてこうした交通現象に関わるものではなく、この例はむしろ少数派であるとしている。

それは、この地名の分布が海岸より内陸に多く、地形も一般に説明されるような地峡部には少ないという理由からである。同氏は、曳舟に由来する地名というよりは、人が舟形の峠を越えることに基づく地名であるとする。

【マ】

間・澗・馬・麻などの字が当てられている。

港湾や入江に多いが、直線的な砂浜海岸の集落にも見られる。島根県松江市の馬潟港、佐渡島の小木港にある内ノ間・外ノ間、青森県深浦の大間などは、いずれも入江や船着き場である。マは、柱や壁で仕切った部屋を意味する間と同源であるともいい、福井県国見村（現福井市）では船をつけたり引き上げたりする場所をマといい、その場所が各自で決まっている。

海峡や水道を意味することもある。島根県の大根島にある馬渡《まわたり》という集落は、瀬戸を隔てて隣の島に渡る船着き場である。また、豊後水道にある豊後の間は、日振島と沖ノ島の間の海峡、大分県の鶴《つる》御崎《みさき》半島と大島の間は元ノ間海峡と呼ばれている。

さらに、内陸部には馬渡・馬越・馬堀など多くのマがつく地名が見られる。こうした場所は、道が川を越すところや谷・沼・沢などが多いことから、水に何らかの関係があるという説がある。

沖縄では波照間《はてるま》・加計呂麻《かけろま》・池間・多良間・鳩間など、島にマがつく地名が多く見られる。

アイヌ語では、マは半島・入江・内海などをあらわす。潤に相当する。

【メラ】

柳田國男は、日本の海岸にはユラ・メラ・フクラの地名が最も多いといっている。

妻良・妻浦・布良・女良などの字が当てられ、特に房総半島、伊豆半島、紀伊半島に多い。

千葉県の館山市にあるメラは布良と記す。布はワカメ、アラメを意味し、布良はもともと布浦であり、それが布良となったという説がある。

また、何らかの由来を持つメラという地名が、人間の移動を介して地方へ移ったことも考えられる。そこに住む人々の移住は、地名の移動をも伴うものであることはよく知られている。紀伊半島における楠にまつわる信仰が伊豆半島に伝播し、久寝《くすみ》という地名が生まれた。

こうした地名の性質をふまえると、メラという地名も、黒潮を介して紀州の漁民が伊豆、房総へと移り住み、これに伴って移動したものであるとも考えられる。

また、宮崎県の山中に米良があることから、フクラと同じような袋状の小規模な平地、あるいは傾斜地を意味するヘラが転じたという地形に基づく説もある。

【ユラ・ユルキ】

海岸の砂が波や風によってゆり上げられた地形に基づいているという。山中にあるのは、崩れた山の土を水流がゆりあげて平らにした地形か。揺らぐという言葉に起因しているようで、もともとは水の動きを指していたともいう。

由良・油良・油羅・淘綾などの地名があり、閖上《ゆりあげ》・遊里・由里・百合・淘などの字を当てるユリも同源であると考えられている。

ユラは海岸の平らな砂地に多いが、内陸部ではちょっとした平坦地に見られる。また、百合ヶ原や百合野などの地名も、台地や丘陵の平坦地に因むと思われ、崩れた山の土を雨からの水が流して平らにした地形であるとの説もある。汰・崩などの字を当てる地名もある。松尾俊郎によると、表面のなだらかな丘を由良山という例が見られるそうである。

神奈川県の大磯・二宮付近は、かつて余綾・与呂岐・与呂伎などと記され、『和名抄』や『万葉集』にも記載されている。これもやはり、相模湾からの風や波によって、大磯海岸の砂がゆり上げられることによるといわれている。

さらに、滋賀県の今津町（現高島市）には東ユリ・新ユリ・藤太夫ユリの小字名がある。橋本鉄男は、鉱石選別の淘板、淘鉢のユリ（淘汰）作業との関連を指摘している。

【和田《わた》】

ワタという言葉は海の古語で、ワタハラ（海原）、ワタツミ（海神）などの言葉がある。和田という地名は非常に多いが、他にも岸和田、岩和田、和田山、綿貫、渡内、大和田などがある。

松尾俊郎は『日本の地名』の中で「海のワタは渡るの意からきたと言われており、ワタリは渡津で、兵庫の港は古くは大輪田、大輪田の泊といった。滋賀の大輪田は、天智天皇の滋賀大津宮にあった渡津であった。駿河湾岸の由比町付近の海を古くは大和田の浦といったという。ワタには港の意があり、それはまた海の意につながる」とその海との関係に言及している。

内陸部では輪のように曲がった地形、山の窪みや低いところ、あるいは洞窟をいう地方もある。

奈良県吉野地方では、川の水が停滞する場所をいい、筏流しの慣習にはよく使われていたらしい。

東京都神津《こうづ》島では魚がよく集まる漁場をワダ・ワンドなどといい、九州では自然の入江をワンドという。種子島では、海に沿った道をワンドミチという例がある。

「岡山民俗辞典」（松永美吉『民俗地名語彙事典』所収）には、その田を耕作すると祟りがあるといわれる輪田に基づく地名もあるという。これは三日月田などともいい、一定の場所を耕作せず、荒らしておいたり祠を祭ったりする。闇夜に月の輪が映ることに由来するというが、飛騨の車田や岡山県神郷《しんごう》町（現新見市）の例があるように、円形の田、または田の神の祭場であったとも考えられており、これに因むワダもあると思われる。

〈西村文一〉

崩壊地名の来歴

【アズ】

アズ（坍）は古代より崖の崩れたところ。土砂害の伝承があり、崩岸。『万葉集』巻十四にも安受《あず》の地名あり。アズはそのほか、地すべりまたは崩落残積土地形もある。残積土地形は再度崩壊する可能性がある地。一九六五年、一九七四年に香川県小豆島《しょうどしま》で土石流発生。小豆島は『記・紀』にアズキシマとある。一九八七年、山形県温海《あつみ》町（現鶴岡市）で集中豪雨により温海川など数河川が氾濫、温海災害。

また、各地の小豆《あずき》地名も小被害をしばしば起こしている。徳島県木沢村（現那賀町）阿津江《あずえ》は古語アズへで崖崩れの上、崖崩れのあたりの意、で当地は後者の崖崩れのあたりで滑落崖上の地で、伝説によれば千二百年前の弘法大師が竜退治をされた時代と思われ、竜は地すべり崩壊のことであろう。竜を封じこめた山頂の大池は消滅している。この池は滑落崖上の地すべり時発生の池と思われる。また、一九八五年、新潟県青海町（現糸魚川市）玉ノ木山は通称熱田《あつた》山でアツ（アズの訛語、各地に例あり）、崩壊により死傷者さえ出している。

【アバ（アワ・アブ・アベ・ウバ）】

『和名抄』のアハ地名は阿波《あは》国（現徳島県）、常陸国那珂郡阿波《あは》郷（現茨城県東茨城郡城里町阿波《あば》山）。飛騨国大野郡阿拝《あは》郷など。阿波国は『古事記』等に粟と記されているが、粟の生産国説は疑問。現在、岡山県阿波村（現津山市）、茨城県稲敷市阿波などはアバと呼称。鳴門市粟田もアバタ。徳島県三好市山城町大歩危字アバ（俗称）は一九八七年七月に土石流発生。アバが清音化してアハ。アバは褫《あば》けで、剝げて崩れるの意。褫落《ちらく》。阿波国阿波郡（廃郡）は中央構造線上にあり、典型的な崩壊地形である。

アバの転訛語地名には、アブ（阿部）、アベ（阿部、安部）、ウバ（姥、祖母）があり、いずれも侵食地形で崖、深淵、崩壊、荒廃地が共通。阿波郡の吉野川は仁和二年（八八六）頃から承徳二年（一〇九八）頃にかけて流路の大変遷が記録（阿波郡西林村古記録）、高知県安和海岸は岩崖の崩落危険地。川の曲流洗掘の激しい深淵、深瀬にもウバ地名。姥御前伝説もある。

【イタ】

『和名抄』に讃岐国香川郡飯田《いた》郷（現高松市飯田町あたり）、常陸国行方郡板来《いたく》郷（現茨城県潮来《いたこ》市）、阿波国板野《いたの》郡（徳島県板野郡）。紀伊国名草郡伊太杵曾《いたきそ》郷。山間部

のイタ地名は徳島県池田町（現三好市）イタノ、愛媛県大洲市菅田町板野、徳島県板野郡板野町など急斜面の崖地。河川沿いのは川崖。海岸地も歴史的には侵食地（津浪等）。潮来も崖下の地でその昔は波浪による侵食地か。いずれにしても豪雨時に崩壊しやすい地形である。

【ウシ（ウサ・ウス）】

ウシの訛語ウサ・ウスなどは①洪水の氾濫地帯、②高潮・津浪襲来地帯、③地すべり地帯に命名されている。

①には、牛岐《うしき》、牛ノ島、牛久、牛堀、牛屋島、『和名抄』には陸奥国小田郡牛《うし》甘《かい》郷は宮城県遠田郡小牛田《こごた》町（現美里町）牛飼《うしかい》で江合川左岸の洪水氾濫地。

②は宇佐《うさ》（高知）。『和名抄』の豊前宇《う》佐《さ》郡で、大分県旧宇佐《うさ》郡と宇佐《うさ》市で九州の瀬戸内沿岸地方。

③は牛木屋《うしごや》、牛ノ子尾《ねお》、牛田《うしだ》など。

【ウメ】

大阪市北区梅田《うめだ》は淀川の後背湿地で明治以前は市街地北郊で墓地のあった寒村。江戸時代の埋立地。ウメダ（梅田）は埋《う》めたところ。山腹崩落土の堆積地にウメ地名。梅ヶ久保《うめがくぼ》はすべった跡地が凹み、崩落土地が埋った。梅ノ木の存在は関係がない。平坦地のウメ地名は埋立地。山間ウメ地名は地すべり地が多い。

【カキ（カケ・カゲ）】

『和名抄』に筑前国遠賀《おんが》郡垣前《かきさき》郷（現福岡県遠賀郡芦屋町付近）、豊前国宇佐郡垣《かき》田《た》郷（大分県宇佐市付近）がある。カキはカケ・カゲともいって欠けの意、即ち崖になる崩壊地。カキ（柿）も欠きで崩壊地。岸が流水によって欠ける地名に柿原《かきはら》など。頁岩《けつがん》の崩れやすい小山に柿谷《かきたに》、柿《かき》ノ久保《くぼ》は崩壊・土石流で窪んだ土地。海岸の崩壊した崖地に柿ノ浦。宮崎県西臼杵郡日《ひ》之影《のかげ》町は一九八二年の集中豪雨で到るところが大崩壊。

【カギカケ・カンカケ】

香川県小豆島の小豆島町の旧称鈎掛《かぎかけ》山・鍵掛山のち神懸《かんかけ》山、幕末・明治期の詩人藤沢南岳が寒霞渓《かんかけい》と命名。星ヶ城（高八一七メートル）と四方指《しほうさし》山（高七七六メートル）間の奇岩と紅葉の美しい観光地。山名は応神天皇が鈎を掛けながらよじ登った伝説による。カケは侵食地をいう。岩壁、絶壁、断崖などをいうか。山梨県鍵掛《かぎかけ》峠は御坂《みさか》山地の王岳と鬼ヶ岳鞍部。

【カジ（カジヤ）】

鉱物・鍛冶の地名にも出てくる地名で、カジ（カジヤ）地名には、土石流・崩壊などの発生が過去にも、近年にも見られる地形がある。

愛媛県長浜町（現大洲市）上老松カジヤはしばしば砂礫の荒野に変じる斜面で、明治十三年から昭和四十五年の九〇年間の主な土砂害は二七回。また、徳島県高《たか》磯《いそ》山の崩壊は明治二十五年七月で旧大戸

崩壊

村（現那賀町）大字久米加治《かじ》が高磯山南東にあって崩壊し、那賀川を堰止めて天然ダム出現。同県上板町の鍛冶屋原は阿讃山脈南麓泉谷川扇状地の扇端部で、宮川内谷川左岸。もと梶《かじ》ノ原《はら》と称し、慶長（一五九六～一六一五）頃に改称と推定（上板町史）。高知県梶《かじ》ヶ森（高一四〇〇メートル）は北斜面を御荷鉾《みかぶ》構造線が走り、閃《せん》緑《りょく》岩《がん》などの火成岩より構成、頂上付近は平坦で茅《かや》原と岩峰形成、南斜面は石灰岩が露出して崩壊が北斜面に多く、眼下に吉野川が流下。新潟県の加治《かじ》川は近世初期まで下流が数条に分流、洪水を繰り返した。新発田《しばた》藩が一本の河道に纏め流路を変えた。愛媛県今治市梶取《かじとり》ノ鼻《はな》は花崗岩の断崖地。山口県光市の梶取岬は断層海岸の末端部で構造性の海岸岬。そのほかにもカジ・カジヤ地名は豊富。

【カナ（カニ・カノ）】

カナは『和名抄』の筑前国鞍手郡金生《かなふ》郷（現福岡県宮若市金生《かなう》）、相模国余綾《よろぎ》郡金目《かなめ》郷（神奈川県平塚市金目）。カニは美濃国可児《かに》郡可児《かに》郷（現岐阜県可児《かに》市）。カノは『和名抄』の近江国愛智《えち》郡蚊野《かの》郷（現滋賀県愛荘《あいしょう》町蚊野《かの》）。カナは古語で工具の鉋《かんな》、削る道具で地すべり崩壊を意味する。カナのナが五十音で変訛してカニ、カノ。延享三年（一七四六）、土佐国安芸郡北川郷かのぎ（現高知県室戸市崎浜町加奈木《かなぎ》）は、江戸時代はカノ、現在はカナで、延享三年に大崩壊して（『室戸市史』）当時カノギの大潰《おおつえ》といって大変な騒ぎであったという。宝暦四年（一七五四）にもカノギは潰《つい》えた。平成元年、川崎市高津句蟹《かにが》ヶ谷《や》で崩壊。源平の昔、愛媛県長浜町（現大洲市）字叶松《かのまつ》は地すべり崩壊跡地に落武者が住みついた土地。同県肱川《ひじかわ》町（現大洲市）鹿野川は河辺川右岸の地すべり地帯。神奈川県横浜市は旧神奈川宿で、県内でも急傾斜危険区域は群を抜いて多く、カナガワのカナも崩壊地名。

【カメ（カム・カン）】

『和名抄』に備後国神石《かめし》郡神石《かめし》郷（現広島県神石《じんせき》郡神石《じんせき》高原町）。カメは侵食地名が多く、亀に地形が似ている地形地名もある。慶長九年（一六〇四）十二月、土佐国甲浦《かんのうら》は津波大被害。甲浦の古称はかむと浦、カムもカンもカメの転訛語。昭和六年七月、大阪府柏原市亀《かめ》ノ瀬《せ》で峠地すべり、亀裂激増で観光客多数が押しよせた。『万葉集』に畏《かしこ》の坂、恐《おそれ》の坂とある。昭和四十二年四月、亀《かめ》ノ瀬《せ》地すべりで亀裂激増。高知県甲《かん》ノ浦《うら》では昭和二十一年、南海地震津浪被害。四国吉野川源流の高知・愛媛県界に聳える瓶《かめが》ヶ森《もり》（高一八九七メートル）のカメも山腹崩壊の侵食地。付近には滑落崖上の沼地あり。同吉野川下流の板野町一条字亀田《かめだ》（左岸は流水による侵食が激しく、杭出水制の施工効果で砂洲がつき安定。水制は流失。新潟県古志郡山古志村（現長岡市）虫亀《むしがめ》は昭和五十五年四月、地すべり発生。滑落崖背後の尾根に無数の亀裂発達。古い地すべり跡の段差数多し。ムシは繰返しの古語。平成十六年、中越地震あり、山古志村（当時）は震度七。

【クエ（クイ）】

宝永元年（一七〇四）、羽後・秋田・津軽で大地震。この時、崩山《くずれやま》の崩壊によって十二湖が生じたという。この崩《くず》れを古語によれば崩《く》えまたは崩《く》いという。愛媛県犬寄《いぬよせ》峠の柆野《くいの》は滑落崖上の地名。すぐ側を伊予断層と称する中央構造線が走っている。四万十川で有名な中村市の大崩《くえ》、その支流後川右岸の久栄岸《くえぎし》は現在、一条通り四丁目と改称。同左岸は昭和三十八年の洪水で決壊した。中村市古津賀字崩《くえ》岸《ぎし》。全国に散在する地名で、杭《くい》、久恵《くえ》、久栄《くえ》などがある。

【クジ（クジラ）】

クジ・クシラ・クジラ地名を聞けば、鯨を連想し、遠くから見ればなどの話や、大津浪と共に鯨が打ち上がった話などがある。

クジでは、岩手県北東部の久慈湾は、砂浜海岸。その長内・小袖は岩礁・海食洞・段丘崖の岩石海岸。久慈平庭県立自然公園の一部である。また、茨城県日立市の旧久慈郡久慈町、久慈川の峡谷、支流滝川の袋田滝など、クジの侵食地形が原点であろうか、『和名抄』には常陸国久慈郡。

【クヌギ（クキ）】

クヌギ地名の文字には、国木《くぬぎ》、椚野《くぬぎの》などがあり、いずれも過去に地すべったか、崩壊した土地が見られる。つまり山抜けしたところで、クキ・ヌギが縮語化してクヌギ。さらにクギ・ヌキ（釘貫）、大正年間の初め、高知県宿毛市の靴抜《くつぬぎ》の山（高七〇～八〇メートル）が抜ける。過去にも山抜けがあった。クキ・ヌキが訛ってクツ・ヌギ。そのほか宿場駅地名ともいわれるクツ・カケ（沓掛）も同様と思われるが、大部分開発で地形変更。クキ・カケがクツ・カケで東日本に多い地名。

愛媛県吉田町（現宇和島市）国木《くぬぎ》は昭和六十三年六月に土砂崩れ。

【クリ（クレ）】

栗、久利など『和名抄』の地名に讃岐国鵜足郡栗隈《くりくま》郷（香川県綾歌郡綾歌町〈現丸亀市〉栗熊《くりくま》、土器川右岸）、肥前国松浦郡久利郷（現佐賀県唐津市久里《くり》、松浦川右岸）、丹波国氷上郡栗作《くりつくり》郷（兵庫県氷上郡柏原《かいばら》町〈現丹波市〉、柏原川沿岸）などがあり、川による水衝部侵食の刳《く》り（川崖やえぐられた地形）、川の屈曲を示すクル（転）、氾濫による抉《く》るなど。またそれらの訛語クレに『和名抄』では、阿波国麻植《おえ》郡呉《くれ》島《しま》郷（現徳島県吉野川市山川町呉島は吉野川右岸の氾濫地帯であったところ）。山腹傾斜地のクレ（久礼）もあり、クレ（崩）で大なり小なりの土砂害地もある。

【クルミ】

昭和三十九年七月、富山県氷見市胡桃《くるみ》で当時、戦後最大の地すべりにより八六戸中七二戸が倒壊。侵食地形を示している。

氷見市の胡桃川に囲まれた地形がクルミ地名に。『和名抄』に、クルマ（来馬）、クルメキ（訓覓）などの蛇行地形と同意地名であろう。来見《くるみ》坂（徳島県ほか）は蛇行坂路である。

【ケタ】

『地名語源辞典』（山中襄太）によれば、山の峰、中腹以上（高知）、海中の崖のふち（伊豆大島）、陸に近い海面または波打際（宮崎）などを意味する方言。四国の場合は山腹崩壊の残積土地で、豪雨と谷川管理の如何によっては二次災害を起こすような棚状の地形をケタ（毛田・桁・気多《けた》）という。『和名抄』に遠江国山香郡気多郷（現静岡県浜名市天竜区春野町気田）、但馬国気多郡、因幡国気多郡。

【コイ（コヤ）】

『和名抄』に摂津国島上郡児屋《こや》郷（現高槻市三島江あたり）、摂津国武庫郡児屋《こや》郷（現伊丹市昆陽《こや》）。

従来、恋地名について特異地名、悲恋伝説地名とされてきた。愛媛県大洲市恋ノ木は妙見山（高五三五メートル）の南東部の崩壊土地とみられる傾斜地。国分寺市恋ヶ窪も立川ローム層の緩傾斜地。伊丹市昆陽は東の猪名川と西の武庫川に挟まれた砂礫・粘土の大阪層群が緩く傾斜している土地。広島市己斐《こい》は礫層。石川県能登町恋路海岸。徳島県佐那河内《さなごうち》村字鯉ノ内《こいうち》。同村牛木屋《うしごや》（地すべり地）。同県美馬市木屋平《こやだいら》森遠（地すべり地）など。

【サル（ザリ・ザレ・サラ）】

『延喜式』に日向国児湯《こゆ》郡の駅名で去飛《さるとび》がある。サルは各地の地すべり地に多い地名で中央構造線、他の構造線に散見できる。ザル、ザリ、ザレ、サラも同じでズレル、ズリと同じく地すべり崩崖地の意味。サルトビのトビは欠けると同じで崩れをいう。猿飼《さるかい》、猿喰《さるばみ（くい）》、サラダ、皿峰、青砂里《ざり》、佐礼、坐連《ざれ》、去坂《さるさか》など。

【スキ（スギ・スゲ・スケ）】

『和名抄』に丹後国丹波郡周枳《すき》郷（現京都府京丹後市大宮町周枳《すき》）、隠岐国周吉《すき》郡、土佐国吾川郡次田《すきた》郷。奥丹後半島一帯に活断層が派生している土砂害地帯。

転訛語地名にスギ、スゲ、シゲ、スケなど。地名には若杉、杉岡、杉野、菅田《すげた》、豊茂《とよしげ》、繁藤（昭和四十七年に大崩壊）、助《すけ》、助兼《すけかね》、須木《すき》。

【タキ】

滝単独の地名もあるが、東京都八王子市滝山、千葉県大多喜町、京都・長崎などに見られる鳴滝、長野県王滝村などは歴史上でも有名な地名となっている。崖から落下する滝および崖そのものをタキというが、災害地名としての「タキ」も多い、四国では「滝では住むな、竜が出る」との言い伝えがあるという。この場合の竜は山津波＝土石流のことで、タキに因んだ地名には竜伝説が多いといわれる。
〈この項、編集部〉

【タチ（タテ・タツ・タチバナ）】

タチ・タテの説には台地説がある。『和名抄』には伊予国新居郡立花《たちばな》郷、同越智郡立花《たちばな》郷、同温泉郡立花郷（愛媛県松山市立花町）、常陸国茨城郡立花郷。タチバナは断《た》ち・端《はな》（鼻）で断崖地が多く、橋《はし》も端《はし》・断《だて》で断崖地形。タテ立《だて》（愛媛県）も崩壊地などがあり、不地名の杖立《つえたて》なども崩壊地などがあり、不用の杖を立てる説は疑問。タツはタテ・タチの訛語と考えられ、中央構造線上の地名もある。

【ツエ（ツユ）】

古語のツ・エ（潰《つ》え）はつぶれる。くずれる。潰《つゆ》。杖立《つえたて》など杖の文字が使われているが、崩崖地形、地崩れ地など。大《おお》杖《づえ》、杖谷、潰溜《つえだまり》（高知県、残積土地）、露《つゆ》峰《みね》（愛媛県、地すべり地）、露内《つゆうち》（愛媛県、地すべり地）。ツエ地名は豪雨などで頻繁に崩壊するところもあり、一〇年周期で崩壊している土地もある。

【ヌキ（ヌケ・ヌギ）】

『和名抄』に下野国寒川郡努宜《ぬき》郷、伊勢国度会郡沼木《ぬき》郷など。讃岐《さぬき》国のヌキも山容が山抜け地形を示して地すべり崩壊型が多い。昭和五十一年九月、兵庫県宍粟《しそう》市一宮町福知の地すべりは通称「抜《ぬけ》山」で、山抜け歴の豊富な山。高知県宿毛市山奈町靴抜《くつぬぎ》は三度も山抜《くきぬけ》しており、クツはクキの訛った語。徳島県神山町釘貫《くぎぬき》のクギもクキ（山）。長野県の釘貫《くぎぬき》も同じ。

【ハギ（ハガ・ハク・ハゲ・ハコ）】

ハギ地名では山肌の剝落地、水衝部の川崖地など。『和名抄』に筑前国上座郡把伎《はき(ぎ)》郷（現福岡県朝倉市杷木《はき》町）。ハキ・ハギは九州にみられて、河川合流点地名説があるが、川崖地名とみる。右川と左川の出水は同時でなく、いずれかが早く、早い方が川岸に突き掛けて川崖を作っている。

ハキの転訛は五十音のカ行で変訛して、ハカ、ハガ、バカ（度外れの意）、ハギ、ハク、ハグ、ハケ、ハゲ、ハコなど、萩、芳賀《はが》、バカ谷、墓谷《はか》、白地《はくち》、波介《はげ》、箱根《はこね》、羽毛《はけ》など。いずれも崩崖地形。

【ヒラ（ヒラノ・タイラ）】

『古事記』に黄泉比良《よもつひら》坂とあるようにヒラは傾斜地。急傾斜地もあり崖もある。平の文字を当てることが多く、平坦地と誤解を招き、特に姫路市平野《ひらの》町などでは人口増加によって地名も拡がり、丘陵、台地の麓部分が崩壊によって崖となっていることが分からなくなっている。

昭和六十一年七月、鹿児島市平之《ひらの》町で山間部の崖崩れにより犠牲者が出た。平家伝説の平《たいら》地名も平坦でなく傾斜地。平家伝説あり、地すべり崩壊地の地名。『和名抄』に周防国都濃郡平野《ひらの》郷。播磨国餝磨《しかま》郡平野郷（現姫路市平野《ひらの》町）。全国各地に多い地名である。

【フケ（フカ・フキ）】

『続日本紀』の和泉国日根郡深日《ふけ》（現大阪府泉南郡岬町深日《ふけ》、平成元年九月、土砂崩壊により南海電鉄脱線事故）。古語フケは湿地、沼地、深田。しかし、フケ・フキ地名には崩壊がみられる。愛媛県西条市大《おお》保木《ふき》は崖崩れが多く発生するところ。同県中山町（現伊予市）山吹《やまぶき》も中央構造線沿いの地すべり崩壊地。木曽義仲の山吹御前終焉の地としての伝説あり。崩壊地はホキの転訛語でフカ・フキ・フケ。阿南市深瀬町は那賀川の曲流水衝部の川崖地。

【ホキ（ホケ・ボケ）】

ホキは古語で崖、険しい崖。四国、九州東北部に多い地名で、四国では高知にホキが多く、徳島ではホケ・ボケが多い。吉野川の景勝地、大歩危《おおぼけ》・小歩危《こぼけ》は明治末まではオオホキ・コホキと呼称されていた。

『和名抄』の日向国児湯郡《こゆ》穂北郷《ほきた》（現宮崎県西都市《さいと》穂北）は、ホキ・タ（崖《ほき》・処《た》）。ホキは崖の意と共に崩れる処の意も。徳島県井川町（現三好市）吹《ほき》では江戸時代から地すべり地。ホキの転訛語には、ホケ・フケ・フキなどもあり、同義。西条市大保木《おおふき》。

【ママ】

真間、真々、麻末、麻万、間々、麻萬（『万葉集』）などと書く。傾斜地を示す地形地名で、全国に点在する。『万葉集』で歌われた「真間の手児奈《てこな》」で有名（「勝鹿の真間の井見れば立ち平《なら》し水汲ましけむ手児奈し思ほゆ」）。この勝鹿（葛飾）は現在の市川市真間で、台地の先端が崖になっており、段差のところに小川や井戸があり、乙女らが水を汲みに来たものと思われる。

〈この項、編集部〉

【リュウ（リョウ）】

リュウ（龍）、タツ、リウ。想像上の神霊な動物で、よく雲を起こし、雨をよぶという説があり、洪水・山津浪（土石流）を模して昔からこれを竜《りゅう（りょう）》といった。昔から各地で、「滝では住むな龍《りゅう》が出る」の諺がある。平成五年八月、鹿児島市吉野町竜《りゅう》ヶ水《みず》で土石流発生。リュウ地名には、竜王山（地層地質に地すべり地がみられる。竜神に因む山もある）、竜ヶ岳（同）、竜門《りゅうもん》（奈良県、中央構造線の谷に伊勢街道）。龍門山は和歌山県（蛇紋岩の山、高七五六メートル）ほか、奈良・山形・愛媛の各地に。徳島県・太龍寺《たいりゅうじ》山は元大瀧山で龍と弘法大師の伝説があり、地すべりを秘めた山。

〈小川豊〉

［注］蛇紋岩は水を含んで膨張する。スベスベして硬い岩のため、侵食からとり残される山となる性質の岩。

動物・植物地名の来歴

【葦鹿《あしか》】

かつて日本でも広くみられ、海嘘《うみうそ》・海《うみ》禿《かぶろ》とも呼称された。古来は、狩猟の対象。『延喜式』に出羽・陸奥国で「葦鹿の皮」を産したとみえる。アシカは海驢・海鹿などに表記。他に、アシ（葦・芦）・カ（処）で植物のアシの生えているところの意とも考えられる。

【芦原《あしはら》・葦原《あわら》】

芦・葦はイネ科の大形多年草。「葦」の名は「悪《あし》」に通じるので、江戸の葦原も吉原に改字したといわれる。中世、吉田をキチデンと音読、吉殿に改字、さらに喜殿《きどの》—木戸野、城殿に転じた例もある。葦屋も葦谷であったが「谷」は「屋」「矢」とした。東京都「亀無」を「亀有」と改名したように、地名は好字・二字を理想とした。

古代大和豪族の葦田氏は葛城の葦田〈朝原《あした》〉に居住し、「天武紀」の「壬申の乱」条には「葦田」の地名がみえる。葛城川流域の葦原（湿地）であった。葦をワシと発音し、ワシ川を鷲家《わしか》と改字した。同地を葦ヶ郷とも称し、鷲尾（生）峠は葦草の自生地であった。福井県坂井郡の芦原は植物アシ・ヨシ（葦・芦）の生えた湿地の原野に起源する。

【麻生《あそう》】

麻はクワ科の一年草。麻は古くから織維を取るため栽培された。『常陸国風土記』行方《なめがた》郡、『和名抄』豊前・下総国には「麻生」の郷名がみえる。麻生はオフとも訓《よ》み、「麻生田」が「太田」に改字した例がある（奈良県）。太安万侶の「太」も地名で、麻生であったとも考えられる。また、オフは飫富《おふ》〈郷名〉で、字形類似する飯高《いひだか》に転じた例もある。さらに、オフは小部とも書き飯高には子部《こべ》神社（式内社）がある。茨城県行方市麻生は、湖沼の先に麻が生えていたことからきているようである。

【粟国《あはのくに》】

阿波国（徳島県）は『古事記』に「粟ノ国」とみえ、吉備は「黍《きび》」に因む地名といわれる。淡路島は阿波国に至る島（路）である。紀伊の国も「木ノ国」の意、良材の産地であった。和銅官命によって二字・好字化したもの。穀物としての粟の生産が多かった土地なのでアワという。

【鮎川《あゆかわ》】

鮎の字は、中国ではナマズを指す。ア

ユは鮎のほかに、阿由・安由・年魚・鮎魚とも表記。『記・紀』にはアユで吉凶を占ったことがみえる。『延喜式』によれば、諸国貢進物としてアユが魚類のうちで最も多かった。アユの地名例は、鮎ヶ瀬・鮎沢・鮎田・鮎原・鮎貝・鮎見などがある。鮎川は、アユの生息地か。他に、地形がアユの形より命名、アユの釣場との関係より命名されることもある。

【猪飼《いがい》・猪養《いかい》】

イノシシは、日本では四国・九州・本州の中部以西の山地に生息、東北・北海道地方にはいない。『播磨国風土記』賀毛郡山田里の条に、猪養とイノシシに関する記事がみえる。猪飼（養）部の居地にかかわる地名か。『記・紀』には猪養・犬養の地名がみえ、奈良県吉野川流域には飯貝《いいがい》・犬養の地名が残っている。飯貝・猪井光（いかり〈養〉）付近は猪の生息地であった。犬飼は高野山を開いた弘法大師の犬飼伝説で有名、いずれにしても鵜養部、鳥取部などと同じく、動物を飼養していたところであろう。

【犬飼《いぬかい》】

人間に最も早く飼いならされた家畜。『古事記』には「布を白き犬にかけ、鈴を著けて」とみえる。『万葉集』には「垣越しに犬呼び越して鳥狩《とがり》する君青山の繁き山へに馬休め君」とみえる。古代では、イヌは猟犬・番犬用に飼育され、「犬飼（養）」部が存在した。イヌは犬・戌・乾・伊努などに表記。犬飼（養）部の居地に因む古代地名が多い。ほかに、山犬（狼）信仰に因むものなどが考えられる。大分県豊後大野市犬飼町は、岡藩主中川侯が狩猟のとき猟犬が病気にかかり、犬を看護したところから犬飼場と命名されたという。

【茨城《いばらき》】

茨城は「葛城」「磯城《しき》」などと同義の古代地名。土グモを茨や葛《かづら》の網で誅したことから茨城（『常陸国風土記』）、葛城（『神武紀』）といったという説話がある。「茨」や「葛」の生えていた地域であろう。

【鵜飼《うかい》】

ウは、日本にはカワウ（川鵜）・ウミウ（海鵜）のほか、ヒメウ・チシマウガラスの四種が生息。『記・紀』に鵜の記事がみえる。ウは宇・羽・鵜・上などに表記。鵜は古代の鵜飼部の居住地・鵜飼をしたところか。

【牛飼《うしかい》】

普通にウシというのは、特に家畜牛を指す。日本へは大陸から渡来し、洪積世後期から生息していた。「垂仁紀」二年の条に、牛飼い伝説がみえる。『続日本紀』和銅六年五月の条に「乳牛」、『令集解』巻五に「乳戸」の語がみえ、牛を飼養していたことがわかる。牛に因む地形名も多く見られる。

【嬉《うれし》河《が》原《わら》】

植物地名。嬉野温泉（佐賀県）は有名。「嬉」は「漆《うるし》」のことで、嬉河原は奈良県宇陀郡の山腹に立地する集落名。『和名抄』の漆部郷と比定される。ウレシガハラは「漆ヶ原」の意。同郡隅坂峠に立地する宇陀市角柄《つのがら》の地名も実は角〈隅《すみ》〉ヶ原（隅川原）で、のち、ツノガラに転音した。信州の上河内は「上高地」となり、土佐国の川中は「高知」に佳字化した例もある。「河」の用字は避ける場合もあった。

【狼《おおかみ》】

「欽明紀」にはオオカミの語がみえ、山の神の使いと考えられた。オオカミは狼・大神・大上などに表記。獣の狼に因む場合や狼伝説に因む場合が多い。例えば、能登半島最先端に位置する石川県珠洲市「狼煙《のろし》」は、狼の糞をのろしを上げるとき燃料にしたことから命名されたものである。

【橿《かし》原《はら》】

橿はブナ科に属する植物。橿原は、奈良県の市名で、建国神話の神武天皇の宮都名。「藤原宮」「葛城高丘宮」「若桜宮」「香《か》椎《しい》宮」というように古代宮都名には植物名に因むものが少なくない。橿原は「白檮原」とも書く。「神武紀」は「畝傍山の東南、橿原の地」とある。橿原は橿の林を伐り拓いたところ、「原」は「墾」と同意。「柳生」と「柳原」、「松生（松尾）」と「松原」の関係に似ている。「応神紀」の「樫生《かしのふ》」が「加塩」の神社名、「樫尾」の村名に転じた。また、カシワラ・カシバラ・カシハバとも称し、兵庫県には柏《かい》原《ばら》がある。

【杏《からもも》】

杏はバラ科の植物。杏は桃《もも》で、古来、邪悪を払う樹として呪的信仰の対象となった。奈良県には「桃俣《もものまた》」「桃香野《ももがの》」などの地名があるのは、「嵮《もも》の又」「嵮ヶ野」で、「百谷《もも》」「百地《ももち》」などの谷間村落名も実は地形名に「桃」や「百」の好字に用いたもの。嵮は谷間の意。平城宮跡の「杏《からもも》」の村名は唐門（羅城門）に因むもので、京都市内にも「唐門」（本願寺山門前）の町名がある。また、平城宮東北部にあった山部門は陽明門と唐風名と化し、さらに楊梅（ヤマモモ→ヨウバイ）の陵名、宮名に転じた。また、梅田（大阪）の「お初天神」のように「梅」の用字から天神信仰が起こるというような事例もみられた。

【熊《くま》本《もと》】

クマはクマ科に属する総称。北海道にエゾヒグマ、本州・四国にツキノワグマが分布する。日本で最も大きい狩猟獣。古来より神聖視する伝えがある。

クマは、熊・久万・隈・球磨・久間などとも書く。クマは地形説で、川などの曲がったところの意。クマ（隈）で、奥まったところと考えられる。例えば、熊本市の旧名は隈本であったが「隈」の文字は「阝（丘）」と「畏」によって構成されている。「丘」を畏《おそ》るるという意を避けて「熊」とした。明日香村の日隈《ひのくま》を「日前」に、奈良市西北隅の押（大）隈を「押熊」というように、佳字化した。天理市の「熊橋」をカケハシと訓《よ》むのは「懸橋」の誤写（字形類似）である。熊本県は、古くは「隈元」とも記した。クマ地名は熊本県から佐賀県にかけて特に多い、平地を川が曲流したり、湿地帯が丘陵に入り込んだ地形である。クマのムタ（湿地）を指す地形名であろう。

【桜井《さくらい》】

桜はバラ科サクラ属の植物のうちでヤマザクラに似た一群の落葉樹木を指す。日本の代表的な花木であり国花ともされる。日本人とサクラの関わりは、福井県鳥浜貝塚遺跡の縄文時代前期の地層から出土した弓のハズにサクラの樹皮で巻いたものが発見されている。「履中紀」「磐余《いわれ》の若桜」の宮名がみえ、『万葉集』でも、サクラの歌が約四〇首ある。サクラは語源的には、咲麗《さきうら》の約という。『和名抄』には「作良」とみえ、桜間・桜井・桜田・桜木・桜竹・桜峠・桜河などがある。サクライは、河川や谷間に多い地名で、植物地名のほかに、崩壊地名とも考えられる。

【猿飼《さるかい》】

サルは、民俗学的に山王権現の神使とされ、山の神として尊ばれる。また、見ざる・聞かざる・言わざるの三猿塔を建てる庚申信仰にも基づく。サルは、猿・申・去・佐留などに表記。動物の猿の生息地によるもの。または、猿飼はほかに、サラ・サリ・サレが訛ったもの、カイは峡で崖などを示す地形語。奈良県吉野郡の猿谷ダムに猿谷の村名があった。サルは地形名であることがわかる。

【芝《しば》】

シバは芝・柴・新発・柴波などに表記される。シバの地名由来は、芝草の自生地の意。ほかに、ツバ（崩）の訛りで、崩壊地名であるとも考えられる。

【鶴《つる》】

タンチョウ・ナベヅル・マナヅルなどツル科の総称。古来、異郷から人界を訪れる霊鳥として崇められた鳥である。『万葉集』で、ツルはタヅとも呼称され、ホトトギス・ウグイス・ガンについで多く歌に詠まれている。ツルは、鈎・津留・鶴・蔓・弦・都留・水流などに表記。ツルの地名由来は、動物ツルの生息地や鶴に関する伝説より命名された。福岡県では耕地・畑をツルともいう。田畑に開削された水流《つる》・水路をツルという。山梨県都留《つる》市は、水流《つる》・水路からか。

【栃木《とちぎ》】

「桜」の地名が鞍《さくら》、茗荷《みようご》の村名が「名号」（名号碑の所在地）であったように、植物地名の用字はそのまま信用することができない。例えば、現在、奈良県吉野郡には「栃原」「栃本」「栃尾」などの村名があるが、近世まで「栃」は「橡」と書いていた。現在、「橡」の木をみることはできないが、同郡内には「トチ」関係の小字が約三〇〇も残っている。「橡」はなくなっても地名だけは残った。地名伝承の根強さを示す好例であろう。因みに「栃」は明治十二年、県令の布達によって従来の「杤」「橡」を「栃」にしたといわれる。「は」は『名義抄』などにもみえるが、「杤」はト（十）チ（千）は「万」であるから、木篇に万の字を加えて作字したもの、「栃」は中国の「櫔（れい）」の略字であってトチではない。栃木県は、栃木市の巴波《うずま》川の川辺はトチの木の茂った土地であったことより命名。

【鳥見《とみ》】

「神武紀」に「鵄邑《とみのむら》」が転化して「鳥見」になったという神武天皇の金鵄伝承に因む説話を記す。鳥見小川を下略して「富雄」の町名（奈良県富雄村〈現奈良市〉）を制定した。また、古代の馬養―馬貝から「馬見」（奈良県北葛城郡）の町名が起こったという。

【鳥越《とりごえ》】

鳥越は、山脈のタワんだところを田和・小田和（音羽）といった。『万葉集』の「ふさなおり多武《たお》の峯」とあるタオリで、鞍部のこと。峠はこのタワ越えの転訛語であると考えられ、タオリがトリに転じ、高取山、鞍取坂などの地名が発生した。トリゴエはこの峠《たおり》を越えることに因むもの。トリは鳥の意ではなく地形語である。

【ネズミ】

鼠と書く地名は多いが、ネズミの形態や生態・生息・信仰・伝説に基づくもののほか、「不寝見」「根津」「念珠」など、その音から鼠の字を用いた例も少なくない。しかしその語源が文献史料として残っている例は少なく、これは、ネズミとの共存があまりに日常的であるがゆえに記録として残されずにきた理由と思われる。

〈この項、編集部〉

【萩《はぎ》】

一般にヤマハギ・コヤギノハギ・キハギ・ミヤマハギ・マキエハギなどの総称。萩は秋の七草の一つとされる。ハギとは、通常はヤマハギを指す。『万葉集』では、「芽」「芽子」の字を当てハギと訓《よ》ませている。ハギの地名例には、萩・葉木・波寄・波木などに表記される。九州地方に特に多い地名で、植物の自生地の意のほかに、ハケ・ハカ・ハゲに訛った崩壊地（地すべり・崖）などの意もある。山口県の萩の市名も地形名か。

【白鳥《はくちょう》】

ハクチョウは鳴き声から鵠《くぐい》・古布（『和

名抄』)・古比(『新撰字鏡』)とも呼称される。日本へは古来より冬鳥として渡米し、霊鳥と考えられていた。「景行紀」には日本武尊に因む白鳥御陵の説話がみえ、白鳥の地名は全国に三〇ヶ所ほど散在し、いわゆる白鳥伝説が残る。

【稗田《ひえだ》】

奈良市の勝間田《かつまた》池(『万葉集』)といわれる七条大池の樋尻に尻江田(尻枝)の地名があり、近世、稗田に改字した。また、同市広大寺池尻にも稗田(大和郡山市領)の村名がある。「天武紀」にも「稗田」の村名がみえ、稗田阿礼を祀る売太《ひめた》神社がある。このヒエダは池の「尻田」がシリエダ(尻江田)に転じ、稗田となったもの。因みに勝間田池は蛙又《かえるまた》池のことで、池の形状に因む好字地名である。七条大池の現地古老はガルマタ池と呼称している。

【祝園《ほうその》】

「崇神紀」によると「祝園」は「柞《ははそ》の森《もり》」であったという説話がある。植物地名は、樹木には霊を宿し、時には神格化し、これを畏敬したのであろう。単に植物地名だけではなく斑鳩《いかるが》・桃花鳥《つき》・百舌鳥《もず》など、鳥名に因む寺名・陵名も、いうなれば表意用字であり、近似音の嘉字によって構成されている。動植物地名の用字はきわめて巧妙である。

【馬司《まつかさ》】

馬はウマ科に属する。馬司は古代地名。「馬見」「馬場」「駒ツナギ」などの地名は全国的に分布する。馬司をマシと音読、「真志」「増」に改字することもある。「天武紀」に天皇が馬を観たという旧大字「増」近く同天皇が狩猟したという吉野の御馬瀬は、現在の吉野郡大淀町の中増・上増付近であるという。

【松ヶ崎《まつさき》・松代《まつしろ》・松山《まつやま》】

慶長三年(一五九八)、井伊直政が中山道の和田宿に築城して「松ヶ崎」城と称し、同四年、森忠政が信州川中島城を「松代城」と命名、同八年、加藤嘉明は愛媛県温泉郡に城塁を構え「松山城」とした。「松」はいずれも家康の松平氏の「松」に因んだもの。しかし、「松ヶ崎」は「松も枯れることあり」とし、「高崎」の佳名に改変したという。

【鹿路《ろくろ》】

動物の鹿の字を表記。奈良県の桜井市旧大字に鹿路がある。『万葉集』の猟路の池に比定される鹿路である。ロクロは轆轤のことで、奈良時代、法隆寺木製百万塔などを製作した工匠のことである。仏教文化の発達した飛鳥・奈良時代には、こうした工匠は特殊技術を有するものとして独自の権力をもっていた。古来、この地域は良材の産地であることから、鼓《こ》筒《とう》の製作者が多く住み、「鼓《つつみ》の里」として、轆轤司(音羽派・下居派など)の名は有名であった。

【鷲家《わしか》】

「神武紀」の吉野丹生《にう》川の支流、旧伊勢街道に立地し、「右江戸」と刻む道標が残る。鷲家は葦川《あしか》の改字地名か。現地の川辺には葦が多く生え、丹生川上中社《なかしゃ》の茅輪《ちのわ》行事はこの葦で代用している。幕末、天誅組の戦跡地で、同地から川上郷に越える「鷲ノ尾峠」も葦尾峠のことで、吉野から大和盆地へ出る葦原峠と同意の地名であろう。葦・萱などの密生地であった。また、この付近を「葦ヶ郷」といい伝えている。

【和迩《わに》・鰐《わに》】

ワニは古語（和迩・鰐）で、サメのことである。『記・紀』にも鰐・和迩とみえる。サヒモチの神ともいう。サヒとは刀剣や鋤の意で、サメの鋭い歯を畏怖し、神格化したもの。『肥前国風土記』にもみえる。伊雑宮《いざわのみや》（三重県伊勢神宮の別宮）に伝わる「七本鮫」の伝説では、サメは海神の使いという。ワニは鰐・和迩・和仁などに表記。ワニの地名由来は、鮫などの古語ワニ（鰐）に因む意。古代の豪族和邇氏に関するもの。ほかには、ハニ（埴）の訛りとも考えられる。JR湖西線に和邇駅がある。

〈中葉博文〉

動物・植物

鉱物・鍛冶地名の来歴

【アカガネ】

鉱産物のうち、その色から銅をアカガネといい、これにまつわる地名がみられる。

栃木県の足尾銅山から、江戸まで銅を運ぶための渡良瀬《わたらせ》川の渓谷沿いの道をアカガネ街道というが、文字どおり赤い金属色の銅に因む地名。

群馬県ではアカガネカイドウと称して銅山街道の字を当てているが、岩手県には赤金鉱山という銅山もある。

『枕草子』には「暑げなるもの……あかがねの鍛冶」(一二三)、また『和名抄』には「銅……和名阿加々禰」とあることから、古くより、この称が存在していたと考えられる。

実用的なクロガネの鉄に対して、銅は貨幣や信仰、儀礼にも重用され、神楽、田楽、太鼓踊りに用いられる銅拍子は、いまも不可欠な用具となっている。江戸時代には銅製の道具を売りに廻るアカガネウリ(銅器売)も存在するなど銅は生活と密着しており、アカガネのつく字名、小字名は生活史をみるうえでも、注意が必要であろう。

【カジ・カジヤ】

鍛冶、鍛冶屋と記すこの地名は、小字名ともなって全国各地にみられるが、その多くは、鉄などの金属類を加工し、日用品や道具類の製造に携わった技術集団の漂着のあとを示すもので、中世期以降、城下町や港町など、マチが誕生するに伴い、そこに定住して仕事をすることから、鍛冶町の名も生まれている。近世に入ると、鉄砲をも扱うことから鉄砲町、鉄砲鍛冶町などの地名もみられるようになる。

この名称の由来は古く、『古事記』上、天岩屋戸《あめのいわやと》の条に鍛人《かぬち》天津《あまつ》麻羅《まら》の名があり、『日本書紀』綏靖《すいぜい》天皇の条に、「倭鍛冶部天津真浦をして真麛《かご》の鏃《やさき》を造り……」、また、同書応神天皇の条には韓鍛《からかぬち》の記載があることから、古代にまでさかのぼれる。

『宇津保物語』には、「ここはかぢや、銀、黄金のかぢ廿人許りゐて万のもの……作る」とある。このように、鉄のみならず種々の金属を打ち、祭祀具、武具、生産用具から日用道具などを製造するのだが、この金《かね》を打つカネウチが訛ってカヌチとなり、さらにカジ(カヂ)になったといわれている。このような仕事、ならびに仕事をする人を鍛冶、鍛冶屋といい、『続日本紀』には、この鍛冶に携わる人々の集団、鍛冶部とそれを支配する鍛冶司という役所も存在したことが記されている。

これらの人々はフイゴ（吹子、鞴）を扱うのだが、溶かした金属を鋳型に流して加工製造する鋳物師《いもじ》とともに、鍛冶師は金屋と称されて全国各地を遍歴し、一部は漂着して、これらの地名を、その信仰や伝承とともに流布することになる。

一方、産鉄を主とする鍛冶は鑪《たたら》師とともに移動し、中世期以降は、山内のなかに居住して、鑪から作り出された鉄を打ち、鉧《けら》、銑《ずく》に分け鋼《はがね》を造り出す。この鍛冶を大鍛冶といい、山内の外にいて鍋、釜などを造る小鍛冶と区別していた。いまも大鍛冶・小鍛冶にまつわる地名が、山地などに残るのはこのためである。

一般に鍛冶は刀鍛冶、刃物鍛冶、釘鍛冶のほか農具を作る野鍛冶に分けられ、特に野鍛冶は季節ごとに農村を訪れるところが多く、その仕事場からの鍛冶小屋などの地名がいまもみられる。

【カナクソ】

鉱石のうち特に鉄を溶かしたとき生じるかす、あるいは、鉄製造後の、はがれて落ちるかすのことで鉄滓《かなくそ》と記すが、各地の産鉄地に残る地名はかなくそ谷、カナクソガチなどひらがな、カタカナで表現しているところが多い。漢字の例として島根県八束郡玉湯町大谷にある金穴の傍の金糞が挙げられる。

岩手県上閉伊《かみへい》郡大槌《おおつち》町の白望山に近いかなくそ平は、野焼き製鉄の跡ともいわれるが、西日本でも、山地にカナクソのつく地名は多く、鈩あと近くのカナクソの地とともに、この地名は野鈩のあとを探るのに重要な手がかりを与えている。

この産鉄とも関わるが、金属を扱う鋳《い》掛《かけ》屋が残したカナクソ塚、カネクソ塚、カネ塚、カナイ塚などの地名も多い。

この鋳掛屋は、主に中世期以降金屋《かなや》神、金井《かない》神の信仰と水神にまつわる伝承、炭焼き長者譚などを持ちつつ、各地で鋳掛の業を行い、また、出産の呪法をも伝えていた。ある期間を経て同じ場所に来訪するという漂泊の旅を続けたが、その仕事場のあとを、このような地名で呼ぶところが各地に点在する。日本の文芸をみるうえでも重要な地名のひとつである。

【カナヤ】

金屋、金谷などと記す地名。奈良県桜井市金谷など各地に点在するこの地名は、多くの梵鐘《ぼんしょう》や鰐口《わにぐち》に刻記されている「金屋大工某」の名称からもうかがえるように、鋳物師、鍛冶師など鉱物関係の技術者を指す金屋からきたもので、これらの人々の居住を示す地名で、埼玉県児玉町（現本庄市）金屋はその例である。

この職業は古代にまでさかのぼることができるが、金屋の名称はそれほど古くはなく、『幸若未来記』の「清盛は……かなやのほむらいかで……」の記載などから中世期になってのものであり、地名もまた、同じ頃からと考えられる。

この金屋の徒は、天目一箇神《あまのまひとつのかみ》を捧じつつ、よき地を求めて漂着、遍歴をし、その地名を城下町、港町など全国各地に残している。鍛冶の老翁となって出現したという宇佐八幡伝承や炭焼長者物語、あるいは金くそ、鍛冶屋敷などの伝承や地名が、金屋の地の周辺に多いのも、この人々がもたらしたものとみられる。

中国山地一帯で産鉄鍛冶の守護神として尊崇されている金屋子《かなやこ》神の名称も、これからきたものであろう。

各地に残る鋳物師の地名も、この金屋と同じ経緯で考えられる。

【カナヤマ】

鉄山、金山、鉄穴山、銅山などと記す地名。銀、銅の出るところをこのようにいう地区もあるが、大半は産鉄に関わるもので、鉄の採れる山または鈩のある山の名称。字、小字名にもなっている。

この産鉄には、鉄鉱石によるものもあるが、砂鉄のカナヤマの方が多く、中国地方山地の花崗岩の風化部分から採る良質の山砂鉄は、明治時代までは盛んに採られ、それを示す鉄穴山（カナヤマ、カンナヤマ）、鉄穴谷、鉄山、金山の地名が各地に点在する。

この鉄の採取地は、主として崖状の傾斜地で、鉄穴とあっても凹面状の穴ではなく、鉄穴谷に象徴されるように谷のような横穴状をなしている。

この金山を鉄の場合はカナヤマというが、金銀の山は山形県の金銀山のあった金山町のようにカネヤマ、金の場合はキンザンともいう。

また、鈩のある山をカナヤマともいうが、中国山地では、一般に鈩山《たたらやま》というところが多い。山に残る金屋子神祠などが、当時の歴史を物語る。

【カネコ】

金属を扱う技術者をカネコ（金子）といい、この人々が各地を廻ることから、その仕事場や居住したところが金子、鹿《か》子子《ねこ》、兼古などの地名となって残っている。

金子の地は、これとは別に低湿地を指すところもあり、埼玉県入間郡の金子氏など、このような地に居住することからつけられたと思われる中世期の豪族名もあるので注意したい。

これと同じ意味の地名は、四国、沖縄地方にもみられる。

金属のうちでも鉄を主とする金子は金《かな》鋳護《いご》の神を尊崇し、中国地方では、この神と同じ性格の金屋子神を崇める鈩《たたら》師となって各地に漂着している。島根県邑智《おおち》郡石見《いわみ》町（現邑南町）鹿子《かねこ》原《ばら》は、この鈩師でもある金子の居住から生まれた地名であるが、周辺の産鉄など金属の伝承との関わりから決めることのできるこの種の地名は少なくない。

【サナキ】

大鈴の形をした祭祀用のサナキ（鐸）にゆかりの地名。『古語拾遺』に、「天目一箇神をしてくさぐさの刀、斧及び佐那伎を作らしむ」とあるように、古代の産鉄などに関わる名称。三重県上野市佐那《さな》具《ぐ》町は、古代、百済から渡来の佐奈宜氏を祖とする人々の定住に由来するといわれ、サナキからきた地名であろう。これを裏づけるように銅鐸も出土し、巨大な御墓山《みはかやま》古墳もみられ、近くの多気郡多気町には、『古事記』に記載の佐那県とする説の地もある。

鎌などの鉄製品に関わる神事を行う猿《さ》投《なげ》神社鎮座地愛知県豊田市猿投町や大分市中戸次佐柳《さなぎ》なども、このサナキと関連のある地と考えられる。

この名称は、①鉄を示すサナ、②その用具のササナキ（細鳴）、③幼虫時のサナギの状態と、鈴の同形状から魂の籠る状態によるもの、とする三つの理由が挙げられるが、鉄などの鉱物に由来することでは同じであろう。

【ソブ】

祖父、蘇父、層父と記す地名。田の沈澱物をソブ、金気のある赤い水をシブという地区が各地にあり、愛知県西春日井郡のように鉄分をアカソブと呼ぶところもあることから、鉄にゆかりの地名とみられるが語源は不詳。

愛知県中島郡祖父江《そぶえ》町（現稲沢市）は、古くは砂鉄の産地であり、京都、賀茂川の源流近くの祖父谷も、周辺の黒田、日吉の地とともに産鉄地であったと考えられることから、ソフ、ソブの地名と鉄との関連の確かなことがうかがえる。

産鉄地島根県松江市宍道《しんじ》町白石にも穴ノ谷、金ヶ谷の近くに祖父堀、祖父畑の地名があり、このことを裏づけるが、同県安来市の産鉄地にある祖父谷、祖父堀は、いずれもオジタニ、オジボリといい、ソブの表現はない。文字のみの判断はむずかしいともいえるが、高知県などでは、鉄に関わる山人を山爺といい、一本足の一本ダタラと伝えていることから、祖父も、この山人伝承からきたとも考えられ、安来市の例とともに今後の研究が待たれる。

祖父谷や先のカナヤマ、鉄穴山などの山砂鉄は、山に堤を作り、春先にこれを切って、この水力で砂鉄を採るカンナ流しの方法で採取されていた。祖父堀、祖父畑の地も、この方法による採取やそのあとの畑を示す地名と考えられる。

【タタラ】

鑪と記し、略字化されて鈩、鈩谷、鈩床、多々等などの地名となって現存する。

鑪は、古くは踏鞴（トウハイ、『紀、神代上』）とあるように、足で踏んで風を送る鞴《ふいご》のことで、これと炉を中心とする製鉄の施設を総称していう。『宇津保物語』には、この鑪を踏んで白金、黄金を溶かすことが記されていることから、古くは製鉄のみの語ではなかったが、金銀は、この方法でなくても溶解できることに併せて大量の鉄を作るには、送風によることの設備しかなく、鑪はもっぱら製鉄の施設を指す語ともなっている。

この足で踏む鑪のほかに、露天で自然

の風を用いて行う野鑪もあり、考古学による発掘や伝承から、この方をより古いものとする見解もある。

　中世期以降は、土地所有の明確化に伴い、落武者や山林地主などによる鉄山経営に加え、藩の保護もあって人工風による鑪が定着化して規模や設備も整うが、水車による送風は近世末期のことで、それまでは天秤吹子《てんびんふいご》であった。

　タタラを踏むという語からもうかがえるように、足で踏む送風は三晩四日にわたるもので、村下《むらげ》などの技術とともに苛酷な労働であるが重要不可欠であり、この哀歓を歌う番子《ばんこ》歌《うた》が鑪における唯一の文芸として伝えられている。

　この製鉄を行う鑪のほかに、村下、山配などのタタラ師ともいわれる技術師や炭坂、番子、カネ打ち、ヲナリなどの諸役とその家族の居住する長屋・元小屋・鉄倉・左下場、天目一箇神・金屋子神など守護神を祭る社祠、池、桂の木などを総称して鑪ともいい、この居住地域を山《さん》内《ない》と称した。

　このような鑪は、中世以降、近世に入ってできたもので、明治時代を境に洋鉄に替り、その姿を消すが、長期にわたり生活を支え、中国など海外にその製品を輸出した産鉄の技術伝承と特色ある民俗文化は、文献とわずかに残る設備のほかに、鑪にまつわるこの地名を手がかりにして探ることができよう。

【ニウ（丹生）】

『豊後国風土記』の海部郡の項に「丹生の郷、昔時《むかし》の人、この山の沙《すなで》を取り、朱沙《(に)》に該《あ》てき。よって丹生の郷という」とあるように、丹《に》が生ずる所を丹生という。丹とは「丹砂《たんしゃ》」「朱砂（朱沙）」のことで、その化学成分は硫黄と水銀の化合物「硫化水銀」である。昔は朱砂や水銀は貴重なものとして黄金に匹敵した。大和や紀伊のほか越前・美濃など中央構造線近くに多く、全国に点在する。

〈この項、編集部〉

【フキ・イブキ】

鉄を造り出すことを「鈩を吹く」というが、鉱産物を製造する場合、一般に風は不可欠なものであって、この風を吹くことから、産鉄をはじめとする鉱産物の製造地に、フキ、フクのつく吹屋、吹金原、福富、楽々福《ささふく》などの地名は多い。

　これとはいくらか異なるが、金銀銅鉄などの鉱石を選出するにも吹き分ける方法が用いられ、島根県大田市の大森銀山における灰吹銀も、このことを示すものである。

　この吹き分ける方法の原形は人の吐く息であり、これを吹きつけるイキブキ、イブキ（息吹）から、産銅、産鉄に関わる伊吹、伊福などの地名が生まれた。古代の伊福部氏と産銅産鉄との密接な関連については谷川健一のすぐれた見解がある。愛知県南設楽《みなみしたら》郡鳳来《ほうらい》町（現新城市）の伊吹山、静岡県引佐《いなさ》郡細江町（現浜松市）伊福はその例である。


〈白石昭臣〉

アイヌ語地名の来歴

◉自然地名

地形地名——

【ウㇲ（有珠）】

入江、湾の意。ウショロも同じ意。奥深い静かな入江があり、アイヌのコタン（集落）があった。北海道の古寺・善光寺や会所があった。

【ウェンナイ（雨煙内）】

悪い川の意。石狩地方の幌加内町の南を流れる雨竜川の支流。

【ウェンペッ（雨煙別・宇遠別）】

悪い川の意。雨煙別は雨煙内と八キロメートルの距離。近距離に同じ意味のアイヌ語地名があるのは珍しい。宇遠別は上川盆地にある。ウェンナイ、ウェンペッは全道に多いが、なぜ「悪い」のか、よく分からない。

【オサㇽペッ（長流川）】

川尻に葭原（がある）川の意。長流《おさる》という地名が「お猿」と聞こえるからか、今は長和《ながわ》町（伊達市）と改名してしまった。ただし川の名は長流川のままである。

【オタル（小樽）】

砂浜の川の意。古く元禄郷帳にも「おたる内」と出てくる古地名。地名解には諸説がある。ヲタルナイ（砂の解ける小川）、ヲタルーナイ（砂路沢）、オタナイ（砂川）、オタオルナイ（砂浜の中の川）、オタオンナイ（砂浜の処の川）などがある。いずれにしても小樽の「オタ」は砂浜の意である。後志《しりべし》の歌棄（ウタスッ＝砂浜の端）など「歌」のつく地名が多いが、いずれも「オタ」の訛りである。

【クッチャロ（屈斜路）】

トー・クッチャロ（湖の・のど口の意）を略したもの。その付近にあったコタンから採った名前であろう。北見の浜頓別《はまとんべつ》にあるクッチャロ湖も同じ。頓別はトー・ウン・ペッ（湖・の・川）である。

【クンネップ（訓子府）】

黒いもの（川）の意。永田方正『北海道蝦夷語地名解』（以下、「永田地名解」とする）には「やち川にして水黒し」とある。北見の常呂《ところ》川本流と無加《むか》川の間を東流する川、地名。語尾は事実上ペッの意。十勝地方の勲祢《くんね》別《べつ》や函館西部の久根別、根室地方の薫別も同意味。

【サッナイ（札内）】

乾いた川の意。帯広東部の札内川は十勝川の支流。道内にはサッのつく川は多いが、ほとんど砂利川である。渇水期になると、砂利川原が広くなる。

【サッポロ（札幌）】

乾いた大川の意。今の豊平川をいうが、語義が忘れられた。昔の地図には「サッホロ川」と書かれており、「サッ・ポロ・ペッ（乾く・大きい・川）」だった。サッポロ川（豊平川）が扇状地であった今の札幌市街地に流れてくると、乾期には広い砂利河原になったところから呼ばれたのであろう。

【サルペッ（沙流川）】

葭原の川の意。日高の名流。サルンクル（沙流の人）の本拠地で、アイヌ文化研究の発祥地でもある。斜里やサロベツ原野も同系の地名である。道内にサルのつく地名は多いが、元来広漠たる低湿原野であったところなのだろう。今では水田地帯になっているところが多い。

【ショサンペッ（初山別）】

滝が流れ出る川の意。天塩《てしお》の川の名。松浦武四郎（以下、松浦）の『西蝦夷日誌』には「シユシヤンベツ。本名ソウサンベツと云よし。滝落る川との義なり」とある。「永田地名解」では「シュサム・ペッ。シュサム魚（ししゃものこと）の川」とあるが、明治初期には源流に三つも滝があることが忘れられたものらしい。

【シレトコ（知床）】

シリ・エ・トクすなわち、地の頭の突出部つまり岬の意。これは知床半島だけでなく、礼文島、白老町、青森県下北半島、樺太などにも散在する地名。松浦『知床日誌』には「ヌサウシ。第一岬。則此処をシレトコと云なり」、また別に「ヌサウシ。本名はヌサウシのよし也」と書いている。すなわち、オサウシ（尻を浜につけている処・岬）が海神を祭るヌサウシ（幣場ある処）であった。要するに、シレトコが広地名化したために岬の処を別の名・オサウシで呼ぶようになったのであろう。知床は別に「モシリ・バ（国の・頭）」とも呼ばれたという。

【ソーヤ（宗谷）】

磯岩の岸の意。元来のソーヤは、サンナイ（浜に出る川・水が出る川か）にあった地名で、そこは磯岩の続く海岸だった。のちに南のウェントマリ（悪い泊地）に場所を移したが、名が悪いので元の名をそのまま使ったようだ。

【タプコプ（達古武）】

ぽこんと盛り上がっている小山の意。全道や東北地方にもある円頂丘。普通はモイワと同じ形の美しい独立丘であるが、尾根の先の盛り上がったところもタプコプと呼んだ。釧路の達古武は地名だが、かつてたんこぶ山があってつけられたのであろう。静内川のペテウコビ（二股）にあるタプコプは、見事な円頂丘である。

【トーヤ（洞爺）】

湖の岸の意。洞爺湖は、他の大きな湖沼と同じようにただトー（湖）と呼ばれていた。松浦『後方羊蹄日誌』の付図にはただトウヤと書かれているのみである。和人（シャモ）がそれを採って洞爺湖にしたのであろう。こういう例は、他の土地でもあって、屈斜路湖はクッチャロ（湖口）、支笏湖はシコッ（千歳川のこと）、濤《とう》沸湖《ふっこ》はトーブッ（湖口）などがある。

【ヌプルペッ（登別）】

水の色の濃い川の意。バチラー博士は「濁った川」と訳したが、違うようだ。ヌプルは元来「巫力のある・強い」という意味をもち、かつて登別温泉の地獄谷から白濁した温泉水が流れだしていたところからつけられたのであろう。

【ノッサプ（納沙布岬）】

岬のかたわらの意。ノッサム→ノッサプになった。アイヌ語の語尾の子音、ムもプも不破裂音で、ムがプに訛った形である。ノッは顎のこと、地名では岬をいう。上原熊次郎（以下、上原と略す）『蝦夷地名考』には「ノツシヤブ。夷語ノツシヤムなり。則崎の際と訳す。ノツとは山崎の事。シヤムは際亦は側といふ事にして、此崎の際に夷村のある故字になすといふ」とある。元来は岬のそばのコタンの場所の名前だった。根室の納沙布も、稚内の野寒布（ノシャップ）も全く同じ形の地名である。

【フレナイ（振内）】

赤い川の意。

【フレベッ（風蓮別）】

赤い川の意。この種のフレナイ（ベッ）は道内に多く、触内・布礼別のような字を当てた。天塩の初山別村にある風蓮別に関して、松浦『西蝦夷日誌』には「フウレンベツ。名義、赤川と云儀。上るは茫地（やち）にて鉄漿（あか）の気有る故此名を付る也」と書いている。やち川の有機鉄を含む川の名であることが多いが、虻田の振内のように源流に鉄鉱床があったため赤い川であった場合も多い。

【ポロナイ（幌内）】

大きい川・沢の意。

【ポロベッ（幌別）】

大きい川の意。ポロナイ（ベッ）とともに道内いたるところにある地名。和人は語頭のパ行が発音しにくかったので、ほとんどハ行で発音した。北海道では石狩川、十勝川、釧路川といった特大の河川はポロベッとは呼ばなかった。普通は周辺の川と比べての大川の意に使われた。川名に使われたポロ（大きい）、ポン（小さい）は、周辺や隣の川と比較して大きいとか小さいとか呼んだ。

【リシリ（利尻）】

高い島の意。北海道北端の島。その利尻山は一七一九メートルの美しい丸山である。

【レブン（礼文）】

レブン・シリで、沖の島の意。利尻島の西北の島。かつてユーカラ時代には、レプイシリであった。アイヌ語はS音に続くN音はYに転音した。

【ワッカナイ（稚内）】

ヤム・ワッカ・ナイの前が略された形で、冷たい水の川の意。松浦『再航蝦夷日誌』には「ヤムワツカナイ。小川有。秋味（鮭）漁場にして番屋一棟云々」とあり、この辺一帯は水の悪いところだったが、冷たい飲み水になる川があって、この名がつけられたのであろう。ワッカ・オ・イ（若生）は、水があるところ。伊達地方の火山灰の台地のなかの湧き水があるところを呼んだのであろう。また、ワッカ・サク・ナイ（稚咲内）は、飲み水がない川の意。上原『蝦夷地名考』では「ワツカシヤクナイ。水なき沢と訳す。此川水鉄気強ふして飲事ならざる故皆入用の水はテシホより馬にて運用し、遣ひ料の水は此上なる沼水を砂こしにして用ゆるよし也」とある。

生態地名――

【シキウ（敷生）】

鬼茅多きの意。白老町の地名。敷生川の奥にトピウ（竹多い）というところがあり、今では敷生からそちらの竹浦の地名に変わった。

【シラオイ（白老）】

諸説があって、秦檍麻呂や上原熊次郎の「岩多き処」説より松浦『東蝦夷日誌』に「シラウは虻の事也。此地に多きが故号し也」が妥当と思われ、虻多いところという意を採りたい。

【タッウシナイ（多度志川）】

樺の木が群生する川の意。深川の雨竜川の支流。川筋は別天地をなし、かつては熊の多いところだった。タッウシ（立牛）は、樺あるところの意。タッカルウシナイ（胆振《いぶり》の幌別川の支流）は、樺の皮をいつもとる川の意。

【チカプニ（近文）】

鳥のいるところという意。旭川の有名なコタンがあったところである。「永田地名解」には「チカプニ。chikap-un-i 鳥・居る・処。此山の川に臨みたる処の山面に大岩あり。鷹常に来て此岩上に止る故に名く」と書いている。

【チライオッ（知来乙）】

いと魚《う》の多いの意。うしろのナイが略された形であろう。月形町の須部都川の中流の地名。ほかに佐呂間別川の支流にも同名があり、宗谷郡の猿払《さるふつ》にもチライベッ（知来別・いと魚の川）という地名がある。

【チリペッ（知利別）】

鳥の川の意。「永田地名解」には「以前は数万の鴨群集して満川為に黒しと云ふ程なりし。其他白鳥、雁、鶴、鷺も多かりしが近年更に無しと云ふ」とあって、かつては鳥類が集まったところらしい。

【フップシナイ（布伏内）】

正確にはフプシナイで、とど松が群生する川の意。釧路の舌辛《したから》川の支流。

【ベカンベウシ（別寒辺牛）】

菱の多いところの意。上原『蝦夷地名考』には「ベカンベウシとは沼菱の生ずといふ事。此川に沼菱の多くあれば地名になす由」とあり、ペカンペウシ（菱・多い・処）の一帯は湿原を集め、厚岸《あっけし》湖に注いでいる。

【モセウシ（妹背牛）】

モセには、①蕁麻《いらくさ》、②草を刈るの二つの意味があり、どちらがいいのか決めかねる。「永田地名解」では「蕁麻ある処」としてある。モセ・モシと呼んだ蕁麻は、その内皮から繊維をとり、糸や布地をつくった有用な植物であった。石狩地方には、もう一つのモセウシ（茂世丑）がある。

【ランコシ（蘭越）】

ランコウシイ＝桂の木が群生するところの意。千歳川を上がった辺りの地名。今でも桂の木が点在している。同名が後《しり》志《べし》の尻別川筋にもある。

◉生活地名

生業地名――

【カシュンナイ（花春）】

カシ・ウン・ナイ＝仮小屋・ある・川の意。広尾の豊似川を上った支流。たぶん漁期にきて泊まった小屋であろう。きれいな当て字をつけたものだ。渡《お》島《しま》の可笑内川《おかしないがわ》も同系の地名である。

【クオナイ（久保内）】

仕掛け弓が多くある沢の意。「ク」はたいてい動物を捕るための仕掛け弓（アマッポ）のこと。胆振《いぶり》の長流川の上流。

【クマウシ（熊牛）】

物乾しの多くあるところの意。「クマ」は二股になった棒を二本たてて、上に竿をかけ魚などを干したもの。十勝や釧路などにある。檜山の熊石も同系。

【テシオ（天塩）】

梁がある川の意。「テシ」は梁でよいが、あとに続く語には諸説があって決めかねる。上原氏は「テセウ」、松浦氏は「テシウシ」「テセウニ」、永田氏は「テシオ」

などなど、いずれにせよ存在を示す補助的な動詞が、un, o, u にと変わっているが、テシである点は共通している。テシが地名につく場合は、川中の梁のような岩があることを呼ぶことが多い。この天塩もそうなのだろう。釧路川最上流の弟子屈（てしかが・テシカカ＝梁のような岩の上）も複雑だが、同じ形の地名である。

【ヨコシベツ（円山川の古称）】

ヨコウシペッ＝ねらう・いつもする・処の意。札幌の円山公園のなかを流れる。二つの母音が続くと一つが省かれて、ヨコシペッになった。弓矢をつがえて鹿をねらったり、銛《もり》をかまえて魚をねらったところだったのであろう。

交通地名——

【メナシトマリ（目梨泊）】

東風の（時の）泊地の意。メナシは日本語から伝わったもの。メナシと呼ばれた東風は北海道では恐れられた風で、メナシトマリは道内の各地にあった。いずれも東側に山とか岬のある入江で、メナシが吹く時に船が逃げ込める場所であった。

【ムロラン（室蘭）】

モルエラニ＝小さい坂の意。モルエラニからモロランになって、今の形になった。はじめ室蘭湾の湾奥のトッカリモイ（海豹《あざらし》の湾の意）に築港して、それが後に発展して今の都市ができた。

【ルベシベ（留辺蘂）】

道が下がるもの（沢）の意。道内至るところにあった地名であるが、峠道の沢、さらに峠道の意味にも使われた。この道筋がかつての交通路だったことを物語っている。

説話地名——

【オショロコッ】

尻跡（の凹み）の意。松浦『知床日誌』には「往古義経卿此地に鯨の流寄りしを切て蓬の串に刺て焼居られし時、其串折れて火に倒しや、公驚き給ひ、尻餅突給ひしと云故事有」とあり、全道の海岸にあった神話伝説を義経伝説に置き換えたものである。たいていは海岸段丘が凹地状になっているところにつけられた。この地は根室半島の北端にある。寿都《すっつ》オショロ（潮路）や小樽のオショロ（忍路）は入江・湾の意。

【イマニッ】

それを焼く串の意。北海道各地の海岸地方に残る伝説地名。むかし神様（創世神・オキクルミ、ところによってサマイクル）が鯨の肉を蓬《よもぎ》の串（イマニッ）に刺して焼いていたら、それがパチンと折れ、神様が驚いて尻餅をついた。その跡をオショルコッと呼び、焼き串（イマニッ）は岩になったという。海中や川岸に立つ巨岩が多い。

信仰地名

【イナウシ（稲牛）】

イナウ・ウシ＝木幣のあるところの意。十勝の足寄《あしよろ》川筋にイナウ（木幣）を立てて神祭りをするところがあってつけられた地名。

【イナシベッ（稲志別）】

イナウ・ウシ・ペッ＝イナウのある川の意。この形はイナウ・ウシと続くので省かれてイナウシとなることが多い。十勝の幕別にある地名。

【カムイコタン（神居古潭）】

神の居所の意。全道の方々にカムイコタンがあったが、多く激流、断崖等の難所であった。旭川のカムイコタンは落石が絶えず陸行者の大難所だったので、アイヌはイナウ（木幣）を捧げて無事を祈って通った。

【チノミ（乳呑）】

チノミシリ＝われら礼拝する山の意。①神様のおられる場所として崇められている山や崖、②神様を礼拝する祭場の二通りがある。浦川の乳呑は、②のほうで海に突き出ている丘の上で長老たちが集まり、イナウを立てて祭りをした場所である。

【ヌサマイ（幣舞）】

ヌサオマイ＝幣場あるところの意。釧路の中心部にある地名。ヌサは、神祭りのために木幣（イナウ）を立てた幣場であった。

【モイワ（藻岩）】

小さい山の意。道内あちらこちらにある独立丘。スキーで有名な札幌の藻岩山は北の円山と間違ってつけられた。元はインカルシペ（眺める・いつもする・処）で眺望絶景の霊山だった。

［注］本項目の解釈は山田秀三氏の諸著作から引いたことをお断りする。〈編集部〉

［凡例］

一、本書は、一九九四年九月に新人物往来社より刊行された『日本「歴史地名」総覧』（「歴史読本特別増刊・事典シリーズ」第22号）の論考・エッセイを除く「地名事典」の部分を底本として、各執筆者による加筆・訂正を経て刊行された。

一、本書の構成は、編集部により新たに五つのジャンルに分けて整理・構成した。

一、本書のいくつかのジャンルで、底本にない、基本的な地名と思われるものは編集部において新たに作成した。

一、ある地名が、いくつかのジャンルによって重複されて記載されているが、命名の理由等が複数あることもあり、あえて複数記載とした。

一、本書で、カッコ内の地名の現在地表示があるものは、平成三十年四月現在の表記とした。

＊本書作成にあたり、底本所収の当該執筆者の方々すべてに連絡を取りましたが、連絡のつかなかった執筆者（著作権継承者）がおられます。気がつかれましたら、小社編集部宛にご連絡をお願い申し上げます。

〈編集協力〉井筒清次

や行

ら行

わ行

西京極《にしきようごく》　35
ニシコオリ　107
ニシゴリ　107
西陣《にしじん》　35
西道頓堀通《にしどうとんぼりどおり》　87
西《にし》ノ京《きよう》小《こ》堀町《ぼりちよう》　88
ニタ　189
日本橋《にほんばし》　56
如水町《によすいちよう》　36, 88
ニワ　141
人形町《にんぎようちよう》　56
額田部《ぬかたべ》北《きた》・南町《みなみまち》　88
ヌキ　207
ヌギ　207
ヌケ　207
ヌサマイ（幣舞）　227
ヌタ　151
ヌプルペッ（登別）　223
ネ　189
根《ね》　197
ネグルミ　189
ネゴヤ（根小屋）　136
ネズミ　213
ノ　189
ノッサプ（納沙布岬）　223

は行

梅香《ばいこう》　88
ハエ　189, 197
バエ　197
ハガ　207
ハギ　207
萩《はぎ》　213
ハク　207
白山《はくさん》　166
白鳥《はくちよう》　213
馬喰町《ばくろちよう》　59
ハケ　189
ハゲ　207
ハコ　207
はしもと（橋本）　119
長谷《はせ》　19
支倉町《はせくらまち》　88
ハタ　107
ハダ　107
蜂須賀《はちすか》　88
初瀬《はつせ》　19
八丁堀《はつちようぼり》　59
ハナ　190, 198
花城《はなぐすく》　68
はやうま（早馬）　120
ハラ　190
ハリ　150
はりまや町《ちよう》　89
ハル　150
蕃山町《ばんざんちよう》　89
番町《ばんちよう》　60
日吉《ひえ》　161
比叡《ひえい》　161
稗田《ひえだ》　214
東中富《ひがしなかとみ》　89
疋相《ひきそ》　19
毘沙門《びしやもん》　166
ヒナ　190
檜隈《ひのくま》　20
ひのやま（火山）　120
百万遍《ひやくまんべん》　36
日吉町《ひよしちよう》　89
日和山《ひよりやま》　198
ヒラ　207
ヒラノ　207
比羅夫《ひらふ》　89
武衛陣町《ぶえいじんちよう》　36
笛吹《ふえふき》　21
フカ　208
深川《ふかがわ》　58
フキ　208, 220
福島町《ふくしまちよう》　36
フクラ　198
フクロ　191
フケ　208
藤原《ふじはら》　89
伏見《ふしみ》　37
ふせ（布施）　120
ふだのつじ（札ノ辻）　120
府中《ふちゆう》　127
フップシナイ（布伏内）　225
不動明王《ふどうみようおう》　167
船入《ふないり》　199
船越《ふなこし》　199
ふなはし（船橋）　121
船《ふね》　199
フモト（麓）　136, 141
布留《ふる》　9
フレ　142
フレナイ（振内）　223
フレベッ（風蓮別）　223
ベカンベウシ（別寒辺牛）　225
別府《べつぷ》　128, 150
別符《べつぷ》　128
弁慶通《べんけいどおり》　90
弁才《べんざい》（財）天《てん》　167
北条《ほうじよう》　128
祝園《ほうその》　214
ホキ　208
ホケ　208
ボケ　208
牡丹鉾町《ぼたんぼこちよう》　37
ホラ　142, 191
ホリ（堀）　136
ホリノウチ（堀の内）　137
ポロナイ（幌内）　223
ポロベッ（幌別）　223
本郷《ほんごう》　57, 128
本所《ほんじよ》　57
本荘《ほんじよう》　129
先斗町《ぽんとちよう》　38

ま行

マ　199
真地《まあじ》　68
マキ　69
マキヨ　69
まごめ（馬込）　121
馬司《まつかさ》　214
松《まつ》ヶ崎《さき》　214
まつき・まつぎ（松木）　121
松代《まつしろ》　214
松平町《まつだいらちよう》　90

た行

な行

ケタ　206
気多《けた》　159
ケチバ　175
ケチヤマ　175
ケナシ　185
気比《けひ》　160
飼飯《けひ》　160
けわいざか（化粧坂）　114
謙信平《けんしんだいら》　79
コイ　206
小石川《こいしかわ》　48
コウジ（小路）　132, 139
麴町《こうじまち》　48
コウシンヅカ　176
こうべ　125
勾当台《こうとうだい》　79
コウヤ　147
香林坊橋《こうりんぼう》　80
ゴーラ　185
ゴオウギ　175
コグチ（虎口）　133
御幸町通《ごこまちどおり》　29
コシ　185
ゴショ　175
巨勢《こせ》　13
ごてん（御殿）　114
小伝馬町《こでんまちよう》　49
近衛町《このえちよう》　29
小堀町《こぼりちよう》　80
コマ　105
こまば（駒場）　114
コヤ　206
ゴリョウ　176
権現《ごんげん》　163
金剛山《こんごうざん》　164
コンセイトウゲ　176
権太坂《ごんたざか》　80

さ行

雑賀町《さいかまち》　80
西行谷《さいぎようだに》　81
西行峠《さいぎようとうげ》　81
在家《ざいけ》　126
西条《さいじよう》　128
さいのかみ（道祖神）　115
サイノカミ・サエノカミ　176
サイヤレ　176
蔵王山《ざおうさん》　164
嵯峨《さが》　29
さかもと（坂本）　115
サキ　185
崎《さき》　198
桜井《さくらい》　212
サコ　185
佐々木町《さささきちよう》　81
サス　148
佐世保市《させぼ》　81
サダ　185, 194
サッナイ（札内）　222
サッポロ（札幌）　222
左内町《さないちよう》　81
サナキ　218
真田町《さなだまち》　82
讃岐《さぬき》　14
サラ　206
蛇穴《さらぎ》　14
ザリ　206
サル　206
猿飼《さるかい》　212
さるがばんば（猿が馬場）　115
サルペッ（沙流川）　222
ザレ　206
サワ　186
サンゲ（山下・山花・産下）　133
三条通《さんじようどおり》　30
しおじり（塩尻）　116
シキウ（敷生）　224
磯城島《しきしま》　21
地蔵《じぞう》ヶ岳《たけ》　164
下谷《したや》　49
紫竹牛若町《しちくうしわかちよう》　82
地頭方《じとうかた》　130
倭文部《しとりべ》　97
品川《しながわ》　50
芝《しば》　51, 212
柴又《しばまた》　51
渋谷《しぶや》　82
シマ　139, 186
島原《しまばら》　30
染野《しめ》　15
下鴨《しもがも》　30
シャグジ　177
しゅく（宿）　116
主計町《しゆけいちよう》　31, 77
主税町《しゆぜいちよう》　31
俊成町《しゆんぜいちよう》　82
ジョウ　133
常安町《じようあんちよう》　82
正作《しようさく》　126
正面通《しようめんどおり》　31
ショサンペッ（初山別）　222
徐福《じよふく》　82
シラオイ（白老）　224
シラギ　106
シレトコ（知床）　222
シロ・ジョウ（城）　133
ジン（陣）　134
心斎橋《しんさいばし》　83
新荘《しんじよう》　129
新城《しんじよう》　129
新庄《しんじよう》　148
新田《しんでん》　148
ジンヤ（陣屋）　134
スエ　106
陶《すえ》　83
スカ　186, 195
菅原町《すがはらちよう》　83
スキ　206
スギ　206
杉阪道風町《すぎさかとうふうちよう》　83
スグリ　107
スケ　206
スゲ　206
ズシ　140
角倉町《すみくらちよう》　31
隅田川《すみだがわ》　52
住吉《すみよし》　160
駿河台《するがだい》　53

か行

索　引

あ行

アイノカミ　170
アオノキ　170
青山《あおやま》　42, 72
アカガネ　216
赤坂《あかさか》　42
アクツ　182
アゲタ　170
明智平《あけちだいら》　72
浅草《あさくさ》　43
朝日村《あさひ》　72
麻布《あざぶ》　44
麻布十番《あざぶじゅうばん》　44
葦鹿《あしか》　209
足利市《あしかが》　73
芦原《あしはら》　209
アズ　202
明日香《あすか》　8
飛鳥《あすか》　8
飛鳥井町《あすかいちょう》　23
足助町《あすけちょう》　73
安曇《あずみ》　154
麻生《あそう》　209
化野《あだしの》　23
阿曇氏《あづみ》　94
アバ　202
粟国《あはのくに》　209
アブ　202
アフリヤマ　171
アベ　202
安倍館町《あべたてちょう》　73
アヤ　101
鮎川《あゆかわ》　209
アラキ　145
アラシ　149
アワ　202
粟田口《あわたぐち》　23
アワラ　182
葦原《あわら》　209
安中《あんなか》　73
イーフ　64
イイモリヤマ　171
猪飼《いがい》　210
猪養《いがい》　210
斑鳩《いかるが》　8
池殿町《いけどのちょう》　23
石田町《いしだちょう》　73
伊集院町《いじゅういんちょう》　74
伊豆殿堀《いずどのぼり》　74
出雲《いずも》　155
伊勢《いせ》　154
石上《いそのかみ》　9
イタ　202
いち（市）　110
市ヶ谷《いちや》　44
一条殿町《いちじょうでんちょう》　24
一之船入町《いちのふないりちょう》　24
いちば（市場）　110
いちりやま（一里山）　110
一色《いつしき》　124, 145
一色町《いつしきちょう》　24
伊奈《いな》　74
イナウシ（稲牛）　227
イナシベッ（稲志別）　227
イナバ　172
犬飼《いぬかい》　210
犬養氏《いぬかい》　95
伊能《いのう》　74
茨城《いばらき》　210
イブキ　220
指宿市《いぶすき》　75
イマキ　101
イマニッ　226
妹峠《いもとうげ》　9
イヤダニ　171
イヤヤマ　171
イワイガミ　172
磐余《いわれ》　10
院《いん》　124
ウイ　138
上杉《うえすぎ》　75
ウェンナイ（雨煙内）　221
ウェンペッ（雨煙別・宇遠別）　221
鵜飼《うかい》　210
牛飼《うしかい》　210
ウサ　203
ウシ　203
宇治《うじ》　75
牛込《うしごめ》　45
ウス　203
ウス（有珠）　221
ウズマサ　102
太秦《うずまさ》　24
宇陀《うだ》　10
ウチコシ　182
ウトウ　182
ウバ　202
ウブスナ　172
大道《うふどう》　64
大堂《うふどう》　64
ウマタテバ　172
うまや（馬屋・厩）　110
ウメ　203
占出山町《うらでやまちょう》　25
嬉河原《うれしがわら》　211
運玉森《うんたまもり》　75
運天《うんてん》　76
ウンナンサマ　173
エキ　183
エゴ　183
おいわけ（追分）　111
奥武《おう》　64
多《おお》　161
大石町《おおいしちょう》　76
狼《おおかみ》　211
正親町《おおぎちょう》　25
凡直氏《おおしのあたい》　96
オオテ（大手）　131

日本地名研究所（にほんちめいけんきゅうじょ）

地名文化の揺らぐ中、1981年、民俗学者・谷川健一の提唱のもと、「地名は大地に刻まれた人間の過去の索引」との認識をもとに、学際的な地名研究の進展、地名文化の高揚を目指し、川崎市の協力のもと創設された。毎年、時宜に応じたテーマを掲げ、大地に刻まれた地名を各地に求め、全国地名研究者大会を積み重ね、「地名」は「地命」であることを確認してきた。

現在も川崎市に研究所を置き、機関誌『地名と風土』、交流誌『日本地名研究所通信』を発行し、研究活動の礎とし、近年ではより身近に地名を知る機会として年2回「地名探訪」を実施している。初代所長・谷川健一、2代所長・谷川彰英、(現) 所長・関和彦（日本古代史）。

〈住所〉　〒213-0001　神奈川県川崎市高津区溝口1-6-10
川崎市生活文化会館（てくのかわさき）4階

古代《こだい》-近世《きんせい》「地名《ちめい》」来歴集《らいれきしゅう》

2018年7月15日　第1版第1刷発行

監　修◆日本地名研究所《にほんちめいけんきゅうじょ》
発行人◆小島　雄
発行所◆有限会社アーツアンドクラフツ
東京都千代田区神田神保町2-7-17
〒101-0051
TEL. 03-6272-5207　FAX. 03-6272-5208
http://www.webarts.co.jp/
印刷　シナノ書籍印刷株式会社

落丁・乱丁本はお取り替えいたします。
ISBN978-4-908028-30-4　C0021

●●●●●　好評発売中　●●●●●

異境の文学 ——小説の舞台を歩く

金子　遊著

荷風・周作のリヨン、中島敦のパラオ、江藤淳のアメリカ——。文学者の作品から土地と日本語表現のかかわりを論じる。「文芸批評の枠組みを広げる取り組み」（東京新聞評）。

四六判上製　二〇八頁

本体2200円

花とことばの文化誌

小川和佑著

日本の風土に息づく季節の花々と、日本人のことばが織りなす暮らし、祭、童謡、詩・小説を綴る花とことばの歳時記。ＮＨＫラジオ「私の日本語辞典」で連続放送。

小Ｂ６判上製　二〇〇頁

本体1500円

桜伝説

大貫　茂著

継体天皇、藤原鎌足などの神話・宮中伝説、戦国武将と桜伝説など全国127ヵ所の名木を紹介。「全国くまなく配置された桜案内は、実に贅沢なものとなっている」（図書新聞）

四六判並製　二四八頁

本体2000円

人はなぜ山を詠うのか

正津　勉著

生活上の煩悶、創作面での岐路に立ったとき、そこに山があった。高村光太郎、斎藤茂吉、宮沢賢治、深田久弥など、九人の表現者と山とのかかわりを綴る会心のエッセイ。

四六判上製　二一六頁

本体2000円

行き暮れて、山。

正津　勉著

「自然に弟子入り」を思い立ち、詩人は五十歳を過ぎて山に再挑戦した。あえぎ、追い抜かれ、やっとこさ頂上に立つ。先達の文学者を思いつつ、名山十五座を歩くエッセイ。

四六判並製　二〇四頁

本体1900円

＊定価は、すべて税別価格です。